JN102056

ニューウェーブ昇任試験対策シリーズ

NWS

実務 SAに 強くなる!!

補訂

イラスト解説 刑訴法

ニューウェーブ昇任試験対策委員会 著

東京法令出版

この本のページを開いていただきまして　誠にありがとうございます。
この本では

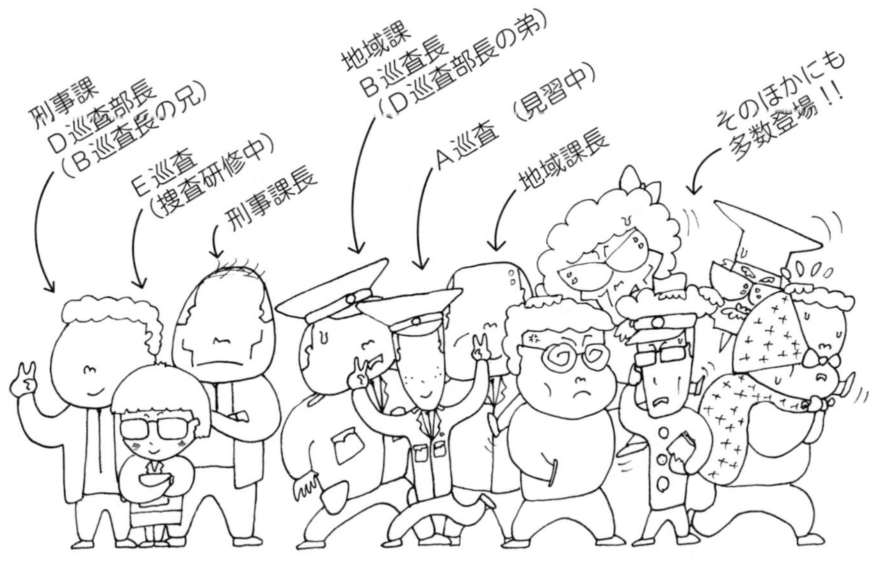

こんな愉快な仲間たちが　大活躍をしながら刑訴法の解説をします。
難しいと言われる刑訴法も　本書を読めば楽しく勉強できてしかもすぐに身につきます。　本当です。
あっ　今　首をひねったあなた　信じていませんね。
本当なんです。　えっ　信じられない？
まあ　いいでしょう。　信じる　信じないは自由です。
信じる方も　信じない方も　ものはためしです。
とにもかくにも　もう一枚　ページをめくってみてください。

みなさん！
刑訴法はむずかしいと思っていませんか？
例えばこんなふうに。

しかし、
それは誤解です。
刑訴法は、一つひとつ勉強すれば簡単に身につくものです。

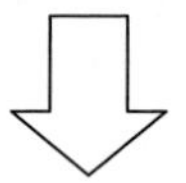

刑訴法は、実務にモロ直結しています。大切なのは、刑訴法に基づいた実務のイメージ（概略）をつかむことです。

本書では、そのために、イラストと文章をセットにしました。これがすごく効果があるんです。本当ですよ。

例えば

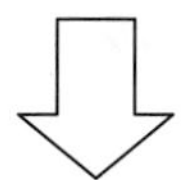

【刑訴法第30条】
〔弁護人選任の時期〕
被告人又は被疑者は、何時でも弁護人を選任することができる。

このように条文だけを読むより

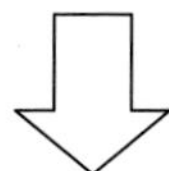

【刑訴法第30条】
〔弁護人選任の時期〕
被告人又は被疑者は、何時でも弁護人を選任することができる。

こんなイラストと一緒に読めば

こんな感じで頭に入ります。
また

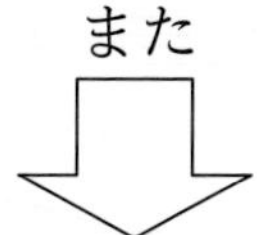

このような一見無関係なイラストが、
あなたの記憶のインデックスになります。

さらに

このように事例を要約したイラストによって、
理解が深まります。

その結果

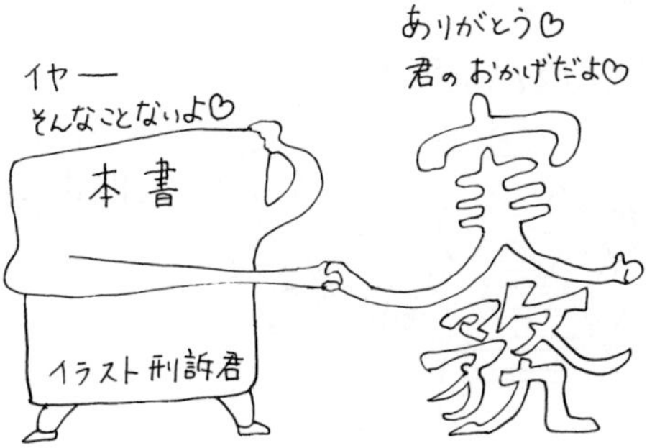

実務に必要な知識が頭に入り、

ＳＡの力もメキメキつき、

そして高度な判断力を自分のものにすることができるのです。

とはいっても、

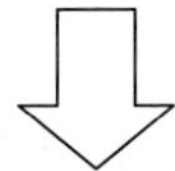

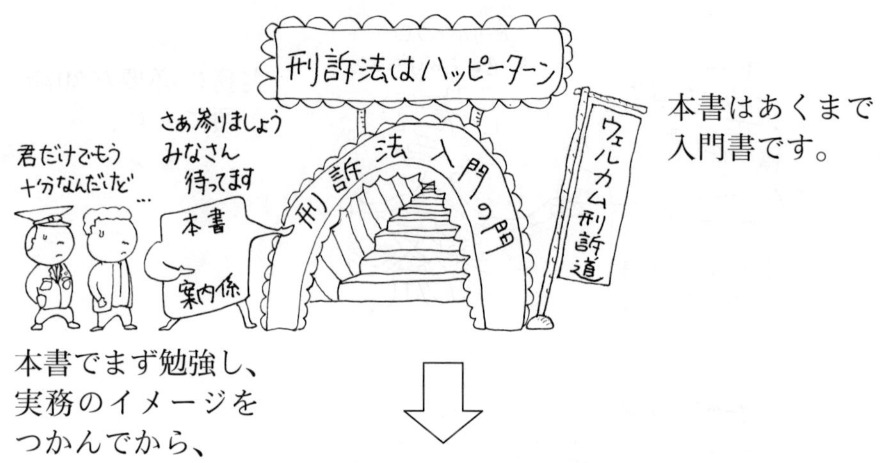

本書はあくまで
入門書です。

本書でまず勉強し、
実務のイメージを
つかんでから、

他書を活用して、さらなるステップアップを目指してください。
必ず階段を上ることができます。

まえがきは以上です

さあ!!　レッツトライ!!　GO!!　GO!!

目　　次

第１章　捜査の端緒

第２章　任意捜査

第3章　逮捕

第4章 逮捕後の手続

第５章　捜索・差押え

第６章　押収物の措置

第7章　検証、身体検査、鑑定

凡　例

本書では、次のとおり略語を用いました。
○刑事訴訟法………刑訴法
○刑事訴訟規則……刑訴規則
○犯罪捜査規範……犯捜規

第1章

1

捜査の端緒

◇　基本となる条文
刑事訴訟法

〔検視〕
第229条　変死者又は変死の疑のある死体があるときは、その所在地を管轄する地方検察庁又は区検察庁の検察官は、検視をしなければならない。
②　検察官は、検察事務官又は司法警察員に前項の処分をさせることができる。

〔告訴権者〕
第230条　犯罪により害を被つた者は、告訴をすることができる。

第231条　被害者の法定代理人は、独立して告訴をすることができる。
②　被害者が死亡したときは、その配偶者、直系の親族又は兄弟姉妹は、告訴をすることができる。但し、被害者の明示した意思に反することはできない。

第232条　被害者の法定代理人が被疑者であるとき、被疑者の配偶者であるとき、又は被疑者の四親等内の血族若しくは三親等内の姻族であるときは、被害者の親族は、独立して告訴をすることができる。

第233条　死者の名誉を毀損した罪については、死者の親族又は子孫は、告訴をすることができる。
②　名誉を毀損した罪について被害者が告訴をしないで死亡したときも、前項と同様である。但し、被害者の明示した意思に反することはできない。

〔告訴権者の指定〕
第234条　親告罪について告訴をすることができる者がない場合には、検察官は、利害関係人の申立により告訴をすることができる者を指定することができる。

〔告訴期間〕
第235条　親告罪の告訴は、犯人を知つた日から６箇月を経過したときは、これをすることができない。ただし、刑法第232条第２項の規定により外国の代表者が行う告訴及び日本国に派遣された外国の使節に対する同法第230条又は第231条の罪につきその使節が行う告訴については、この限りでない。

〔告訴期間の独立〕
第236条　告訴をすることができる者が数人ある場合には、１人の期間の徒過は、他の者に対しその効力を及ぼさない。

〔告訴の取消し〕
第237条　告訴は、公訴の提起があるまでこれを取り消すことができる。

② 告訴の取消をした者は、更に告訴をすることができない。
③ 前２項の規定は、請求を待つて受理すべき事件についての請求についてこれを準用する。

〔告訴の不可分〕
第238条 親告罪について共犯の１人又は数人に対してした告訴又はその取消は、他の共犯に対しても、その効力を生ずる。
② 前項の規定は、告発又は請求を待つて受理すべき事件についての告発若しくは請求又はその取消についてこれを準用する。

〔告発〕
第239条 何人でも、犯罪があると思料するときは、告発をすることができる。
② 官吏又は公吏は、その職務を行うことにより犯罪があると思料するときは、告発をしなければならない。

〔告訴の代理〕
第240条 告訴は、代理人によりこれをすることができる。告訴の取消についても、同様である。

〔告訴・告発の方式〕
第241条 告訴又は告発は、書面又は口頭で検察官又は司法警察員にこれをしなければならない。
② 検察官又は司法警察員は、口頭による告訴又は告発を受けたときは調書を作らなければならない。

〔告訴・告発を受けた司法警察員の手続〕
第242条 司法警察員は、告訴又は告発を受けたときは、速やかにこれに関する書類及び証拠物を検察官に送付しなければならない。

〔告訴・告発の取消しの方式〕
第243条 前２条の規定は、告訴又は告発の取消についてこれを準用する。

〔外国代表者等の告訴の特別方式〕
第244条 刑法第232条第２項の規定により外国の代表者が行う告訴又はその取消は、第241条及び前条の規定にかかわらず、外務大臣にこれをすることができる。日本国に派遣された外国の使節に対する刑法第230条又は第231条の罪につきその使節が行う告訴又はその取消も、同様である。

〔自首〕
第245条 第241条及び第242条の規定は、自首についてこれを準用する。

1　告訴

(1)　意義

告訴とは、犯罪による被害者又は告訴権者が、捜査機関に犯罪事実を申告し、被疑者の訴追（処罰）を求めて意思を表示することをいう（最判昭26. 7.12）。

したがって、

○　犯罪事実を申告すること

○　処罰希望の意思表示をすること

が告訴の要件となる。

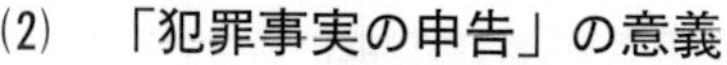

(2)　「犯罪事実の申告」の意義

○　告訴は、「犯罪事実の申告」が要件であり、被疑者を指定することが要件ではない。したがって、仮に、間違って無実の第三者を被疑者だと申告しても、その告訴は真犯人に対する有効な告訴となる。

○　犯罪事実が特定されていれば「被疑者不詳」でもよい。

○　告訴は、犯罪事実を申告して行うものであるから、犯罪事実を示さない告訴は無効である。

○　犯罪事実の申告があれば、罪名を申告する必要はない。

○　犯罪事実の申告は、他の犯罪と区別できる程度でよく、必ずしも日時・場所等が詳細でなくともよい。

(3)　「処罰希望の意思表示」の意義

○　告訴の要件である「処罰希望の意思表示」は、単に形式や文言にとらわれることなく、個々具体的に検討しなければならない。

○　仮に、提出された書面に「告訴状」と書いてあっても、その内容が損害賠償や説諭を希望するにとどまるなど、被疑者の処罰を求める意思表示がないものは、有効な告訴とはならない。

(4)　告訴の効力

適法な告訴がされれば、原則として、捜査機関は迅速に捜査を開始しなければならない（刑訴法189条２項）。

> ○　司法警察職員は、犯罪があると思料するときは、犯人及び証拠を捜査するものとする（刑訴法189条２項）。
>
> ○　司法警察員は、告訴又は告発を受けたときは、速やかに、当該事件に関する書類及び証拠物を、検察官に送付しなければならない（刑訴法242条）。

そして、適法な告訴を受理した場合については、犯罪の成否に関係なく、その結果を速やかに検察官に送付しなければならない（刑訴法242条）。

そのほか、刑訴法には次のような定めがある。

告訴は全件送致
である
だから知能犯の
刑事は大変なんじゃ

> ○　検察官は、告訴・告発・請求のあった事件について、公訴を提起し、又はこれを提起しない処分をしたときは、速やかにその旨を告訴・告発人に通知しなければならない（刑訴法260条前段）。
>
> ○　不起訴処分にした場合、告訴・告発人等から請求があれば、速やかにその理由を告知しなければならない（刑訴法261条）。
>
> ○　公務員職権濫用等の罪（刑法193～196条）、破壊活動防止法第45条違反の罪、無差別大量殺人行為を行った団体の規制に関する法律第42・43条違反の罪につき、不起訴処分に不服がある告訴・告発人は、その検察官所属の検察庁の所在地を管轄する地方裁判所に事件を審判に付する請求をすることができる（刑訴法262条１項）。

⑸ 告訴ができる者（告訴権者）

犯罪により被害を受けた者は、告訴をすることができる（刑訴法230条）。

刑訴法上、告訴をする権利（告訴権）がある者を告訴権者という。

告訴権者は、原則として被害者であるが、法定代理人等、被害者以外の一定の者も告訴することができる（刑訴法230条〜234条）。

告訴権者	特記事項
被害者（法人、国、地方公共団体を含む。）	犯罪により害を被った者 間接的な被害者を除く
被害者の法定代理人（未成年者の親権者、未成年後見人等）	独立して告訴することができる
被害者が死亡した場合の配偶者、直系親族、兄弟姉妹	死亡した被害者に代わって告訴できる。ただし、死亡した被害者の明示した意思に反することはできない
死者の名誉が毀損された場合の親族・子孫	名誉毀損罪についての告訴権者となる 死亡した被害者に代わって告訴できる。ただし、死亡した被害者の明示した意思に反することはできない
検察官の指定による告訴権者	親告罪について告訴できる者がいない場合に、利害関係人の申立てに基づいて、検察官が告訴権者を指定する

なお、告訴権は、告訴当時に告訴権があれば告訴できる。

告訴権者についてもっと勉強しよう!! コーナー

ア　被害者

犯罪によって直接被害を受けた者をいう。間接的に不利益を受けた者は被害者にはならない。

例えば、妻が名誉毀損された場合、被害者は妻本人であり、夫は被害者でないから、夫は告訴できない。

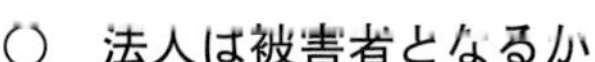

○　法人は被害者となるか

被害者は、人に限らず、公私の法人、国、地方公共団体にも告訴権がある。場合によっては、法人格のない団体にも告訴権が認められる。

なお、被害者が法人（会社等）の場合は、法人の代表権を有する者（代表取締役等）が告訴権者となる。

○　子供は告訴できるのか

被害者となった者が告訴をするためには、告訴の意味や法的効果等を理解できる能力（告訴能力）がなければならない。

これを逆にいえば、告訴の意味等を理解し、適切な判断ができる者であれば、未成年であっても告訴できることになる。

この点、判例では、強姦（不同意性交）被害を受けた、13歳11か月（中学２年生）、12歳３か月（小学６年生）の未成年者に告訴能力を認めている。ただし、実務上、未成年者から告訴を受理する場合には、可能な限り、親権者等の告訴も求めておく必要がある。

イ　法定代理人の告訴権とは

○　被害者の法定代理人は、独立して告訴をすることができる（刑訴法231条1項）。

○　告訴は告訴能力があれば未成年でもできるが、一般的に未成年の者は、社会的知識と経験が不足していることが多いため、刑訴法は、被害者が未成年（あるいは成年の被後見人）の場合、その法定代理人にも独立した告訴権を認めているのである。

○　法定代理人は、
・　親権者（父母、養親）（民法818・819条）
・　後見人
である。

ワンポイント
後見人は、社会的に未熟な者を保護する制度である。後見人は、
○　未成年者の親権者が死亡した場合に、遺言で指定する場合（民法839条）
○　精神障害、知的障害、認知症等の者に対し、家庭裁判所が指定する場合（民法７条）
等がある。

○　法定代理人は、独立して告訴することができるため、被害者の意思に反しても告訴できる。また、被害者本人の告訴権が消滅（告訴期間の経過等）しても、法定代理人は告訴することができる（刑訴法236条）。

○　未成年者を養子にした場合、その未成年者の親権は養親に移るため、告訴権者も養親となり、父母（実親）の告訴権は養子縁組をした時点で消滅する。

○　なお、未成年者が、親告罪にかかる犯罪の被害を受けた後に養子縁組をした場合、告訴したときに告訴権者の立場にあれば有効な告訴となることから、被害発生後に養親となった者が行った告訴は有効である。

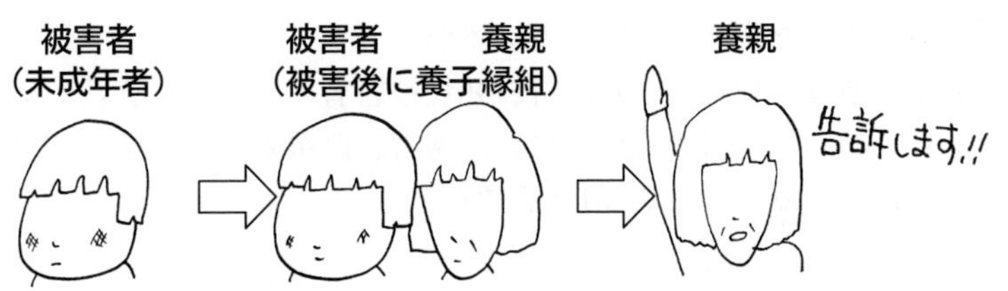

被害を受けた　事件後に告訴権者になる　独立して告訴できる

ワンポイント
告訴を受理するときは、身分関係を確認して受理しなければならない。

身分確認

○　被害者の法定代理人が被疑者又は被疑者の近親者の場合はどうなるか

被害者の法定代理人が、

- 被疑者
- 被疑者の配偶者
- 被疑者の四親等内の血族
- 被疑者の三親等内の姻族

の場合には、被害者の親族が告訴権者となり、独立して告訴できる（刑訴法232条）。

配偶者
血族（四親等内）
姻族（三親等内）

被害者の親族たち

独立して告訴できる

ウ　被害者が死亡した場合の告訴権者は誰か

被害者が告訴せずに死亡した場合、死亡被害者の明示した意思に反しない限り、死亡した被害者の代わりに、配偶者、直系の親族、兄弟姉妹が告訴することができる（刑訴法231条２項）。

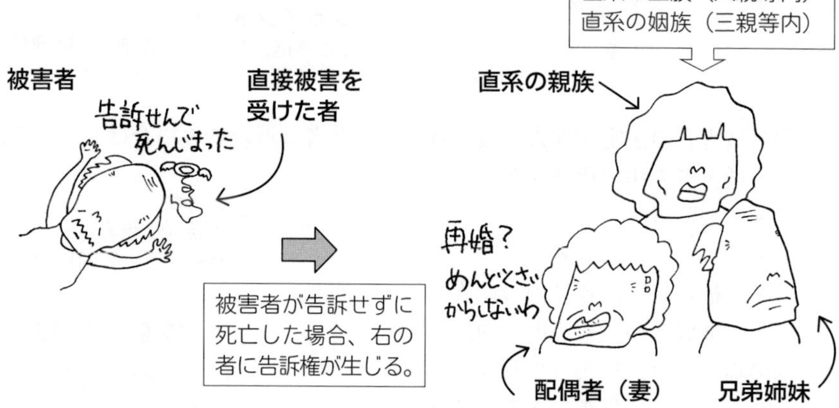

被害者の身分は、被害者の死亡時を基準とする。したがって、被害者の死亡後に配偶者が再婚しても、配偶者の告訴権はなくならない。

なお、死亡した被害者に法定代理人がいれば、その法定代理人は、刑訴法第231条第１項により当然に告訴ができる。

エ　死者の名誉が毀損された場合はどうなるか

死者の名誉が毀損された場合、死者の親族又は子孫が告訴をすることができる（刑訴法233条１項）。

また、生前に名誉を毀損された被害者が、告訴をしないで死亡したときも、死亡した被害者の明示の意思に反しない限り、親族又は子孫が告訴をすることができる（刑訴法233条２項）。

被害者の親族、子孫が告訴できる

オ　全ての告訴権者が死亡した場合はどうなるか

親告罪において、告訴できる者がいない場合（全ての告訴権者が死亡したり、１人しかいない告訴権者に告訴能力がない場合）については、検察官が、利害関係人の申立てにより、告訴権者を指定することができる（刑訴法234条）。

ただし、非親告罪については、告訴がなくても訴追できることから、告訴権者を指定することはできない。

利害関係者

告訴権のない親族、友人、恋人、雇主、債権者等、被害者と何らかの関係がある人々のこと

告訴権者指定の申立て

検察官

私が指定する

(6) 告訴の方式

> 告訴は、書面又は口頭で検察官又は司法警察員にしなければならない（241条1項）。

ア　書面による告訴の手続

通常、書面による告訴は、「告訴状」と題した書面に告訴事実等を記載し、署名、押印をして提出されている。

ただし、告訴状の様式等は定められていないので、告訴の趣旨が明らかであれば、有効な告訴状となる。

告訴状の一般的な記載内容

①　告訴人及び被告訴人の表示
②　告訴事実
③　告訴年月日
④　提出先
⑤　処罰意思
⑥　告訴人の署名・押印

イ　口頭による告訴の手続

告訴が口頭で行われたときは、検察官又は司法警察員が告訴調書を作成しなければならない（犯捜規64条１項）。

告訴調書の内容は、「犯罪事実の申告」及び「犯人に対する処罰を求める意思表示」である。

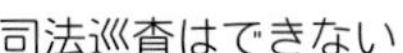

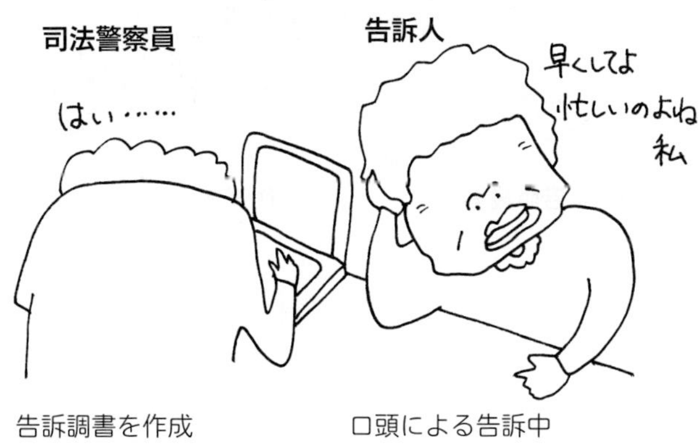

ウ　電話による告訴

告訴調書は、司法警察員等が、告訴する者から直接聴取して作成する必要があるという理由により、判例において「電話による告訴は許容されない（東京高判昭35．２．11）」として認められていない。

電話による告訴はダメ

⑺　代理人による告訴の取消し

告訴及び告訴の取消しは、代理人でもできる。

この場合の代理とは、告訴権者の意思を代理人が警察官に伝達する「表示代理」のほか、告訴をするかしないかの判断も代理人に委ねる「意思代理」も含む（東京高判昭40. 2. 19)。

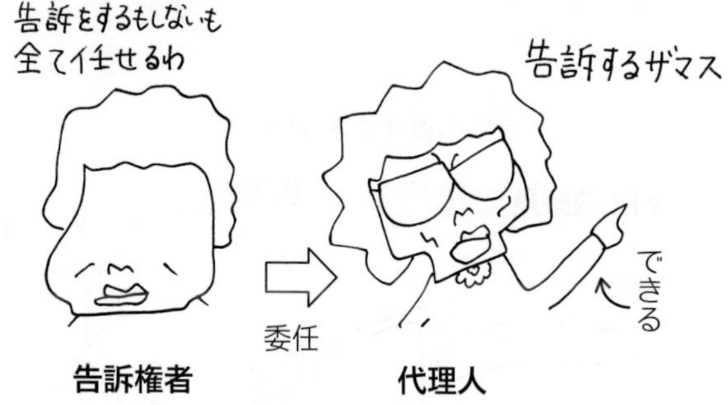

⑻　親告罪の告訴

被害者等の告訴がなければ起訴できない犯罪を「親告罪」という。

親告罪における告訴は訴訟条件である。よって、有効な告訴がなければ親告罪は起訴できない。

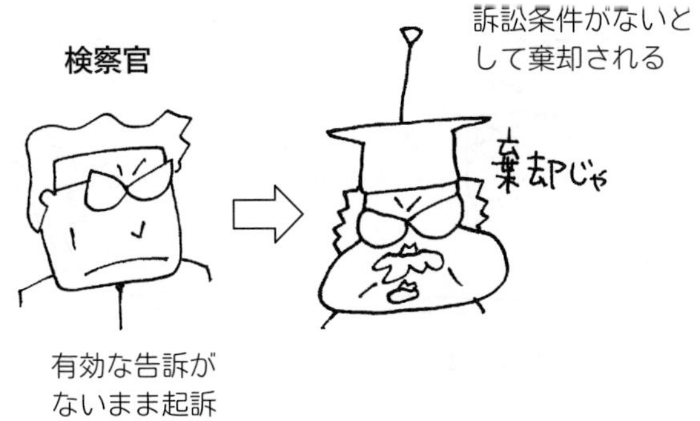

親告罪は、次の２つに分かれる。

○　絶対的親告罪

例　信書開封

名誉毀損

過失傷害　　　等

○　相対的親告罪

例　親族間の犯罪に関する特例

（窃盗、詐欺、横領等）

親告罪を告訴前に捜査できるかについては、「捜査官は、犯罪があると思料するときは必要な捜査ができる」とされていることから、告訴がされていなくても、任意、強制を問わず、必要な捜査をすることができる。

ただし、告訴前の捜査については、親告罪の趣旨を没却することのないよう配慮し、緊急性がない場合は告訴権者の意思を確認すべきであるし、告訴しないことがはっきりした場合には、強制捜査はもちろん、任意捜査も許されなくなることに留意する必要がある。

(9) 告訴の期間とは

親告罪における告訴期間は、告訴権者が犯人を知った日から６か月である。犯人を知った日から６か月が経過すると告訴権は消滅する（刑訴法235条）。

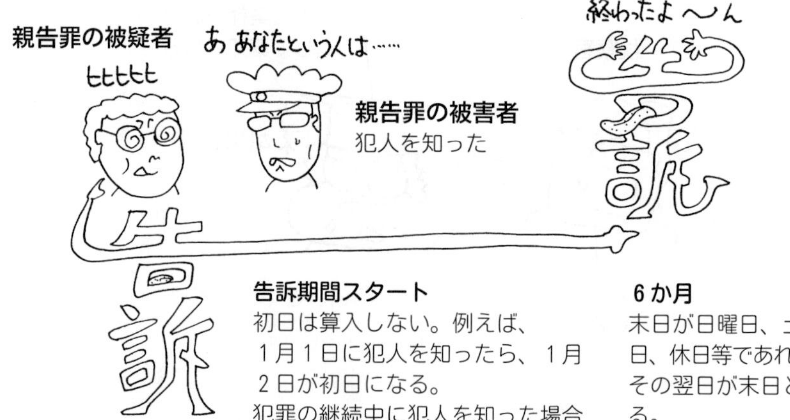

「犯人を知った」とは

告訴権者が犯人が誰であるかを知ることである。犯人をどの程度知る必要があるかについては、犯人の氏名までも知る必要はないが、少なくとも犯人が誰であるかを特定できる程度に認識することをいう（最決昭39.11.10）。

○　インターネットによる名誉毀損罪の場合、いつが犯罪終了になるのか

インターネットに掲示されている間は犯罪が継続中であると解されており、被疑者が捜査官を通じて、ホームページの管理人に削除を申し入れた時点で犯罪が終了すると解されている（大阪高判平16．4．22）。

インターネットに掲示中

○　示談した後の告訴は有効か

示談は、訴訟条件に影響を与えない。

仮に、その示談書に、被害者が「告訴を放棄する」と書いてあっても、告訴権を放棄したことにはならない。

したがって、示談成立後であっても、被害者から告訴状が出された場合には、これを有効な告訴として受理しなければならない。

訴訟条件に関係ない

⑽　告訴の取消しと再告訴の禁止

○　告訴の取消しができるのは誰か

告訴は取り消すことができる。ただし、取消しができるのは告訴した本人に限られる。被害者が行った告訴を法定代理人が取り消すことはできない。また、法定代理人が行った告訴を被害者が取り消すこともできない。

したがって、告訴した者が死亡した場合は、その告訴を取り消すことができる者がいなくなることになる。

被害者が行った告訴を取り消せるのは、告訴を行った被害者だけ

○ 告訴の取消しができる期間はあるのか

親告罪の告訴は、公訴提起前であれば、告訴した本人が取り消すことができる（刑訴法237条１項）。ただし、公訴提起後（起訴後）の取消しはできない。

なお、一度取り消した親告罪の告訴は、再告訴できない（刑訴法237条２項）。

ただし、非親告罪の告訴は、捜査の端緒にすぎないため、いつでも取り消すことができ、また、何度でも再告訴することができる。

⑾　告訴不可分の原則

親告罪の告訴には、「客観的不可分の原則」と「主観的不可分の原則」がある。

「主観的不可分の原則」は、刑訴法第238条に規定されているが、「客観的不可分の原則」は理論上の原則であり、法律上の規定はない。

ア　客観的不可分の原則（犯罪事実に関する法則）

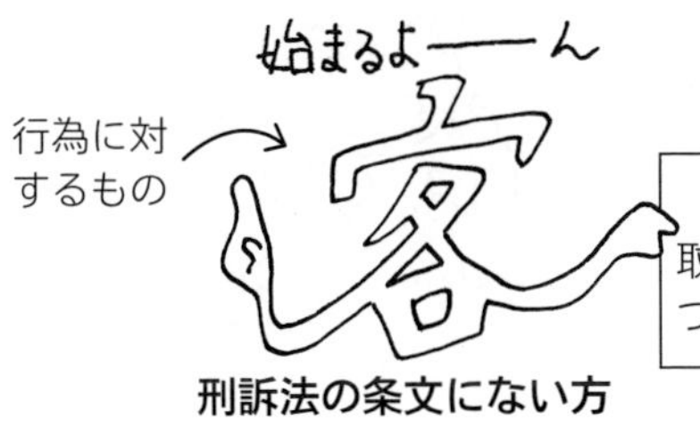

客観的不可分の原則

> １個の犯罪事実の一部について告訴又はその取消しがあった場合は、その犯罪事実の全部について、その効力が生ずる（大判昭５．６．９）。

○　単純一罪の場合

客観的不可分の原則は、単純一罪については、そのまま適用される。

○　科刑上一罪の一部が親告罪の場合

これに対し、牽連犯や観念的競合のような科刑上一罪を構成する犯罪のうち、科刑上一罪の一部が非親告罪で、他の部分が親告罪である場合に、非親告罪に限定して告訴をした効力は、親告罪の部分には及ばないと解されている。

例えば、住居に侵入されて強姦された被害者が、強姦の事実を公にされることを望まず、あえて住居侵入の事実だけ告訴したときには、住居侵入罪に対する告訴は、強姦罪に及ばない（浦和地判昭44．3．24）。

したがって、この場合には、住居侵入罪だけ送致し、起訴することになる。

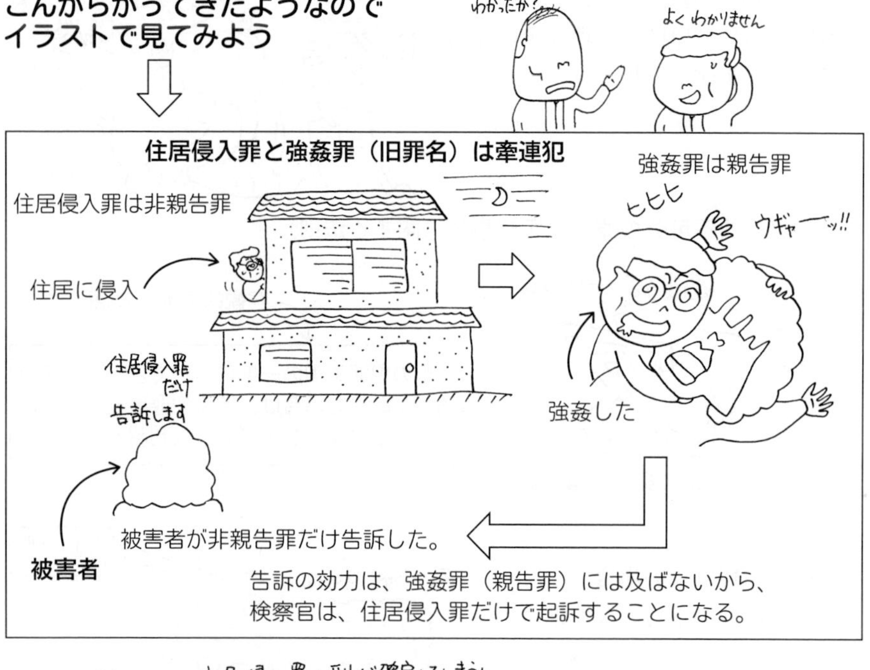

住居侵入罪の刑が確定してしまうと、
その既判力は両罪に及ぶから、
この場合、その後に被害者が
強姦罪の告訴状を提出しても、
強姦罪について改めて起訴できなく
なるぞ
だから慎重に捜査せんといかんちゅうこっちゃ

ハイ…
そりゃ大変だ

※　平成29年の法改正により、強姦罪は「強制性交等罪」となり、非親告罪となった。さら

に、令和５年の法改正により、「不同意性交等罪」とされ、構成要件が新たに整理された。

○　科刑上一罪の各罪が親告罪の場合

科刑上一罪の各罪が全て親告罪で、しかも各罪の被害者（告訴権者）が同一のときは客観的不可分の原則はそのままあてはまるが、各罪の被害者が異なる場合には、一人の被害者が行った告訴の効力は、他の被害者に関する部分には及ばない。

例えば、１通の文書で複数人の名誉を毀損した場合、科刑上一罪である観念的競合の関係になるが、被害者のうちの１人の告訴の効力は、他の者の名誉毀損には及ばない。

同一の文書で２名の名誉を同時に毀損した　＝科刑上一罪（観念的競合）

Ａが告訴してＢが告訴しない場合、Ａに対する名誉毀損しか起訴できない。

イ　主観的不可分の原則（共犯者に関する法則）

親告罪の共犯者の一人（又は数人）に対して行われた告訴（又は告訴の取消しの効力）は、他の共犯者にも及ぶ。この原則は、絶対的親告罪については常に妥当する。

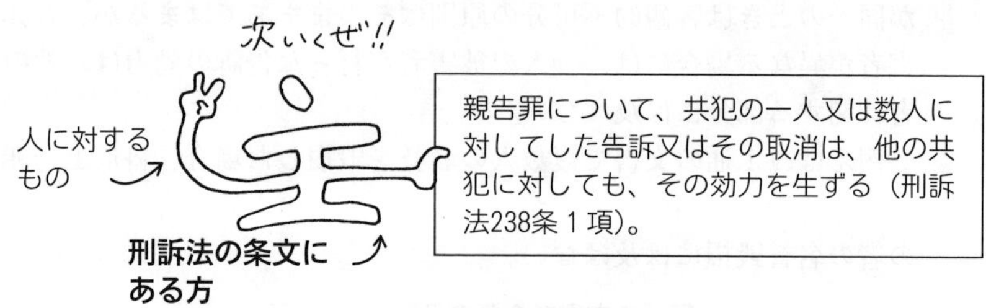

絶対的親告罪の共犯の場合

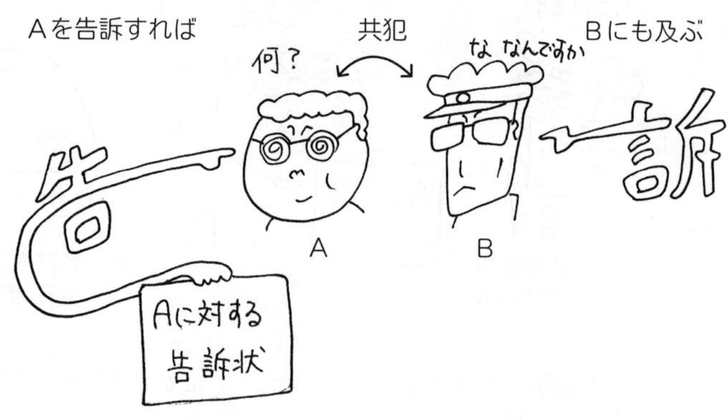

○　相対的親告罪の場合（例外）

しかし、親族間の犯罪のような相対的親告罪では、主観的不可分の原則は原則どおりに適用されない。親族間の犯罪の場合は、一定の身分関係にある者であることを前提にした親告罪であるので、その身分関係の者の処罰をあえて求めるという積極的意思表示が必要になるのである。

例えば、窃盗罪の共犯者（下図のAとB）のうち、一人（A）が「被害者」の親族であり、もう一人（B）が「被害者」の親族でない場合には、（B）に限定して行った告訴の効力は（A）には及ばない。

ただし、共犯者（下図のAとC）が、両方とも「被害者」と身分関係がある場合は、片方に対して行った告訴の効力は他の共犯者にも及ぶ。

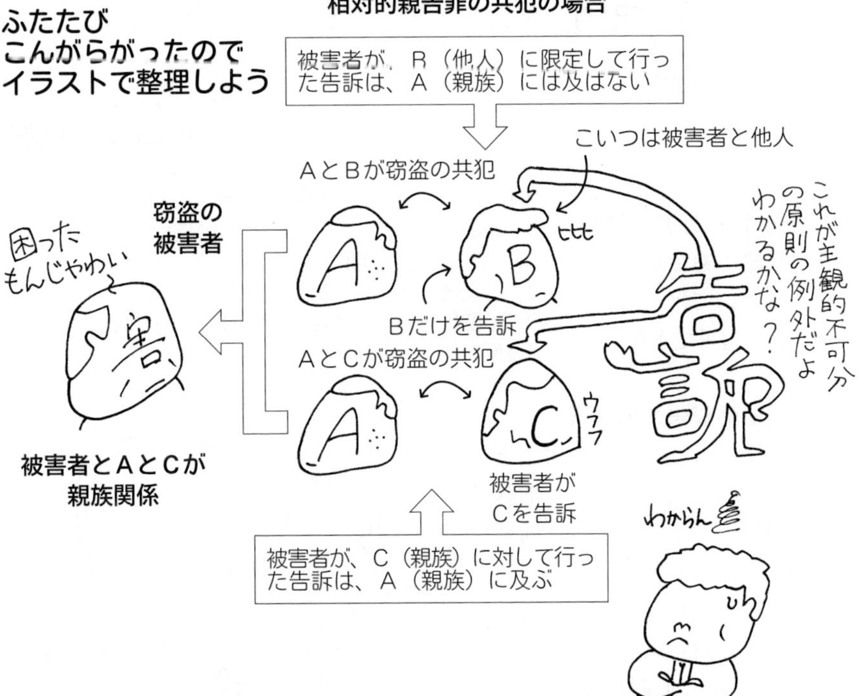

2　告発

告発とは、捜査機関に対し、被疑者、告訴権者、捜査機関以外の第三者が、犯罪事実を申告して犯人の処罰を求める意思表示をいう。

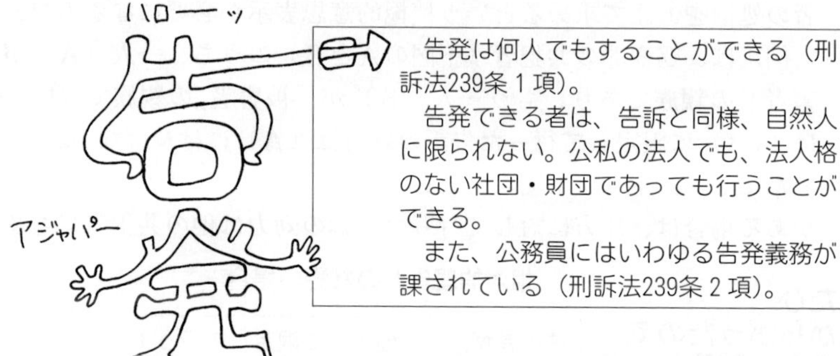

告発は何人でもすることができる（刑訴法239条１項）。

告発できる者は、告訴と同様、自然人に限られない。公私の法人でも、法人格のない社団・財団であっても行うことができる。

また、公務員にはいわゆる告発義務が課されている（刑訴法239条２項）。

告発は一般的には捜査の端緒であるが、右の罪については、告発がないと起訴できない。

例

- ○　私的独占の禁止及び公正取引の確保に関する法律（独禁法）違反の罪
- ○　国税通則法違反の罪
- ○　議院における証人の宣誓及び証言等に関する法律違反の罪

○　相対的親告罪の場合

告発の方式や受理の方法等は、告訴と同じである（刑訴法241条）。また、告訴と同様に、

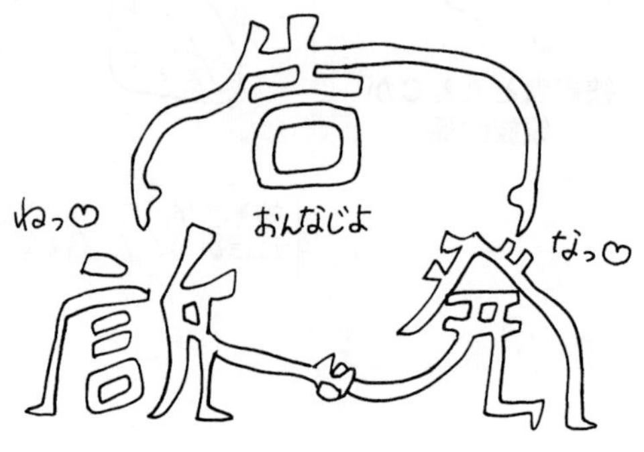

- ・　速やかな検察官への送付（刑訴法242条）
- ・　起訴・不起訴等の通知（刑訴法260条）
- ・　不起訴理由の通知（刑訴法261条）

の規定があり、主観的不可分の原則や客観的不可分の原則も適用される。

ただし、告発は誰でもできるので、代理人による告発は認められていない。

3　自首

(1)　自首の意義

自首とは、犯罪事実が捜査機関に発覚する前、又は、犯罪事実が発覚しても犯人が捜査機関に判明する前に、犯人が自ら捜査機関に対して自己の犯罪事実を申告し、刑事処分を求めることをいう。

【刑法第42条第１項】
　罪を犯した者が、捜査機関に発覚する前に自首したときは、その刑を減軽することができる。

刑を軽くしてもいいが、しなくてもいい（任意的減軽）。

(2)　自首の要件

○　犯罪事実か犯人のどちらかが特定される前でなければならない

自首が成立するのは、次の２パターンである。

①　犯罪事実を捜査機関が認識していない場合

犯罪事実の認識がなければ、当然に犯人を知らない。

②　犯罪事実は発覚したが犯人が誰か分からない場合

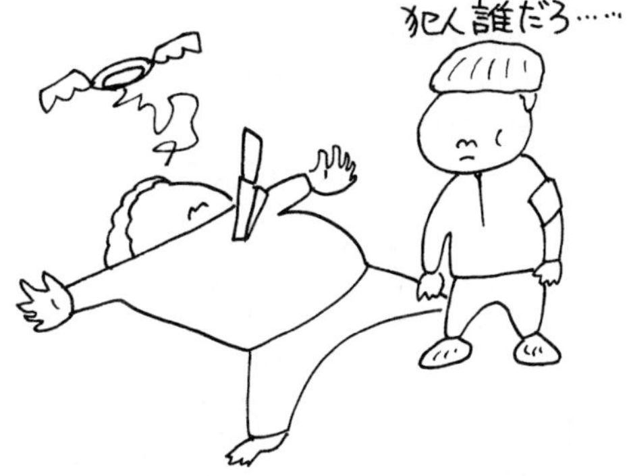

犯罪事実と犯人が分かっていて、単に犯人がどこにいるか分からない場合は、「捜査機関に発覚する前」には当たらない。

よって、このケースで犯人が出頭しても「自首」ではなく、単なる「出頭」になる。

犯人が出頭しても、任意的減軽の対象にはならない

○　捜査機関に対する申告でなければならない

自首と言えるためには、捜査機関に対して犯罪事実を申告しなければならない。犯人から犯罪事実の告白を受けた第三者が、独自の判断でそれを捜査機関に申告した場合は、自首に当たらない。

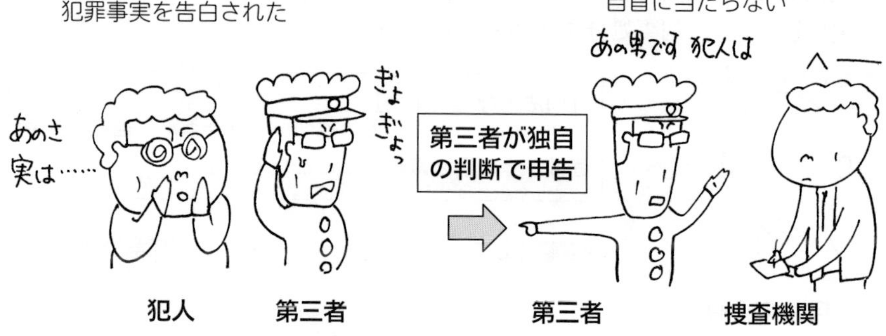

○　犯罪事実の自発的な申告でなければならない

自首と言えるためには、犯人が自ら進んで申告することを必要とする。なお、次のような申告は、自首に当たらない。

⑶　自首の方式

自首は、犯人が書面又は口頭で、検察官又は司法警察員に対して行わなければならない（刑訴法241条１項、245条）。

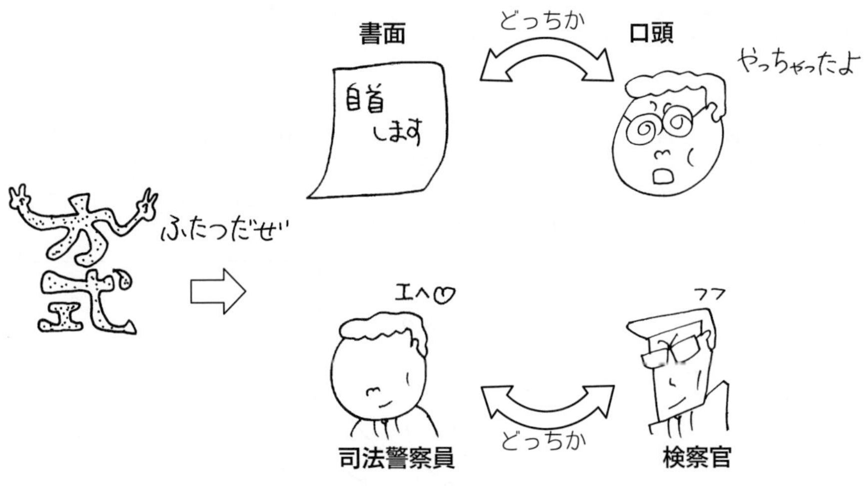

刑訴法上、司法巡査は自首を受理する権限がないことから、自首は、司法警察員が受理して初めて有効になる。よって、司法巡査が自首を受けた場合は、直ちに司法警察員に引き継ぐ必要がある。

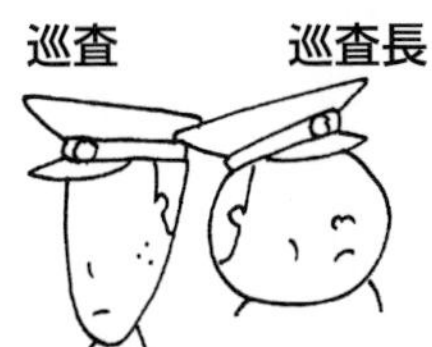

司法巡査は、自首を受理できない

◇自首のポイント◇

○　代理人による自首は認められていない。ただし、犯人が自ら捜査機関に出頭しない場合であっても、犯人がいつでも捜査機関の支配内に入れる状態にある限り、他人を通じて捜査機関に申告する行為も有効な自首に当たる（最判昭23.2.18）。

○　「口頭」とは、自首した者と自首を受理する者が直接面談して行うのが原則である。したがって電話による自首は原則として認められないが、電話で連絡した後、犯人がすぐに身柄の処分を捜査機関に委ねられるような状況であれば、自首になる場合もある（東京地判平17.9.15）。

第2章

任意捜査

・・・・・
任意？
じゃあ 行かない
今からパチンコ
行くから
代わりに
コイツが
行くって
ヒマ
だから
ウヒャヒャヒャヒャ
ヒャ
ま また
そんないいかげんな
ことを…

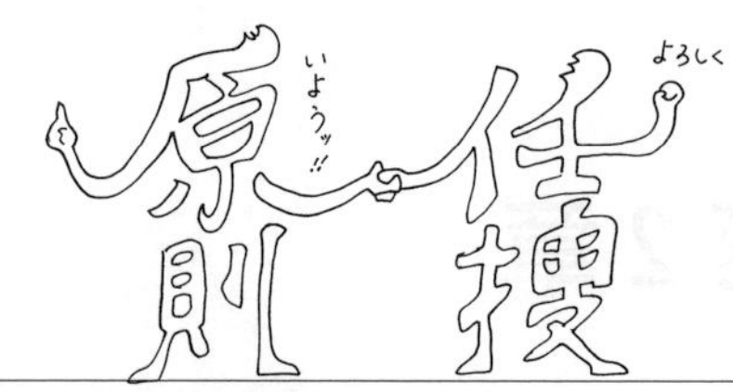

◇　基本となる条文
刑事訴訟法

〔捜査に必要な取調べ・通信履歴の電磁的記録の保全要請〕

第197条　捜査については、その目的を達するため必要な取調をすることができる。但し、強制の処分は、この法律に特別の定のある場合でなければ、これをすることができない。

②　捜査については、公務所又は公私の団体に照会して必要な事項の報告を求めることができる。

③　検察官、検察事務官又は司法警察員は、差押え又は記録命令付差押えをするため必要があるときは、電気通信を行うための設備を他人の通信の用に供する事業を営む者又は自己の業務のために不特定若しくは多数の者の通信を媒介することのできる電気通信を行うための設備を設置している者に対し、その業務上記録している電気通信の送信元、送信先、通信日時その他の通信履歴の電磁的記録のうち必要なものを特定し、30日を超えない期間を定めて、これを消去しないよう、書面で求めることができる。この場合において、当該電磁的記録について差押え又は記録命令付差押えをする必要がないと認めるに至つたときは、当該求めを取り消さなければならない。

④　前項の規定により消去しないよう求める期間については、特に必要があるときは、30日を超えない範囲内で延長することができる。ただし、消去しないよう求める期間は、通じて60日を超えることができない。

⑤　第２項又は第３項の規定による求めを行う場合において、必要があるときは、みだりにこれらに関する事項を漏らさないよう求めることができる。

〔被疑者の出頭要求・取調べ〕

第198条　検察官、検察事務官又は司法警察職員は、犯罪の捜査をするについて必要があるときは、被疑者の出頭を求め、これを取り調べることができる。但し、被疑者は、逮捕又は勾留されている場合を除いては、出頭を拒み、又は出頭後、何時でも退去することができる。

②　前項の取調に際しては、被疑者に対し、あらかじめ、自己の意思に反して供述をする必要がない旨を告げなければならない。

③　被疑者の供述は、これを調書に録取することができる。

④　前項の調書は、これを被疑者に閲覧させ、又は読み聞かせて、誤がないかどうかを問い、被疑者が増減変更の申立をしたときは、その供述を調書に記載しなければならない。

⑤　被疑者が、調書に誤のないことを申し立てたときは、これに署名押印することを求めることができる。但し、これを拒絶した場合は、この限りでない。

〔領置〕

第221条　検察官、検察事務官又は司法警察職員は、被疑者その他の者が遺留した物又は所有者、所持者若しくは保管者が任意に提出した物は、これを領置することができる。

〔第三者の任意出頭・取調べ・鑑定等の嘱託〕

第223条　検察官、検察事務官又は司法警察職員は、犯罪の捜査をするについて必要があるときは、被疑者以外の者の出頭を求め、これを取り調べ、又はこれに鑑定、通訳若しくは翻訳を嘱託することができる。

②　第198条第１項但書及び第３項乃至第５項の規定は、前項の場合にこれを準用する。

1　任意捜査の原則とは

刑訴法第197条第１項にあるとおり、逮捕や捜索・差押え等の強制捜査は、特別の規定がある場合にだけ許される。

これを言い換えると、捜査は、任意捜査が原則（これを「任意捜査の原則」という）であり、任意捜査では捜査目的が達成できない場合のみ、強制捜査が許されるのである。

刑訴法197条１項にいう「必要な取調べ」とは

単に被疑者・参考人の取調べに限らず、捜査のために必要とされる一切の手段・方法を意味する。

【例】
- ○　聞込み、尾行、密行、張込み（犯捜規101条）
- ○　実況見分（犯捜規104条、105条、106条）
- ○　写真撮影
- ○　ポリグラフ検査　など

刑訴法197条１項以外で刑訴法に特別の規定がある任意捜査

- ○　公務所等に対する照会（刑訴法197条２項）
- ○　被疑者の出頭要求・任意同行（刑訴法198条１項）
- ○　被疑者の取調べ（同上）
- ○　領置（刑訴法221条）
- ○　参考人の出頭要求（刑訴法223条１項）
- ○　参考人の取調べ（同上）
- ○　鑑定・通訳・翻訳の嘱託（同上）

ワンポイント

任意捜査の方法は、法律に定められたものに限られない。捜査機関は、たとえ刑訴法に特別の根拠規定がなくても、強制にわたらない限り、独自の手法で任意捜査を行うことができると解されている。

2　任意同行

⑴　任意同行の意義

警職法とは異なり、刑訴法に「任意同行」を直接規定した明文規定はない。

しかし、被疑者の出頭要求、取調べ（刑訴法198条１項）等が認められている以上、相手の承諾を得て同行を求めることができると解されている。

（参考）

	刑訴法上の任意同行	警職法上の任意同行
根拠条文	198条１項	２条２項
対　　象	被疑者、被害者、参考人等	不審者等
目　　的	犯罪捜査のための刑事手続	犯罪の予防・鎮圧の行政目的
	 署まで来てください 今回勉強するのはこちら	 交番まで来てもらえますか こちらは本書姉妹本『イラストでわかりやすい擬律判断・警職法』参照
態　　様	犯罪捜査のため取調べを行うことを前提として、相手方に任意による同行を求める行為	異常な挙動等の者に職務質問した場合において、その場で質問を継続することが、 ○　本人のために不利 ○　交通の妨害になる のどちらかに該当する場合に、警察署等に同行を求める行為

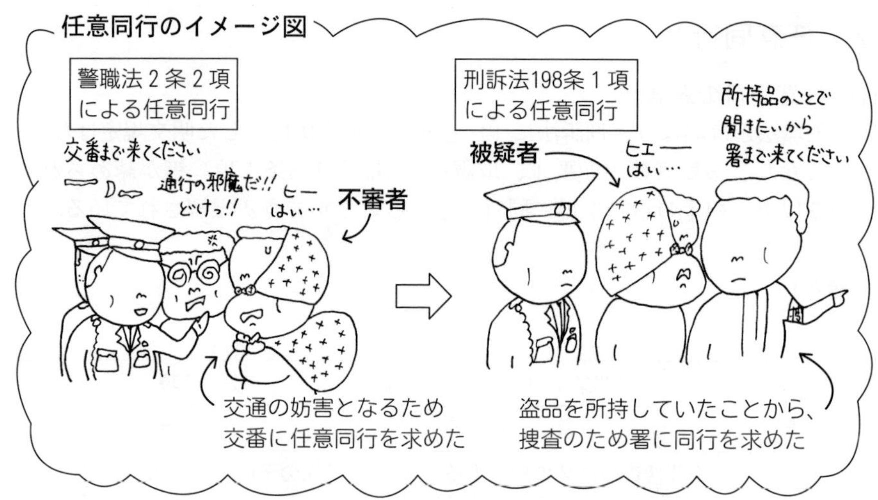

(2)　適法性の判断（任意同行と実質的な逮捕との区別）

被疑者は、任意捜査の段階では、出頭を拒み、出頭後もいつでも退去できる。したがって、任意同行をする際に、強制の要素が大きくなると、当該任意同行が「実質的な逮捕」であると評価されることもある。

任意同行が実質的逮捕に当たるかどうかの判断基準は、

○　同行を求めた時刻・場所
○　同行の方法・態様
○　同行後の状況

等を考慮して判断される。

○　同行を求める時間と場所の留意点

例えば、深夜に被疑者の自宅から同行を求めて遠隔地の警察署へ同行した場合は、白昼の公道から最寄りの警察署に同行した場合よりも、強制力が大きいと評価されやすい。

○　同行の方法で気をつけること

同行を求めた捜査員の人数、捜査員の態度（高圧的・命令的であったか）、同行の際の実力行使の有無などがポイントになる。

１人を同行する場合に、多数の警察官が付き添ったりすると、警察官が取り囲んだ状態で自宅等から強制的に連れ出したなどと認定されるおそれがある。

> ４人の警察官が、被疑者から同行先の警察署の所在地を尋ねられたのに教えず、取り囲むようにしてタクシーで連行したのを実質的逮捕とした事案（神戸地決昭43．７．９）がある。

○　同行の理由と同行先の告知

同行先や同行の目的等を告げることなく同行した場合には、相手を不安定な心理状態で同行することになり、その結果、裁判において強制的に同行したと評価され、任意性を否定されるおそれがある。

問題あり

用があるから警察までちょっと来てくれ。

← 任意性を否定された判例（神戸地決昭43．７．９）がある。

○　同行の必要性

逮捕状を用意しているのに、直ちに逮捕しないで警察署に任意同行してから逮捕する場合には、被疑者の名誉を保全する必要性や被疑者の弁解等を聞いた上で逮捕すべきかどうかを検討する必要性があった等、合理的な理由がない限り、任意同行が実質的に逮捕であったと認定される場合もある。

○ 相手方の服装

自宅等から任意同行する際、相手方が寝巻き姿や、上半身裸の場合には、それだけで強制的に連行したのではないかと疑われ、任意性が否定される要因となる。

服装として好ましくない例

任意性が否定された事例

殺人事件の被疑者の逃走先を突き止め、午後11時20分頃、上半身裸体、はだしの被疑者を発見し、パトカーで本署に任意同行した後、緊急逮捕したという事案について、任意同行の時に事実上の逮捕行為があったとして任意性を否定し、緊急逮捕状の請求が却下された（福岡地小倉支判昭44. 6 . 17)。

○ 同行する車両について

相手方を自宅等から任意同行する場合には、目立たない普通の自動車を使用すべきである。パトカーや外見から警察車両と分かる車両等で同行した場合、相手方に心理的な威圧感を与えたと判断されるだけでなく、相手方の名誉保護の観点からも問題が生じる場合がある。

よい

よくない

○　同行後の取調べについて

任意の取調べが長時間にわたったり、休憩やトイレに行った時に監視したりすると、後日、実質的な逮捕と評価されることがある。

好ましくない例

同行後、24時間取調べ中

違法とされた事例

被疑者を、午前11時40分頃警察署に同行し、その直後から午後９時50分頃まで取調べを続け、途中、昼・夕食のために各１時間ずつ休憩を挟んだものの、その間、用便も監視が付いた状態で取調べを行った後、最終的に逮捕状が執行され勾留決定がされたことに対し、弁護人が準抗告をした事案について、裁判官は当該逮捕を違法とし、勾留決定を取り消した（青森地決昭52．８．17）。

(3) 任意同行の実務上の留意点

任意同行後に逮捕した場合において、任意同行が「実質的な逮捕である」と指摘されるおそれがある場合は、任意同行開始を逮捕の起算点とし、任意同行開始から48時間以内に送致するように努めなければならない。

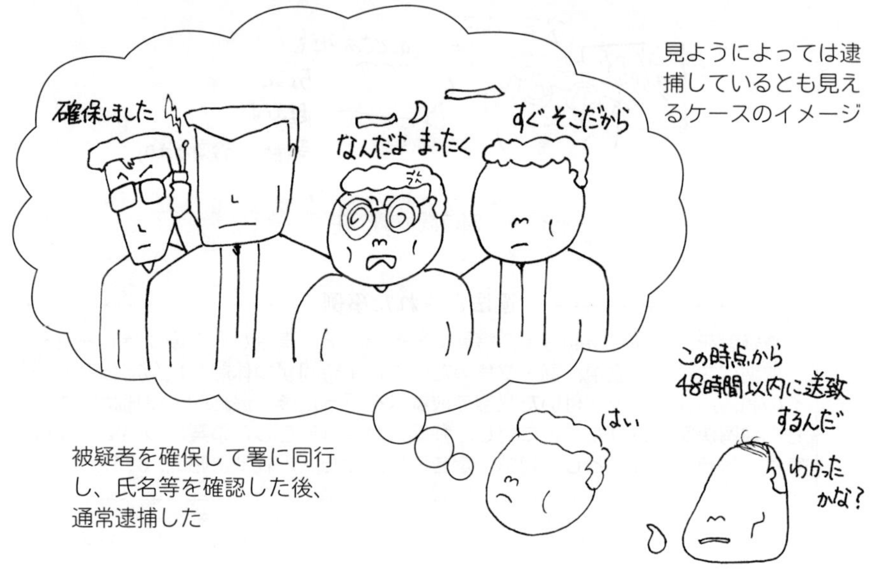

3　取調べ

〔被疑者の出頭要求・取調べ〕
第198条　検察官、検察事務官又は司法警察職員は、犯罪の捜査をするについて必要があるときは、被疑者の出頭を求め、これを取り調べることができる。但し、被疑者は、逮捕又は勾留されている場合を除いては、出頭を拒み、又は出頭後、何時でも退去することができる。
②　前項の取調に際しては、被疑者に対し、あらかじめ、自己の意思に反して供述をする必要がない旨を告げなければならない。

(1)　被疑者の取調べとは

被疑者の取調べとは、捜査機関が犯罪事実を明確にする目的から、被疑者に対して質問を発し、被疑者の供述を求め、被疑者の利益・不利益の事情を任意に聞き取る捜査のことである。

(2)　取調べの心構え

取調べに当たっては、被疑者等の供述や弁解等だけを録取することにとらわれることなく、あくまで真実の発見を目標として行わなければならない(犯捜規167条)。

犯捜規第167条・取調べにおける留意事項

・被疑者の動静に注意を払い、被疑者の逃亡及び自殺その他の事故を防止するように注意しなければならない。
・事前に相手方の年令、性別、境遇、性格等を把握するように努めなければならない。
・冷静を保ち、感情にはしることなく、被疑者の利益となるべき事情をも明らかにするように努めなければならない。
・言動に注意し、相手方の年令、性別、境遇、性格等に応じ、その者にふさわしい取扱いをする等その心情を理解して行わなければならない。
・常に相手方の特性に応じた取調べ方法の習得に努め、その者の特性に応じた方法を用いるようにしなければならない。

(3)　虚偽の自白

捜査員が、誘導等をして虚偽の自白を得ようとすることは、その意図のいかんにかかわらず、絶対にしてはならない。

虚偽の自白の誘導を防ぐため、

・　被疑者の答えが、捜査員の意図する方向に偏っていないか
・　被疑者の受け答えの態度が迎合的でないか

などを見極め、取調べの方法が逸脱しないよう十分に注意しなければならない。

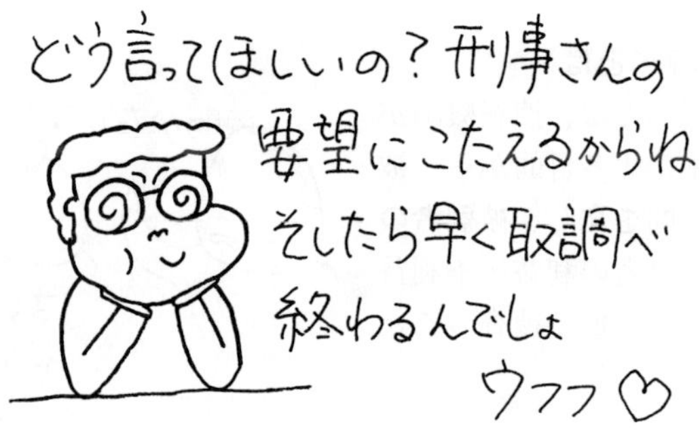

(4)　共犯者の取調べ

共犯者の取調べは、可能な限り各別に行い、被疑者同士の通謀を防ぐとともに、捜査員同士が供述の符合を図らないようにしなければならない（犯捜規170条）。

(5) 供述拒否権の告知

被疑者に対し、あらかじめ、自己の意思に反して供述をする必要がない旨を告知しなければならない（刑訴法198条２項）。

供述拒否権の告知は、取調べごとにその冒頭で告知すべきものであり、被疑者が供述拒否権の内容を実質的に理解させるような方法で行わなければならない。

なお、「供述拒否権が氏名等の人定事項の供述にも及ぶか」については、判例は、氏名は原則として憲法第38条第１項の保障する権利の対象ではないとしている（最判昭32. 2 . 20）。

(6) 裁判員裁判の対象事件における取調べの録音・録画

刑事司法制度改革の関連法が平成28年５月に成立し、裁判員裁判の対象事件における取調べの録音・録画が義務化されることになった。今後更に、裁判所が録音・録画による客観的な証拠を求める傾向は強まっていくものと考えられる。

4　照会

〔捜査に必要な取調べ・通信履歴の電磁的記録の保全要請〕
第197条
②　捜査については、公務所又は公私の団体に照会して必要な事項の報告を求めることができる。

〔公務上秘密と証人尋問〕
第144条　公務員又は公務員であつた者が知り得た事実について、本人又は当該公務所から職務上の秘密に関するものであることを申し立てたときは、当該監督官庁の承諾がなければ証人としてこれを尋問することはできない。但し、当該監督官庁は、国の重大な利益を害する場合を除いては、承諾を拒むことができない。

〔公務上秘密と押収〕
第103条　公務員又は公務員であつた者が保管し、又は所持する物について、本人又は当該公務所から職務上の秘密に関するものであることを申し立てたときは、当該監督官庁の承諾がなければ、押収をすることはできない。但し、当該監督官庁は、国の重大な利益を害する場合を除いては、承諾を拒むことができない。

(1)　照会には、必ず応じなければならないのか

刑訴法は、公務員の証人尋問に関して制限規定を設け、国の重大な利益を害する場合に限って、捜査の必要性よりも公務上の秘密保護を優先させている（刑訴法103条、104条、144条、145条）。

この点、照会についても同様であると解されており、照会を求められた公務所は、国の重大な利益を害する場合は拒否することができるが、それ以外については照会に応ずる義務があると解されている。

(2)　通信の秘密による照会の制限

憲法第21条第２項で「通信の秘密は、これを侵してはならない。」と定められている。この「通信の秘密」には、手紙・はがき・電報等、全ての方法による通信が含まれることから、捜査機関が刑訴法第197条第２項に基づく照会によって、郵便物の差出人や通信文の内容等の照会を求め、郵便業務従事者が回答することは、郵便法第８条に定める秘密保持義務に違反することになる。このような場合は、令状の発付を受けて差し押さえなければならない。

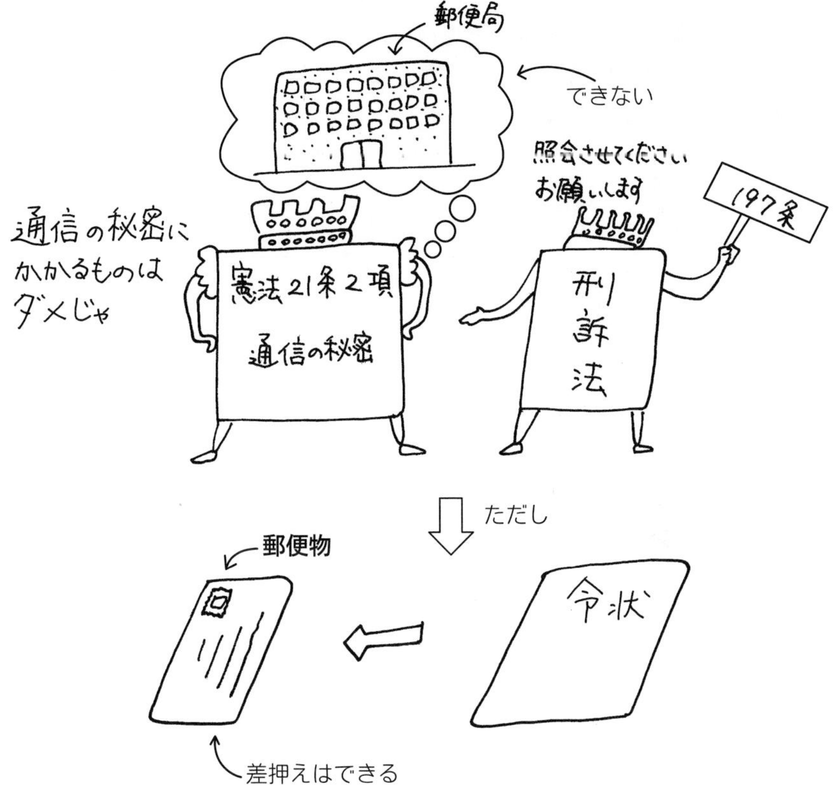

(3) 個人情報保護法により照会の回答を拒否できるか

「個人情報の保護に関する法律」と刑訴法による照会の問題点として、回答者側において、捜査機関からの照会に対して回答することが同法に抵触するとして、回答を拒否するケースが散見される。

しかし、「個人情報の保護に関する法律第18条第３項及び第27条第１項」に「法令に基づく場合」が例外として規定されていることから、刑訴法第197条第２項に基づく照会を行う場合、捜査機関からの捜査関係事項照会に対して、相手方企業等がそれに応じて個人情報等を提供（回答）したとしても、同法に抵触することにはならない。

実務上、個人情報であることを理由に回答を拒否された場合には、相手方と協議して対応を改善してもらうか、場合によっては、差押許可状によって差し押さえることになる。

5　実況見分

(1)　実況見分とは

捜査機関が、五官（視覚、聴覚、嗅覚、味覚、触覚）の作用によって、犯罪現場、その他の犯罪に関係のある場所、身体又は物について、その状態等を調べることをいい、極めて重要な捜査方法である。

このような捜査方法（広義の検証）には、

- 令状に基づいて強制的に行う「検証」（「第７章１検証」参照）
- 令状に基づかないで任意に行う「実況見分」

がある。

(2)　実況見分で気をつけること

○　**実況見分の必要性があること**

犯罪の現場その他の場所、身体又は物について事実発見のため必要があるときは、実況見分を行わなければならない（犯捜規104条１項）。

○　**公道上の犯罪**

通常、人の権利を侵害することがないので、検証許可状を得なくても、任意の処分の実況見分により、その場所や物の存在及び状況を調べることができる。

○　**住居内の犯罪**

居住者・管理者の任意の承諾があれば、社会通念上妥当な方法と範囲内である限り、検証許可状によらなくとも、実況見分を行うことができる。

○　**関係者の立会い**

実況見分は、居住者、管理者その他関係者の立会いを得て行わなければならない（犯捜規104条２項）。

○　身体に対する実況見分（身体検査）

相手方の承諾を得て任意で身体検査を行う場合については、身体に対する実況見分ということになる。身体に対する実況見分は法律上禁止されてはいないが、犯捜規は第107条において、女子については原則として任意の身体検査を禁止していることから、特に留意する必要がある。

なお、女子の身体に対する任意の身体検査（実況見分）については、犯捜規第107条後段ただし書きにおいて、「裸にしないときはこの限りでない」と定められ、衣服を着た状態での身体検査であればできる旨が定められている。

6　領置

〔領置〕
第221条　検察官、検察事務官又は司法警察職員は、被疑者その他の者が遺留した物又は所有者、所持者若しくは保管者が任意に提出した物は、これを領置することができる。

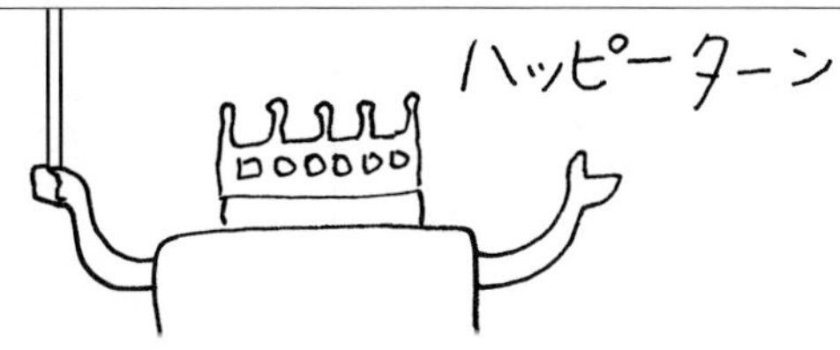

(1)　領置の意義

証拠物や没収の対象となる物の占有を取得する処分を押収という。

押収には、その物の占有を強制的に取得する差押えと、任意で取得する領置がある。

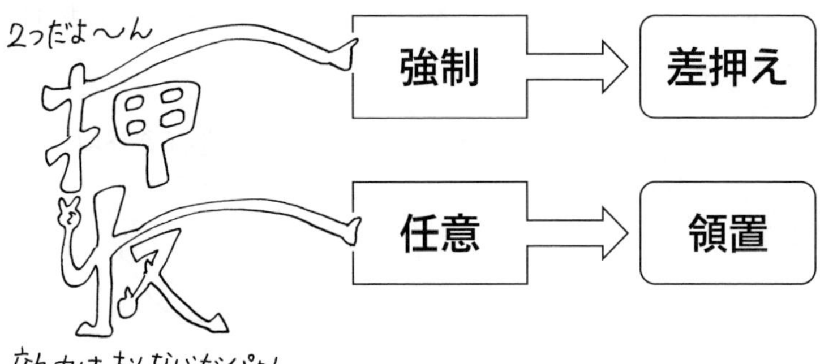

○　領置できる物

強制手続である差押えの対象物は、証拠物又は没収すべき物と思料するもの（99条、222条１項）に限られるが、領置は任意手段であり、権利侵害のおそれも少ないことから、差押えのような制限はない。

したがって、任意提出物件のほか、遺留物も領置の対象となる。

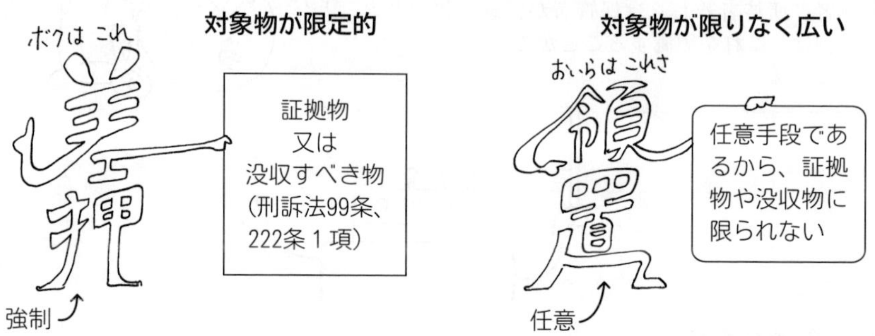

○　領置した物を「必要な処分をする」ことができるか

任意により領置した押収物についても、差押えと同じように、「錠をはずし、封を開き、その他必要な処分をする」ことができる（刑訴法111条、222条１項）。

差押えの規定が領置の規定に準用されている。

○　**領置した物に対する返還請求を捜査機関が拒否できるのか**

適法な領置が行われれば、差押えと同じ効果が生ずる。

したがって、領置が適法であれば、その後、提出者や所有者が還付の請求をしても、捜査上必要がある限り、捜査機関は還付を拒否し、留置を継続することができる。

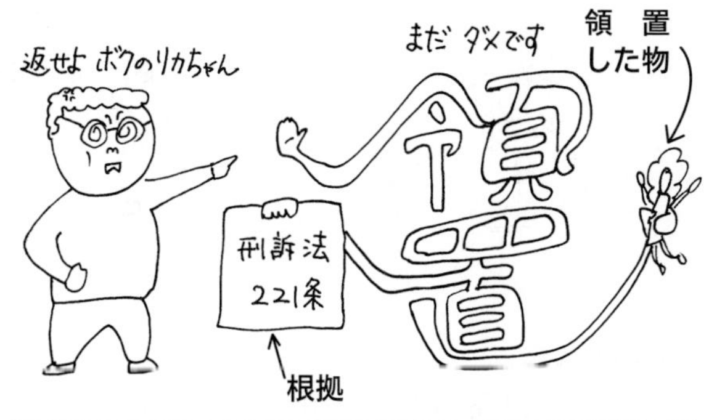

任意で提出された物であっても、還付を拒否できる。

○　**領置が許されない場合**

郵便物、信書又は電信に関する書類は、通信の秘密との関係から、通信事務を取り扱う者等の承諾があっても領置できない。この場合は、差押えの方法をとることになる。

⑵　遺留物の領置の方法

○　**遺留物の意義**

捜査機関は、被疑者その他の者が「遺留」した物を領置することができる（刑訴法221条）。

「遺留」とは、遺失よりも広い概念である。占有者の意思に基づかないでその所持を離れた物に限らず、占有者の意思によって占有を放棄したものも含む。

○　空き地等の場合

路上や管理者のいない空き地・駐車場・野山等に被疑者等の遺留物があるのを警察官が発見した場合は、警察官がそのまま領置することができる。

○　ごみ捨て場の場合

管理者がいない路上等のごみ集積所に、被疑者等が出したごみについては、ごみを出した者がごみ収集者に廃棄処分を依頼し、出したごみの占有を放棄したと認められることから、遺留物として領置することが可能である（最決平20. 4 .15）。

ただし、自宅敷地内のごみ箱や集合住宅内のごみ集積所に出されたものについては、この限りでない。

なお、犯捜規第110条第１項に「被疑者その他の者の遺留物を領置するに当つては、居住者、管理者その他関係者の立会を得て行うようにしなければならない。」と規定されている。

よって、無管理の場所にある遺留物を領置する場合であっても、可能な限り、ごみ収集者から任意提出を受けたり、立会人を求めた上で領置することが妥当である。

(3)　領置するときの任意提出権者は誰か

○　任意提出権者

任意提出権者は、その物の所有者・所持者・保管者に限られる（刑訴法221条）。

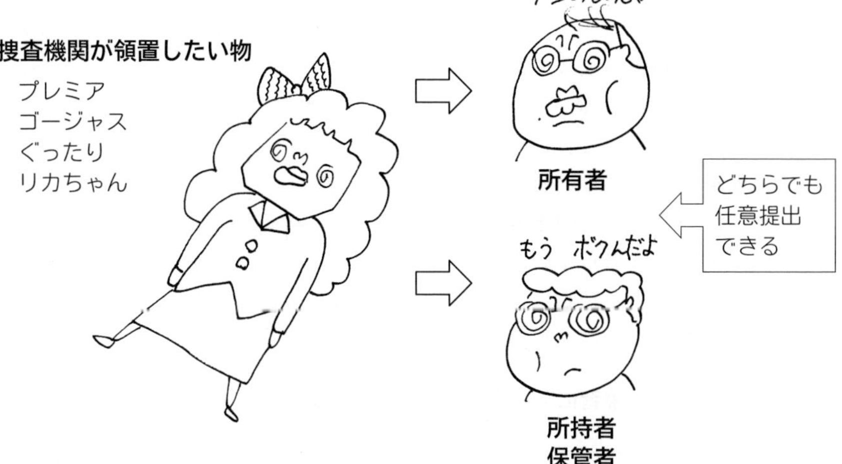

○　「所有者」「所持者」「保管者」とは

窃盗犯人（所持者）

ワッセ ワッセ

盗品

この窃盗犯人は、盗品を任意提出する資格がある。

所有者及び保管者は、事実上、その物を占有管理する者のことである。所持者と保管者の違いは明確ではない。

所持者・保管者は、事実上所持・保管する者であれば足り、法律上の権限に基づいて所持・保管している必要はない（東京高判昭28.11.25）。

例えば、窃取してきた盗品を窃盗犯人が所持している場合、その窃盗犯人は、盗品の所持者となることから、当該盗品を任意提出できる者（任意提出権者）になる。

なお、捜査員は、捜索・差押えの現場で、差押令状に記載されていない証拠物を発見した場合、その場の関係人から任意提出を受けることが多いが、その場合、その者に提出権限があるかどうかを慎重に判断する必要がある。

○　同居の家族の場合はどうか

同居の家族は、他の家族が所有する物について、通常は保管者となることから、任意提出権者となる（東京高判昭63．2．16）。

しかし、同居の家族であっても、本来の所有者等（家族の一人）が厳重に管理し、他の家族に管理をさせていないと解される物については、他の家族は任意提出権者にはならない。

同居の家族は、家にある全ての物に対し、任意提出権者になる場合が多い

なお、これらの判断にあたっては、対象物の保管場所・施錠の状況・対象物の内容等から個々具体的に行わなければならない。

任意提出権者にならない（他の者に管理させていない物）例

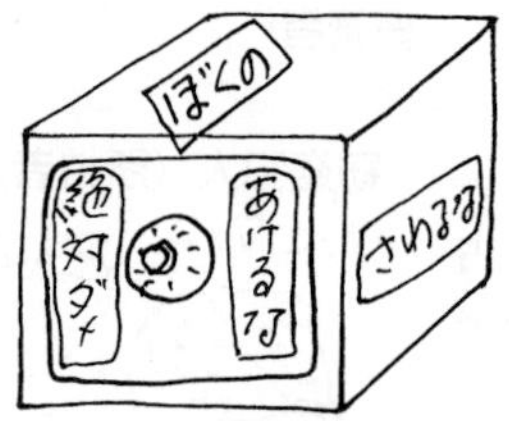

施錠された個人の金庫

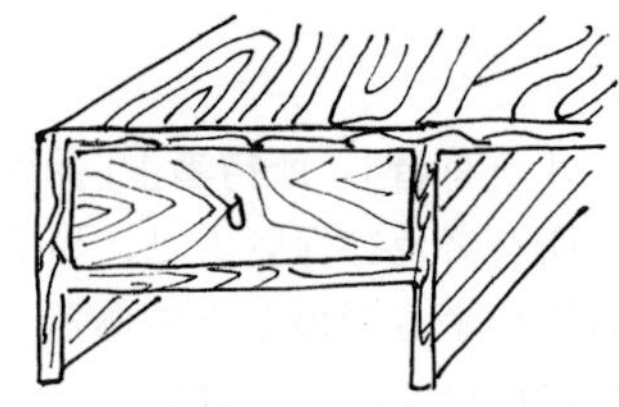

施錠された机の引き出し

なお、内妻等の場合は、実質的に家族と認められる生活形態にあれば、家族と同じ扱いとなる。

Aの内妻

A

○　**アパートの所有者・管理人と各部屋との関係**

アパートの所有者・管理人は、居住者から室内にある物の管理や処分を依頼されておらず、アパートの管理を行っているだけなので、各部屋の居住者の物に対する任意提出権者にはならない。

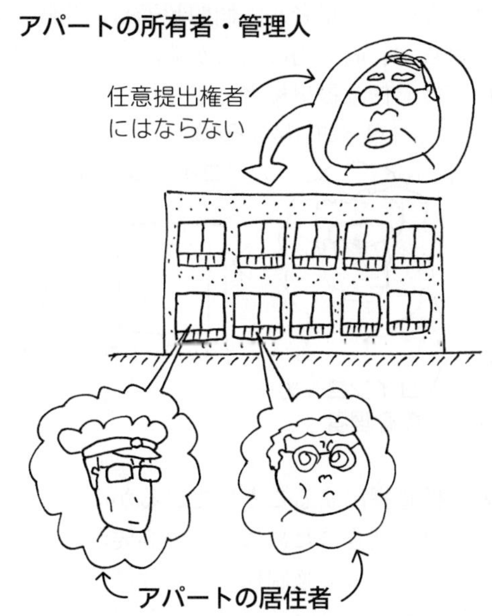

○　**駐車場の管理者と車両の関係**

駐車場の管理者は、駐車している車の任意提出権者にはならない。

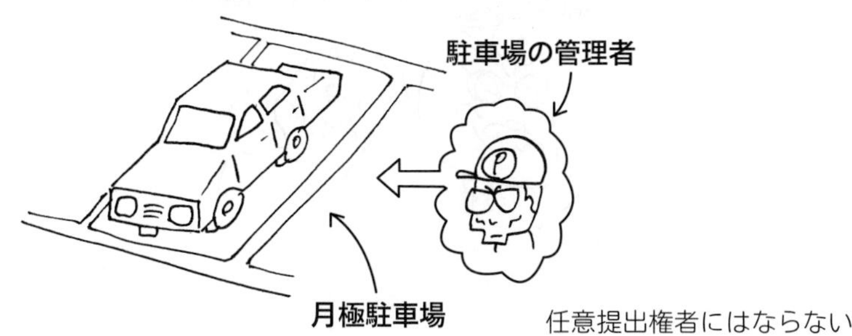

○　コインロッカーの管理者とコインロッカーの関係

コインロッカーの管理者は、個々のロッカーを使用者に提供しているにすぎず、ロッカーの収納物に管理権は及ばないため、原則として任意提出権者にはならない。

ただし、ロッカーの使用者が、期間超過や危険物の収納等、適切な使用方法をとっておらず、収納物の占有が適法に管理者に移っている場合については、管理者は、任意提出権者となり得る。

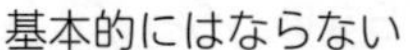

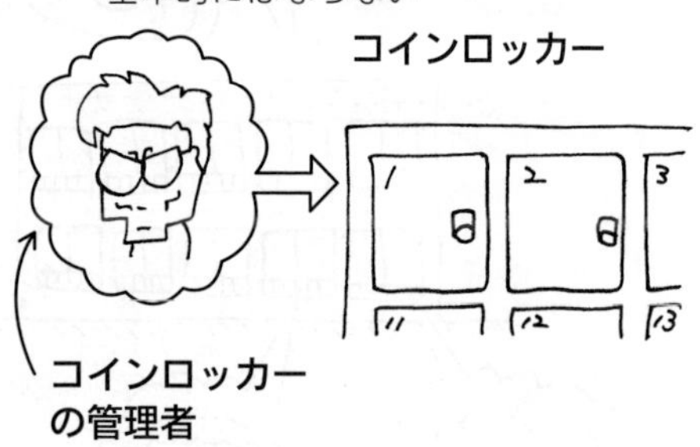

○　医療関係者が任意提出することはできるか

原則的には、専ら捜査のために採血の必要がある場合、鑑定処分許可状及び身体検査令状によって強制採血をしなければならない。

しかし、医師等が診療のために採取した尿や血液について任意提出を受け、領置することは適法である。

こんなとき、さぁ、どうするんじゃ!!!コーナー

Ｑ１　警察署の中庭に保管されていた差押え中の自動車内から、警察官があいくちを発見し、取調べ室において身柄拘束中の被疑者のところに持ってきた。

この事例では、あいくちの任意提出を受けて領置した。本件について、裁判所では、「被告人が任意に提出したものと認めることができ、全体として刑事訴訟法第221条の領置と解せられる（東京高判昭46．３．８）。」と判示され、適法であるとされている。これは、対象物と被疑者が比較的近い位置にあり、警察の占有下にある被差押品の中から発見されたもので、被疑者が身柄拘束中のため自由に車の所まで行けないなどの特殊な事情があったことを考慮したものと思われる。したがって、実務上は、権利者（この場合は被疑者）の許可なく対象物を持ち出すことは避けるべきである。

Ｑ２　友人が被疑者宅を訪問した際に、たまたま覚醒剤を発見したため、これを無断で持ち出して警察に届けた。

所持者・保管者は、事実上の所持者・保管者であれば足り、法律上の権限に基づいて所持・保管する者であることは必要ない（東京高判昭28.11.25)。よって、当該覚醒剤を領置することに違法性はなく、証拠能力も否定されない。

7　写真撮影

⑴　任意捜査として、写真撮影はできるか

写真は、捜査資料として極めて有効なものである。

刑訴法には写真撮影についての規定はなく、判例で「一般の写真撮影行為は…任意捜査の相当な手段である…。」（大阪高判昭39．5．30）とされていることから、一般的には任意捜査の一つとされている。ただし、相手方の承諾なしに顔等を撮影したときには、「肖像権」の侵害が問題となる場合がある。

⑵　最高裁の考え方と変遷

捜査のために相手方の承諾を得ないで容貌等の写真撮影を行うことについて、最高裁は、「警察官が、正当な理由もないのに、個人の容ぼう等を撮影することは、憲法13条の趣旨に反し、許されないものといわなければならない」としつつ、「現に犯罪が行なわれ、もしくは行なわれたのち間がないと認められる場合であって、しかも証拠保全の必要性および緊急性があり、かつその撮影が一般的に許容される限度をこえない相当な理由をもって行われるときには、撮影される本人の同意がなく、また裁判官の令状がなくても、警察官による個人の容ぼう等の撮影が許容されるものと解すべきである」と判示（最判昭44．12．24）している。

承諾のない容貌等の写真撮影の要件（最判昭44．12．24）
- 現に犯罪が行われ若しくは行われたのち間がないと認められる場合であること
- 証拠保全の必要性及び緊急性があること
- 一般的に許容される限度を超えない相当な方法で行われること

昭和44年判決の要件

さらに、写真撮影の適法性については、最決昭51．3．16が「必要性、緊急性なども考慮したうえ、具体的状況のもとで相当と認められる限度において

許容される」と判示した。

この決定により、これまでは、昭和44年の最高裁判決にある「現に犯罪が行われ、もしくは行われたのち間がないこと」という「現行犯性」が要件として考えられていたが、犯罪捜査目的で写真撮影を行う必要性・緊急性が特に大きい場合であれば、必ずしも「現に犯罪が行われ、もしくは行われたのち間がない」場合でなくても、当該写真撮影が任意捜査として許容される場合があると解されるようになった（参考：最決平20．４．15では、最判昭44．12．24について「警察官による人の容貌等の撮影が、現に犯罪が行われ又行われた後、間がないと認められる場合のほかは許されないという趣旨まで判示したものではない」としている）。

写真撮影が許されるパターンいろいろ

○　現行犯性のあるケース

自動速度監視装置（オービス）による撮影行為によって、速度違反車両の運転者及び同乗者の容貌を撮影したとしても、適法である（最判昭61．２．14）。

○　犯罪の発生の可能性が高いと予測されるケース

犯罪がまだ発生していない段階であっても、犯罪が発生する可能性が極めて高く、犯罪発生前に写真やビデオによる証拠保全が必要である場合には、あらかじめ撮影を開始して犯罪発生に備えることが許される。

東京高裁は、いわゆる山谷地区において、デモ隊と暴力団員との衝突が起きたことから、その状況をビデオカメラで録画していたところ、同所に駐車中の警察車両が損壊された状況が撮影されていたことから、当該ビデオテープが証拠として提出されて証拠能力が争われた事案につき、

①　犯罪が発生する相当高度の蓋然性が認められる場合であり、

② あらかじめ証拠保全の手段、方法をとる必要性及び緊急性があり、

③ その撮影、録画が社会通念に照らして相当と認められる方法で行われるとき

には、撮影、録画することも許されるとし、当該撮影を適法としてビデオテープの証拠能力を認めている（東京高判昭63. 4．1）。

○ **犯人特定のためにする写真撮影について（既に発生した犯罪の捜査のケース）**

容疑者等の顔写真は、犯人の特定を行う上で必要不可欠なものであるが、それを入手するために秘匿撮影した場合の適法性が問題となる。

この点について判例は、強盗殺人事件の捜査において、防犯カメラに写っている人物と被疑者が同一人物であるかを確認するために、公道上及びパチンコ店内の被疑者の容貌を撮影した事案において、

「……いずれも、通常、人が他人から容ぼう等を観察されること自体は受忍せざるを得ない場所におけるものであるから、これらの撮影は、捜査目的を達成するため、必要な範囲において、かつ、相当な方法によって行われたものといえ、捜査活動として適法なものというべきである。」

としている（最決平20. 4．15）。

(3) 捜索・差押えの際の写真撮影について

捜索をし、証拠品を発見して差し押さえる際に、証拠物が発見された状況を写真撮影することは、捜索・差押えに付随する行為として認められる（東京地決平元. 3．1）。

ただし、本件捜索・差押えに関係のない物や室内の状況を撮影する行為は、目的達成に必要な限度を超えるものであることから、違法である（高松高判平12. 3．31）。

第3章

逮　捕

◇ 基本となる条文
刑事訴訟法

〔逮捕状による逮捕要件〕

第199条　検察官、検察事務官又は司法警察職員は、被疑者が罪を犯したことを疑うに足りる相当な理由があるときは、裁判官のあらかじめ発する逮捕状により、これを逮捕することができる。

ただし、30万円（刑法、暴力行為等処罰に関する法律及び経済関係罰則の整備に関する法律の罪以外の罪については、当分の間、２万円）以下の罰金、拘留又は科料に当たる罪については、被疑者が定まつた住居を有しない場合又は正当な理由がなく前条の規定による出頭の求めに応じない場合に限る。

②　裁判官は、被疑者が罪を犯したことを疑うに足りる相当な理由があると認めるときは、検察官又は司法警察員（警察官たる司法警察員については、国家公安委員会又は都道府県公安委員会が指定する警部以上の者に限る。次項及び第201条の２第１項において同じ。）の請求により、前項の逮捕状を発する。ただし、明らかに逮捕の必要がないと認めるときは、この限りでない。

③　検察官又は司法警察員は、第一項の逮捕状を請求する場合において、同一の犯罪事実についてその被疑者に対し前に逮捕状の請求又はその発付があつたときは、その旨を裁判所に通知しなければならない。

〔逮捕状の方式〕

第200条　逮捕状には、被疑者の氏名及び住居、罪名、被疑事実の要旨、引致すべき官公署その他の場所、有効期間及びその期間経過後は逮捕をすることができず令状はこれを返還しなければならない旨並びに発付の年月日その他裁判所の規則で定める事項を記載し、裁判官が、これに記名押印しなければならない。

②　第64条第２項及び第３項の規定は、逮捕状についてこれを準用する。

〔逮捕状による逮捕の手続〕

第201条　逮捕状により被疑者を逮捕するには、逮捕状を被疑者に示さなければならない。

②　第73条第３項の規定は、逮捕状により被疑者を逮捕する場合にこれを準用する。

第201条の２　検察官又は司法警察員は、次に掲げる者の個人特定事項（氏名及び住所その他の個人を特定させることとなる事項をいう。以下同じ。）について、必要と認めるときは、第199条第２項本文の請求と同時に、裁判官に対し、被疑者に示すものとして、当該個人特定事項の記載がない逮捕状の抄本その他の逮捕状に代わるものの交付を請求することができる。

１　次に掲げる事件の被害者

イ　刑法第176条から第179条まで若しくは第181条の罪、同法第225条若しくは第226条の２第３項の罪（わいせつ又は結婚の目的に係る部分に限る。以下このイにおいて同じ。)、同法第227条第1項(同法第225条又は第226条の2第3項の罪を犯した者を幇助する目的に係る部分に限る。)若しくは第3項(わいせつの目的に係る部分に限る。)の罪若しくは同法第241条第1項若しくは第3項の罪又はこれらの罪の未遂罪に係る事件

ロ　児童福祉法第60条第1項の罪若しくは同法第34条第1項第9号に係る同法第60条第2項の罪、児童買春、児童ポルノに係る行為等の規制及び処罰並びに児童の保護等に関する法律第4条から第8条までの罪に係る事件

ハ　イ及びロに掲げる事件のほか、犯行の態様、被害の状況その他の事情により、被害者の個人特定事項が被疑者に知られることにより次に掲げるおそれがあると認められる事件

(1)　被害者等(被害者又は被害者が死亡した場合若しくはその心身に重大な故障がある場合におけるその配偶者、直系の親族若しくは兄弟姉妹をいう。以下同じ。)の名誉又は社会生活の平穏が著しく害されるおそれ

(2)　(1)に掲げるもののほか、被害者若しくはその親族の身体若しくは財産に害を加え又はこれらの者を畏怖させ若しくは困惑させる行為がなされるおそれ

2　前号に掲げる者のほか、個人特定事項が被疑者に知られることにより次に掲げるおそれがあると認められる者

イ　その者の名誉又は社会生活の平穏が著しく害されるおそれ

ロ　イに掲げるもののほか、その者若しくはその親族の身体若しくは財産に害を加え又はこれらの者を畏怖させ若しくは困惑させる行為がなされるおそれ

②　裁判官は、前項の規定による請求を受けた場合において、第199条第2項の規定により逮捕状を発するときは、これと同時に、被疑者に示すものとして、当該請求に係る個人特定事項を明らかにしない方法により被疑事実の要旨を記載した逮捕状の抄本その他の逮捕状に代わるものを交付するものとする。ただし、当該請求に係る者が前項第1号又は第2号に掲げる者に該当しないことが明らかなときは、この限りでない。

③　前項の規定による逮捕状に代わるものの交付があつたときは、前条第1項の規定にかかわらず、逮捕状により被疑者を逮捕するに当たり、当該逮捕状に代わるものを被疑者に示すことができる。

④　第2項の規定による逮捕状に代わるものの交付があつた場合において、当該逮捕状に代わるものを所持しないためこれを示すことができない場合であつて、急速を要するときは、前条第1項の規定及び同条第2項において準用する第73条第3項の規定にかかわらず、被疑者に対し、逮捕状に記載された個人特定事項のうち当該逮捕状に代わるものに記載がないものを明らかにしない方法により被疑事実の要旨を告げるとともに、逮捕状が発せられている旨を告げて、逮捕状により被疑者を逮捕することができる。ただし、当該逮捕状に代わるものは、できる限り速やかに示さなければならない。

〔緊急逮捕〕

第210条　検察官、検察事務官又は司法警察職員は、死刑又は無期若しくは長期3年以上の懲役若しくは禁錮にあたる罪を犯したことを疑うに足りる充分な理由がある場合で、急速を要し、裁判官の逮捕状を求めることができないときは、その理由を告げて被疑者を逮捕することができる。この場合には、直ちに裁判官の逮捕状を求

める手続をしなければならない。逮捕状が発せられないときは、直ちに被疑者を釈放しなければならない。

② 第200条の規定は、前項の逮捕状についてこれを準用する。

〔緊急逮捕と準用規定〕

第211条 前条の規定により被疑者が逮捕された場合には、第199条の規定により被疑者が逮捕された場合に関する規定を準用する。

〔現行犯人〕

第212条 現に罪を行い、又は現に罪を行い終つた者を現行犯人とする。

② 左の各号の一にあたる者が、罪を行い終つてから間がないと明らかに認められるときは、これを現行犯人とみなす。

(1) 犯人として追呼されているとき。

(2) 贓物又は明らかに犯罪の用に供したと思われる兇器その他の物を所持しているとき。

(3) 身体又は被服に犯罪の顕著な証跡があるとき。

(4) 誰何されて逃走しようとするとき。

〔現行犯逮捕〕

第213条 現行犯人は、何人でも、逮捕状なくしてこれを逮捕することができる。

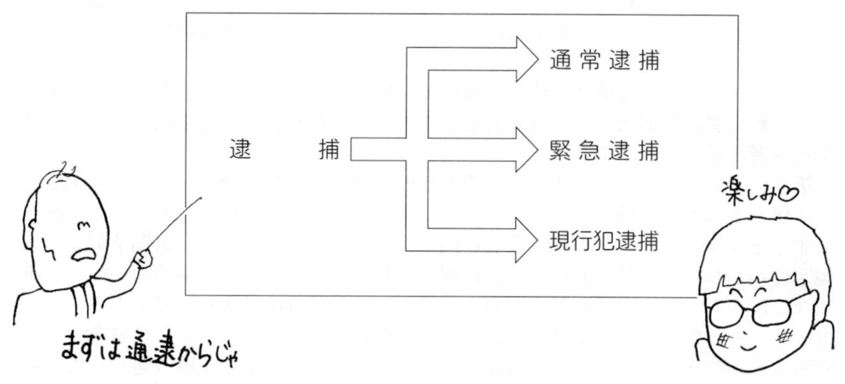

逮捕は３種類に分かれる。まずは、通常逮捕から始めよう。

1　通常逮捕

(1)　通常逮捕とは

【刑訴法第199条第1項】
〔逮捕状による逮捕要件〕
第199条　検察官、検察事務官又は司法警察職員は、被疑者が罪を犯したことを疑うに足りる相当な理由があるときは、裁判官のあらかじめ発する逮捕状により、これを逮捕することができる。
　ただし、30万円（刑法、暴力行為等処罰に関する法律及び経済関係罰則の整備に関する法律の罪以外の罪については、当分の間、2万円）以下の罰金、拘留又は科料に当たる罪については、被疑者が定まつた住居を有しない場合又は正当な理由がなく前条の規定による出頭の求めに応じない場合に限る。

　刑訴法第199条第1項は、令状による逮捕について規定している。

　これを「通常逮捕」という。

　この通常逮捕が逮捕の基本である。

　よって、被疑者を逮捕する場合は、原則として通常逮捕をしなければならない。

　通常逮捕には、次の2つの要件が必要である。

これを言い換えると
現逮や緊逮は
例外的な逮捕
となる
ということじゃ
ハイ

両方必要

○　実質的要件 ⇨ 被疑者について［逮捕の理由／逮捕の必要性］があること。

○　形式的要件 ⇨ 適正な手続により裁判官から逮捕状が発付されること。

(2)　通常逮捕の実質的要件

ア　「逮捕の理由」の意義

　「逮捕の理由」があるとは、刑訴法第199条第1項前段にあるとおり、「被疑者が罪を犯したことを疑うに足りる相当な理由」があることをいう。

○　「罪を犯したこと」とは

　特定の被疑者が、特定の罪を犯したと疑うに足りる、相当の嫌疑があることをいう。

　ただし、逮捕は捜査の初期段階に行われるものであるから、逮捕の段階で犯罪事実を詳細に特定する必要はない。

○　「相当な理由」とは

犯罪の嫌疑の程度のことである。

この場合の嫌疑は、捜査員の主観的な嫌疑では足りず、具体的な証拠に基づいた客観的かつ合理的な犯罪の嫌疑でなければならない。

ただし、通常逮捕の要件である「相当な理由」の程度については、逮捕段階における犯罪の嫌疑であるから、勾留の要件である「相当な理由」よりも低い程度でよく、また、緊急逮捕の要件の「充分な理由」より弱い嫌疑で足りる。

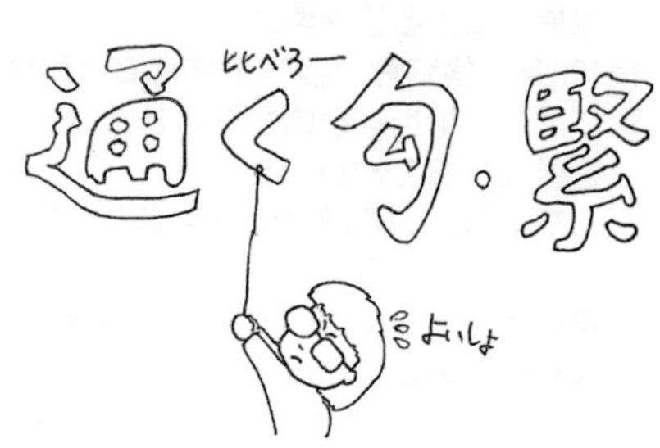

イ　「逮捕の必要性」の意義

刑訴法第199条第２項では、「逮捕の理由」に加えて「逮捕の必要性」を逮捕状発付の要件としている。そして、刑訴規則第143条の３には、逮捕の必要性がない場合として、

①　被疑者が逃亡するおそれがなく

②　罪証を隠滅するおそれがない

と明記している。

やったのはやったけど
逃げも隠れも
しないもんね♡

特定の罪を犯した。
が、しかし……

①②に当てはまり、逮捕の必要性がないので通常逮捕できない

この場合は、任意捜査となる

これを逆に言えば、①と②のどちらかがあれば、「逮捕の必要性がある」ということになり、両方ともなければ、「逮捕の理由」があっても、「逮捕の必要性」がないため通常逮捕はできない。

【刑訴法第199条第２項】
　裁判官は、被疑者が罪を犯したことを疑うに足りる相当な理由があると認めるときは、検察官又は司法警察員の請求により、逮捕状を発する。
　ただし、明らかに逮捕の必要がないと認めるときは、この限りでない。

【刑訴規則第143条の３】
〔明らかに逮捕の必要がない場合〕
第143条の３　逮捕状の請求を受けた裁判官は、逮捕の理由があると認める場合においても、被疑者の年齢及び境遇並びに犯罪の軽重及び態様その他諸般の事情に照らし、被疑者が逃亡する虞がなく、かつ、罪証を隠滅する虞がない等明らかに逮捕の必要がないと認めるときは、逮捕状の請求を却下しなければならない。

逮捕の必要性の有無を判断するに当たっては、被疑者の年齢、境遇、犯罪の軽重、態様その他、諸般の事情を考慮する必要がある（刑訴規則143条の3）。

また、職業、家族、居住先、前科・前歴の有無、暴力団員等、余罪の有無といった事情も判断の材料となる。

(ア)　「逃亡のおそれがある」とは

被疑者が、刑事責任を免れる意思で、捜査機関や裁判所に対して所在不明になることをいう。

「おそれがある」とは、逃亡すると疑うに足る相当の理由がある場合をいう。

例えば、

典型的な例（イメージ）

○　生活が不安定であり、逃亡する可能性が高い場合

○　前科・前歴が多数あったり、凶悪事件の前科があり、処罰を免れようとする可能性が高い場合

○　否認・黙秘の態度を示す場合

などは「逃亡のおそれがある」と認められやすい。しかし、単に出頭しないおそれがあるというだけでは、直ちに「逃亡のおそれがある」とはいえない。

(イ)　「罪証」とは

当該被疑事件の犯罪事実に関する一切の人証及び物証をいう。目撃者、被害品、凶器、遺留品等は、全て罪証となる。

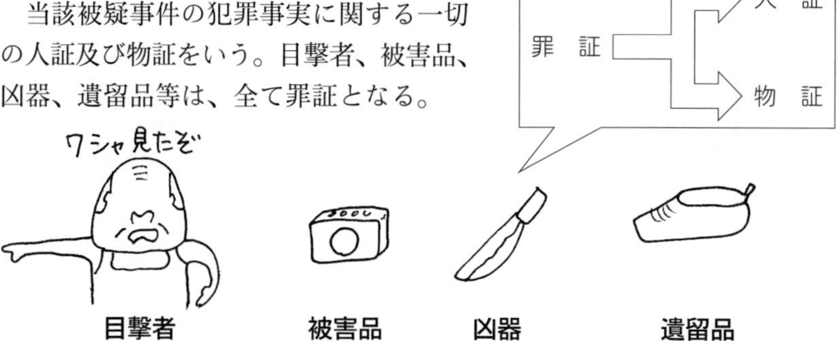

㈦　「隠滅」とは

現存する犯罪の痕跡を消す場合のほか、新たに虚偽の証拠を作り出す場合も「隠滅」に当たる。また、アリバイの工作や、参考人や共犯者を脅迫して嘘の供述をさせるなどの行為も「隠滅」に当たる。

㈡　「おそれ」の程度

逃亡、罪証隠滅のおそれの程度は、刑訴法第60条第１項に定める勾留の要件である「逃亡し又は罪証を隠滅すると疑うに足りる相当な理由」の程度よりも低くてよいと解されている。

㈤　軽微犯罪における通常逮捕の制限

30万円（刑法、暴力行為等処罰ニ関スル法律及び経済関係罰則の整備に関する法律の罪以外の罪については、当分の間、２万円）以下の罰金、拘留又は科料

に当たる軽微犯罪の被疑者については、被疑者がその罪を犯したことを疑うに足りる相当な理由及び逮捕の必要性のほかに、

○　被疑者が住居不定である場合
○　正当な理由がない不出頭

のどちらかの要件に該当しなければ通常逮捕はできない（刑訴法199条１項ただし書）。

通常逮捕、現行犯逮捕が制限される主な軽微犯罪と罰則

法条			罪名	罰則
刑法		106条３号	騒乱付和随行罪	10万円以下の罰金
		107条後段	多衆不解散罪	10万円以下の罰金
		122条	過失建造物等浸害、過失建造物等以外浸害罪	20万円以下の罰金
		129条１項	過失往来危険罪	30万円以下の罰金
		152条	収得後知情行使罪、収得後知情交付罪	額面価格の３倍以下の罰金（その額面価格の３倍が30万円を超える場合を除く。）
		187条３項	富くじ授受罪	20万円以下の罰金、科料
		192条	変死者密葬罪	10万円以下の罰金、科料
		209条１項	過失傷害罪	30万円以下の罰金、科料
特別法	軽犯罪法	１条１～34号	建物等潜伏罪ほか	拘留又は科料
	酒に酔つて公衆に迷惑をかける行為の防止等に関する法律	４条１項	著しく粗野又は乱暴な言動違反の罪	拘留又は科料
		５条２項	警察官の制止行為に従わない違反の罪	１万円以下の罰金

○　住居不定の疎明

被疑者や関係者等の捜査により住居不定と認められた状況を、捜査報告書、参考人供述調書等で明らかにしたり、住民票等の写しなどにより疎明する必要がある。

○　「正当な理由のない不出頭」の疎明

実務上、道路交通法の違反事件の被疑者については、おおむね３、４回以上の呼出しに応じない場合に、強制捜査を検討している。

これを参考として、軽微犯罪における逮捕状の請求に際しては、少なくとも３、４回以上の呼出しを行い、呼出しの経過及び呼出しに応じない経過等を捜査報告書等で明らかにするとともに、呼出簿の謄本等を作成し、逮捕状請求時の疎明資料とする。

(3) 通常逮捕の形式的要件

通常逮捕の形式的要件（手続要件）に、一定の請求権者による逮捕状の請求と裁判官による通常逮捕状の発付がある。

ア 通常逮捕状の請求権者

通常逮捕状の請求権者は、検察官と司法警察員（国家公安委員会又は都道府県公安委員会が指定する警部以上の者（指定司法警察員））である（刑訴法199条2項）。請求権者が警部以上とされているのは、逮捕状請求の濫用を防ぐためである（他の令状の請求権者との違いに注意）。

通常は、事件主管課の指定司法警察員が請求するが、夜間及び休日等で当該指定司法警察員が不在の場合には、本署当番責任者等、他の指定司法警察員が請求することができる。

イ　逮捕状の請求先

逮捕状の請求は、請求者が所属する警察署の所在地を管轄する地方裁判所又は簡易裁判所の裁判官に対して行うのが原則である（刑訴規則299条1項）。

やむを得ない事情がある場合は、最寄りの下級裁判所（高等裁判所を含む。）の裁判官に請求することができる（同ただし書）。

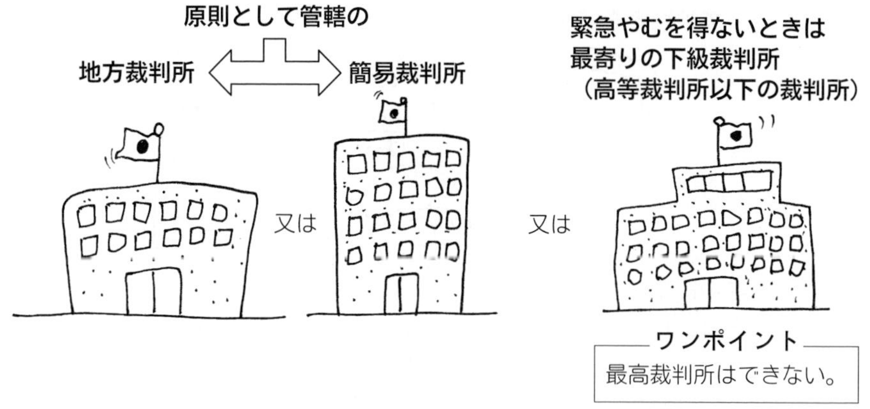

⑷　逮捕状の請求方法

逮捕状の請求は、書面で行う。この書面を逮捕状請求書といい、逮捕状請求書には謄本１通を添付する（刑訴規則139条）。逮捕状を請求するには、「逮捕の理由」及び「逮捕の必要性」の疎明資料を提出しなければならない（刑訴規則143条）。

疎明資料の提出は、書面で行うのが原則であるが、裁判官から直接事件の内容等について説明を求められる場合もあることから、逮捕状請求のために出頭する者は、その事件の内容を知っている者でなければならない。

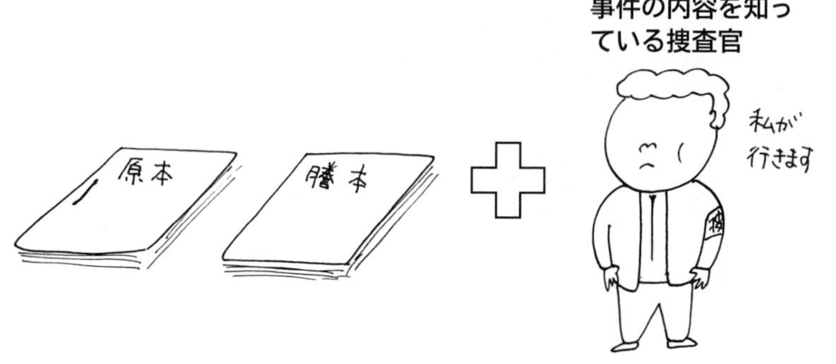

⑸　逮捕状請求書の記載に当たっての留意事項

ア　「被疑者」欄

○　被疑者の特定

逮捕状の請求に当たっては、原則として「氏名、年齢、職業、住居」によって被疑者を特定する。

○　本名の記載

氏名は、戸籍上の氏名を記載することが望ましい。氏名が明らかでないときは、人相、体格などで被疑者を特定しなければならない（刑訴規則142条２項）。

「通称」は、戸籍上の氏名ではないが、通常、本人や周囲の者が日常において使用している名前であるから、戸籍上の氏名に次いで特定性が高いといえる。

「自称」は、被疑者自身が使用しているだけで、広く世間に認識されていないことから、「本名」や「通称」に比べると特定性が低い。そのため、「自称」については「氏名」が不明な場合と同じに考えるべきである。

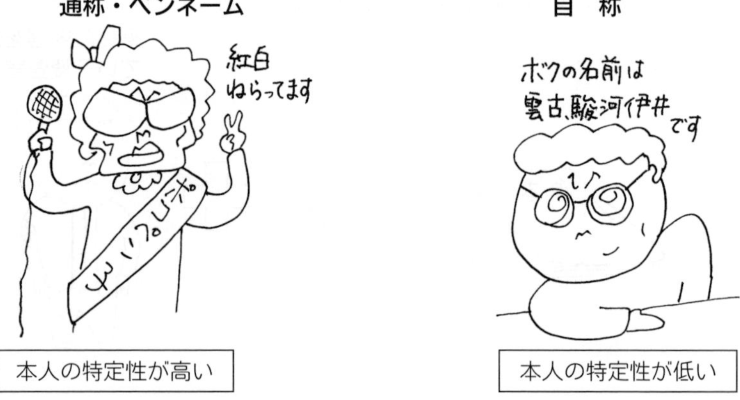

実務上は、①通称・自称等による氏名等、②性別、③年齢（推定）、④身長、⑤身体の肥痩、⑥頭髪、⑦目、⑧眉、⑨眼鏡、⑩耳、⑪鼻、⑫口、⑬歯、⑭ひげ、⑮顔色、⑯創痕、⑰入れ墨、⑱身体の障害、⑲体格、⑳一見した感じ等
が被疑者特定のための事項として使われている。

ただし、髪型や着衣等、簡単に変えることができるものは、それだけでは必ずしも決定的なものにはならないことに注意が必要である。

また、被疑者に関する情報が少ない場合には、被疑者の写真を貼付する方法が有効である。

「氏名不詳、身長1.68メートルくらい、髪短く、白色トックリセーターを着た年令28才くらい、一見チンピラ風の男」という記載では被疑者の特定に欠ける（東京地命昭48. 5 . 11）。

なお、「被疑者の年齢、職業又は住居」が明らかでないときは、その旨を記載すれば足りる。

イ　「引致すべき官公署又はその他の場所」欄

「引致」とは、身体の自由を拘束した者を、一定の場所、一定の者（当該事件捜査に直接従事しているか又は当該事件を主管している課の司法警察員）のところに強制的に連行することをいう。

引致すべき場所は、場所を特定して記載する必要がある。

しかし実務上は、他の警察署管内において逮捕する場合など、事件送致する司法警察員が所属する警察署以外の警察署等に引致しなければならない場合がある。その場合には、「○○警察署又は逮捕地を管轄する警察署」と記載することが多い。

※　引致については、「逮捕後の手続」で詳述する。

ウ　「被疑者に対し、同一の犯罪事実又は現に捜査中である他の犯罪事実について、前に逮捕状の請求又はその発付があったときは、その旨及びその犯罪事実並びに同一の犯罪事実につき、さらに逮捕状を請求する理由」欄の記載方法

⇩

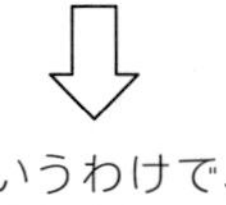

というわけで、
まず条文から

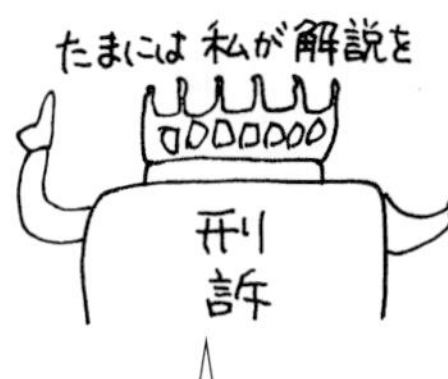

【刑訴法第199条第３項】
　検察官又は司法警察員は、第１項の逮捕状を請求する場合において、同一の犯罪事実についてその被疑者に対し前に逮捕状の請求又はその発付があつたときは、その旨を裁判所に通知しなければならない。

この規定の趣旨は、
○合理的な事情があれば、同一の犯罪事実について、同一の被疑者に対し、２回以上の逮捕状の請求を認める規定である
と同時に、
○捜査機関による不当な逮捕の蒸し返しによって、被疑者の人権が損なわれることを防止する
ためのものである。

　そして、刑訴法第199条第３項を受け、刑訴規則は、

　同一の犯罪事実又は現に捜査中である他の犯罪事実について、その被疑者に対し、前に逮捕状の請求又は発付がある場合には、その旨及びその犯罪事実を逮捕状請求書に記載しなければならない。

と規定している（刑訴規則142条１項８号）。
　この刑訴規則の規定を受けて、逮捕状に再逮捕に関する記載欄が設けられているのである。

○　「同一の犯罪事実」とは

「同一の犯罪事実」とは、刑訴法第312条第１項にある「公訴事実の同一性」と同じであると解されており、その犯罪事実が、「単一」又は「同一」の範囲内にあるかどうかで判断される。

> 【刑訴法第312条第１項】
> 〔起訴状の変更〕
> 第312条　裁判所は、検察官の請求があるときは、公訴事実の同一性を害しない限度において、起訴状に記載された訴因又は罰条の追加、撤回又は変更を許さなければならない。

「犯罪事実が単一」とは、罪数が一罪（科刑上一罪、包括一罪、常習一罪等）になる場合をいう。

「犯罪事実が同一」とは、複数の犯罪事実があるが、それらはひとつの行為であると判断される場合をいう。

同一の犯罪事実かどうかの認定については、犯罪の主体、被害法益、日時、場所等から、総合的に判断する必要がある。

○　「現に捜査中である他の犯罪事実」とは

当該被疑者に関し、逮捕状の請求がされている又は逮捕状の発付を受けて捜査を行っていることについて、逮捕状を請求する時点において請求者が知っている全ての犯罪事実のことをいう。

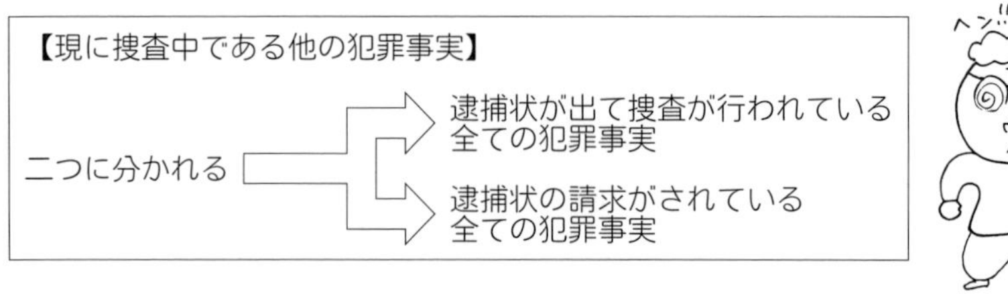

Q　現行犯逮捕の事実も記載するのか？

再逮捕の記載は、令状による逮捕に限っていることから、刑訴法上は、以前に現行犯逮捕した被疑者を、同一の事件で再逮捕（通常逮捕）する場合には、過去に現行犯逮捕した事実を記載する必要はない。

しかし、新たな逮捕状請求が実質上逮捕の蒸し返し等に当たると判断される場合がないとはいえず、また、裁判官が逮捕の必要性を判断するに当たって考慮すべき事情となることから、実務上の措置として、現行犯逮捕した事実についても記載すべきである。

同一の犯罪事実で
再逮捕する場合

過去にチカンで現行犯逮捕された。

エ　以前に「逮捕状の請求又はその発付があったとき」の留意点

逮捕状請求書には、以前に、同一の犯罪事実等で「逮捕状の請求又はその発付があったとき」は、その旨を記載する。この場合、以前に逮捕状の請求をして却下された場合や請求の途中で撤回した場合であっても、その事実を記載する必要がある。

(6)　通常逮捕の方法

【刑訴法第201条】
〔逮捕状による逮捕の手続〕
第201条　逮捕状により被疑者を逮捕するには、逮捕状を被疑者に示さなければならない。
②　第73条第３項の規定は、逮捕状により被疑者を逮捕する場合にこれを準用する。
【刑訴法第201条の２第１項】
〔逮捕手続における個人特定事項の秘匿措置〕

第201条の２　検察官又は司法警察員は、次に掲げる者の個人特定事項（氏名及び住所その他の個人を特定させることとなる事項をいう。以下同じ。）について、必要と認めるときは、第199条第２項本文の請求と同時に、裁判官に対し、被疑者に示すものとして、当該個人特定事項の記載がない逮捕状の抄本その他の逮捕状に代わるものの交付を請求することができる。
　１　次に掲げる事件の被害者
　　イ　刑法第176条、第177条、第179条、第181条若しくは第182条の罪、同法第225条若しくは第226条の２第３項の罪（わいせつ又は結婚の目的に係る部分に限る。以下このイにおいて同じ。）、同法第227条第１項（同法第225条又は第226条の２第３項の罪を犯した者を幇助する目的に係る部分に限る。）若しくは第３項（わいせつの目的に係る部分に限る。）の罪若しくは同法第241条第１項若しくは第３項の罪又はこれらの罪の未遂罪に係る事件
　　ロ　児童福祉法第60条第１項の罪若しくは同法第34条第１項第９号に係る同法第60条第２項の罪、児童買春、児童ポルノに係る行為等の規制及び処罰並びに児童の保護等に関する法律第４条から第８条までの罪又は性的な姿態を撮影する行為等の処罰及び押収物に記録された性的な姿態の影像に係る電磁的記録の消去等に関する法律第２条から第６条までの罪に係る事件
　　ハ　イ及びロに掲げる事件のほか、犯行の態様、被害の状況その他の事情により、被害者の個人特定事項が被疑者に知られることにより次に掲げるおそれがあると認められる事件
　　　⑴　被害者等（被害者又は被害者が死亡した場合若しくはその心身に重大な故障がある場合におけるその配偶者、直系の親族若しくは兄弟姉妹をいう。以下同じ。）の名誉又は社会生活の平穏が著しく害されるおそれ
　　　⑵　⑴に掲げるもののほか、被害者若しくはその親族の身体若しくは財産に害を加え又はこれらの者を畏怖させ若しくは困惑させる行為がなされるおそれ
　２　前号に掲げる者のほか、個人特定事項が被疑者に知られることにより次に掲げるおそれがあると認められる者
　　イ　その者の名誉又は社会生活の平穏が著しく害されるおそれ
　　ロ　イに掲げるもののほか、その者若しくはその親族の身体若しくは財産に害を加え又はこれらの者を畏怖させ若しくは困惑させる行為がなされるおそれ

ア　逮捕権者（逮捕状を執行できる者）

通常逮捕における逮捕権者は、検察官、検察事務官及び司法警察職員である。通常逮捕状の請求権者に含まれていない検察事務官や指定司法警察員以外の司法警察職員も、逮捕状の行使をすることができる。

イ　提示するもの

通常逮捕をする際には、逮捕状を被疑者に提示しなければならない（刑訴法201条１項）。しかし、必要と認めるときは、逮捕状の請求と同時に、被疑者に示すものとして、被害者の氏名及び住所などの個人特定事項の記載のない逮捕状の抄本その他の逮捕状に代わるものの交付を請求し、提示することができる（刑訴法201条の２第１項）。

ウ　逮捕状の提示の程度

逮捕状又は逮捕状の抄本その他逮捕状に代わるものの提示の程度は、被疑者が逮捕の理由を知ることができる程度で足り、逮捕状の複写等の要求

に応じる必要はない。

エ　提示の時期

○　逮捕状は必ず逮捕の前に見せなければならないか

逮捕状の提示は、被疑者に逮捕状の内容を理解する機会を与えるために行うものであり、逮捕前に行うのが原則である。

ただし、逮捕状を提示しようとしたところ、被疑者が逃走したり、第三者が逮捕を妨害したりするなど、逮捕状を提示する時間的な余裕がない場合には、必ずしも事前に逮捕状を提示する必要はなく、逮捕に密着した時期に提示すれば適法となる。

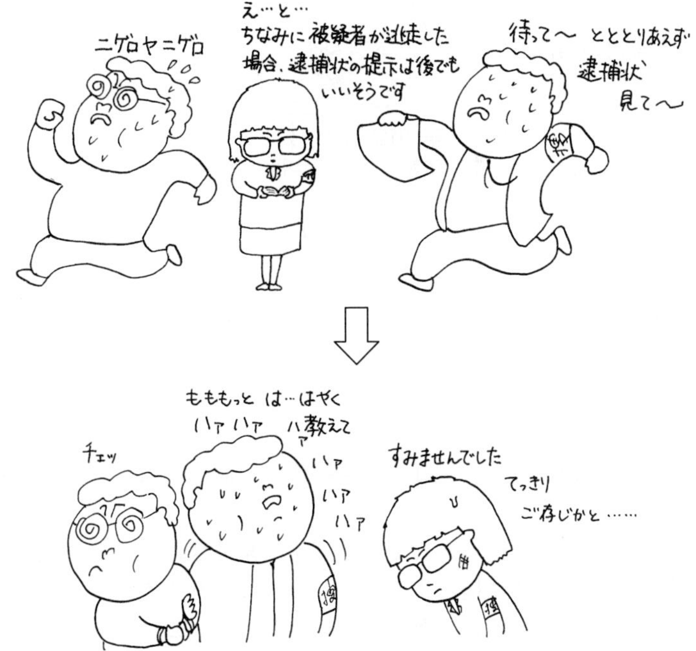

○　提示後に被疑者に逃走された場合はどうなるのか

逮捕状を提示して逮捕に着手したが、その後、被疑者に逃走されて逮捕が完了しなかった場合、当該逮捕状の効力は消滅しないことから、同一の逮捕状で再び被疑者を逮捕できる。

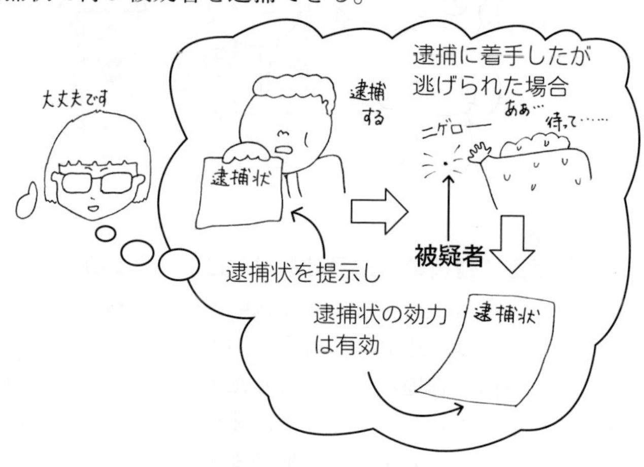

わっ 緊急執行だ

オ　逮捕状の緊急執行

【刑訴法第201条第２項】

②　第73条第３項の規定は、逮捕状により被疑者を逮捕する場合にこれを準用する。

【刑訴法第73条第３項】

③　勾引状又は勾留状を所持しないためこれを示すことができない場合において、急速を要するときは、前２項の規定にかかわらず、被告人に対し公訴事実の要旨及び令状が発せられている旨を告げて、その執行をすることができる。但し、令状は、できる限り速やかにこれを示さなければならない。

○　緊急執行とは何か

通常逮捕の場合、被疑者に逮捕状を事前に提示して逮捕するのが原則である。

しかし、その例外として、逮捕状は発付されているが、逮捕状を所持していないために提示することができないときでも、逮捕状を提示することなく逮捕することができる場合がある。これを逮捕状の緊急執行という。

緊急執行は、「急速を要するとき」「被疑者に被疑事実の要旨及び逮捕状が発せられている旨を告知」が要件となる（刑訴法201条２項・73条３項）。

○　「急速を要するとき」とは

「急速を要するとき」とは、被疑者を発見したが、逮捕状の所持者に連絡して取り寄せる時間的余裕がなく、しかも速やかに逮捕しなければ被疑者が逃走するなど、今ここで逮捕しなければ、その後に逮捕することが不可能になるか、著しく困難になる場合をいう。

ワンポイント

逮捕の前日に所在が判明した指名手配被疑者を逮捕する際、「被告人の所在を確認した後、被告人の逮捕に向けた行動をとるまでに逮捕状を取り寄せる時間的余裕も十分存在したのであって、それを困難にする事情は全く認められないのであるから、逮捕状を取り寄せる努力を怠り、ただちに、緊急執行の手続で被告人を逮捕した本件逮捕手続は、「急速を要するとき」の要件を満たしておらず、違法」であるとした判例がある（東京地判平15．４．16）。

【緊急性の例】

○　被疑事実の要旨の告知

緊急執行をする際に「被疑事実の要旨」を告知するのは、理由なく逮捕するのではないことを被疑者に理解させるためである。したがって、「なぜ自分が逮捕されるのか」を被疑者が理解できる程度に逮捕状記載の被疑事実の要旨を告げれば足り、その記載内容を漏れなく告げる必要はない。

「〇月〇日、△△で××を窃取したことで逮捕状が出ているから逮捕する。」

一般的には、「〇月〇日、△△で××を窃取したことで逮捕状が出ているから逮捕する。」といった程度の告知が最低限必要である。

窃盗の逮捕状出てるから逮捕するね――

さっいこ♡

何だかわかんねーよ!!

「窃盗の逮捕状が出ているから逮捕する。」といった程度の告知では、犯罪事実の特定性を欠き、「被疑事実の要旨」を告知したことにはならない。

○　**緊急執行後の逮捕状提示の時期**

逮捕状の緊急執行後、逮捕状を提示しなければならない。逮捕後に逮捕状の提示を怠れば、その逮捕行為は違法となる。

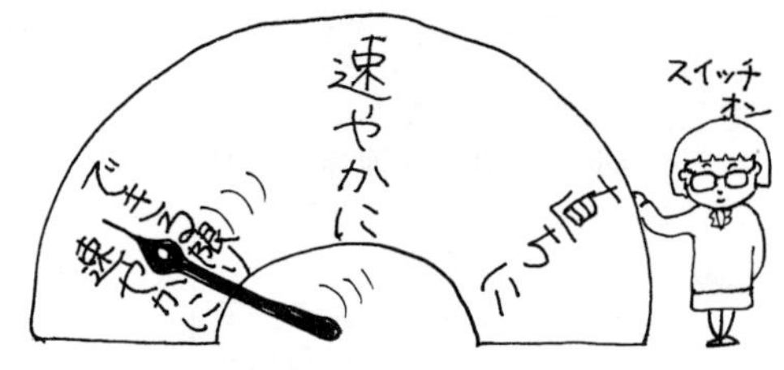

逮捕状の提示時期は、緊急執行後、「できる限り速やかに」（刑訴法201条2項・73条3項）と規定され、「直ちに」あるいは「速やかに」よりも時間的に余裕がある。

この場合、遅くとも勾留請求までに提示する必要があるとするのが通説であるが、実務上は、弁解録取書の作成時に、被疑者に逮捕状を示して犯罪事実の要旨を告げることが多い。

なお、逮捕状に代わるものの交付を受けた事件（刑訴法201条の２）においては、逮捕状の緊急執行をする場合も、事後速やかに逮捕状に代わるものを被疑者に示すこととなった。

2　緊急逮捕

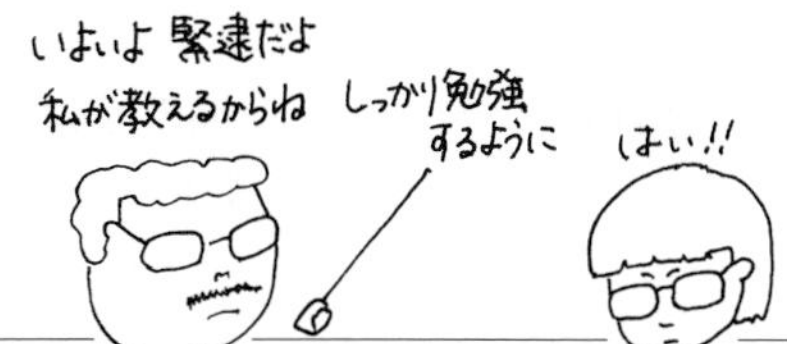

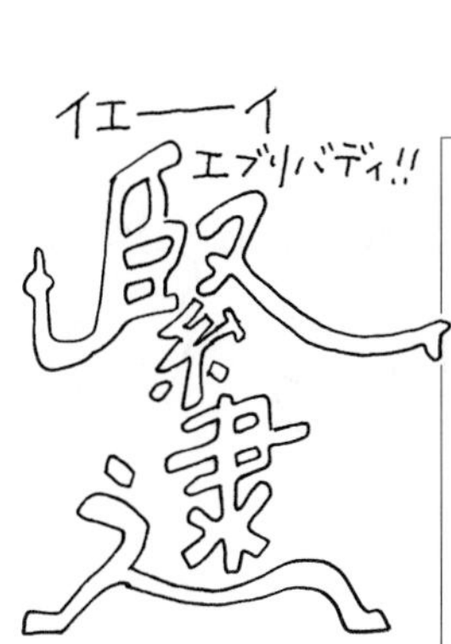

【刑訴法第210条第１項】
　検察官、検察事務官又は司法警察職員は、死刑又は無期若しくは長期３年以上の懲役若しくは禁錮にあたる罪を犯したことを疑うに足りる充分な理由がある場合で、急速を要し、裁判官の逮捕状を求めることができないときは、その理由を告げて被疑者を逮捕することができる。この場合には、直ちに裁判官の逮捕状を求める手続をしなければならない。逮捕状が発せられないときは、直ちに被疑者を釈放しなければならない。

○　緊急逮捕とは

　緊急逮捕とは、一定の重大な犯罪を犯した嫌疑が十分であり、かつ、急速を要し、裁判官の逮捕状を求めることができないときに、逮捕の理由を告げて被疑者を逮捕することをいう。この場合、逮捕後直ちに逮捕状を請求しなければならない。緊急逮捕の要件は次の２点である。

（実質的要件）
○　刑訴法第210条第１項に定める罪を犯したことを疑うに足りる「充分な理由」があり、急速を要し、裁判官の逮捕状を求めることができないこと。

（形式的要件）
○　緊急逮捕をした場合には、直ちに裁判官の逮捕状を求める手続をすること。

(1) 緊急逮捕の実質的要件

緊急逮捕には、被疑者について、「逮捕の充分な理由」と「逮捕の緊急性・必要性」という二つの実質的要件が必要である。

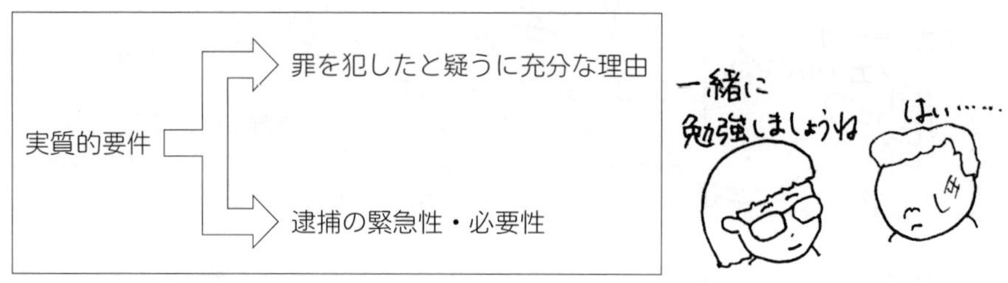

ア 罪を犯したと疑うに充分な理由

○ 緊急逮捕できる「罪」とは

死刑又は無期若しくは長期3年以上の懲役若しくは禁錮に当たる罪である。

これ以外は緊急逮捕できない。現行犯逮捕・通常逮捕はできる。

ここにいう「罪」は、刑法及び特別法の罰則規定に定められた「法定刑」のことである。処断刑や宣告刑ではない。

法定刑が、死刑又は無期若しくは長期3年以上の懲役若しくは禁錮に当たる犯罪であれば、教唆犯はもとより、その未遂犯・幇助犯についても、緊急逮捕することができる。

また、懲役と罰金の選択刑の場合も、「死刑又は無期若しくは長期3年以上の懲役若しくは禁錮」に該当する犯罪であれば、緊急逮捕することができる。

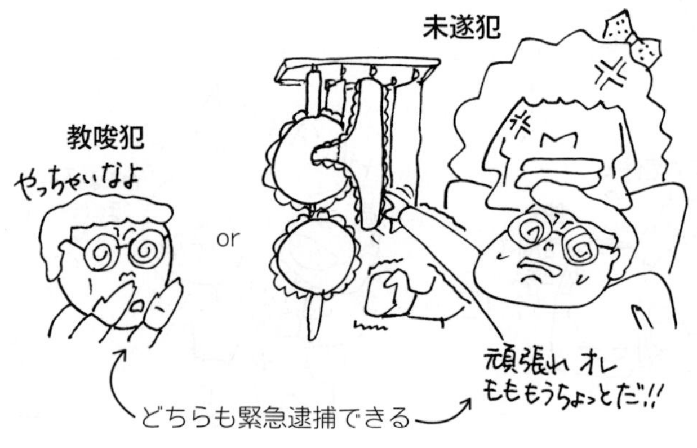

○緊急逮捕できない刑法上の罪名一覧表

罰　条	罪　　名	刑	
92①	外国国章損壊	2年以下	20万円以下
105の2	証人威迫	2年以下	30万円以下
106Ⅲ	騒乱付和随行		10万円以下
107	多衆不解散（首謀を除く。）		〃
110②	自己所有建造物等以外放火	1年以下	10万円以下
113	放火予備	2年以下	
116	失火		50万円以下
117①－後 （110②関係）	激発物破裂	1年以下	10万円以下
117②	過失激発物破裂		50万円以下
122	過失建造物等浸害・過失建造物等以外浸害		20万円以下
123	水利妨害	2年以下	禁錮又は20万円以下
124①	往来妨害	2年以下	20万円以下
129①	過失往来危険		30万円以下
133	信書開封	1年以下	20万円以下
134	秘密漏示	6月以下	10万円以下
140	あへん煙等所持	1年以下	
142	浄水汚染	6月以下	10万円以下
152	偽造通貨収得後知情行使	行使又は行使の目的で交付した偽造・変造通貨の額面価格の3倍以下、科料	
157②	免状等不実記載	1年以下	20万円以下
158① （157②関係）	不実記載免状等行使	〃	
159③	無印私文書偽造	1年以下	10万円以下
161① （159③関係）	偽造無印私文書行使	1年以下	10万円以下
168の3	不正指令電磁的記録取得・保管	2年以下	30万円以下
174	公然わいせつ	6月以下	30万円以下、拘留又は科料

罰　条	罪　　名	刑	
175	わいせつ物頒布等	2年以下	250万円以下、科料
182①	16歳未満の者に対する面会要求	1年以下	50万円以下
182②	16歳未満の者に対する面会	2年以下	100万円以下
182③	16歳未満の者に対する性交等姿態映像送信要求	1年以下	50万円以下
184	重婚	2年以下	
185	賭博		50万円以下、科料
187①	富くじ発売	2年以下	150万円以下
187②	富くじ取次	1年以下	100万円以下
187③	富くじ授受		20万円以下、科料
188①	礼拝所不敬	6月以下	禁錮又は10万円以下
188②	説教妨害	1年以下	禁錮又は10万円以下
189	墳墓発掘	2年以下	
192	変死者密葬		10万円以下、科料
193	公務員職権濫用	2年以下	禁錮
201	殺人予備	2年以下	
206	現場助勢	1年以下	10万円以下、科料
208	暴行	2年以下	30万円以下、拘留又は科料
208の2①	凶器準備集合	2年以下	30万円以下
209①	過失傷害		30万円以下、科料
210	過失致死		50万円以下
212	堕胎	1年以下	
213—前	同意堕胎	2年以下	
217	遺棄	1年以下	
222	脅迫	2年以下	30万円以下
228の3	身の代金拐取予備	2年以下	
231	侮辱	1年以下	禁錮、30万円以下、拘留又は科料
237	強盗予備	2年以下	
254	遺失物等横領	1年以下	10万円以下、科料
263	信書隠匿	6月以下	禁錮又は10万円以下、科料

○　充分な理由とは

「充分な理由」は、通常逮捕の要件である「相当な理由」よりも嫌疑の程度が高度であることをいう。

ただし、緊急逮捕は捜査の初期段階において行われるものであるから、その嫌疑の程度は、検察官が公訴を提起する場合までは必要ない。

具体的に、どの程度の嫌疑があれば「充分な理由」に該当するかは、個々の事案ごとに判断することになる。

イ　逮捕の緊急性

緊急逮捕の要件である「急速を要し」とは、あらかじめ裁判官の逮捕状を求める時間的な余裕がなく、通常逮捕の手続をとれば逮捕状が発付される前に被疑者が逃亡し、その後の身柄の確保が困難になるか、又は罪証を隠滅するなどにより、犯罪の立証が困難になるおそれがある場合のことをいう。

ただし、通常逮捕の手続によって逮捕するだけの時間的余裕がある場合には、「急速を要し」という要件が充足されないので、緊急逮捕はできない。

ウ　逮捕の必要性

刑訴法第210条にある「急速を要し、裁判官の逮捕状を求めることができないとき」という文言は、逮捕の必要性が高度に存在することを意味するものであり、「逮捕の必要性」が緊急逮捕の要件であることが明記されていると解されている。

したがって、緊急逮捕後、逮捕状の請求を受けた裁判官が、明らかに逮捕の必要性がないと認めれば、請求が却下（刑訴規則143条の３）されることになる。

そして、逮捕状の請求が却下された場合には、直ちに被疑者を釈放しなければならない。

○　逮捕の必要性は、どの時点で判断されるのか

緊急逮捕状の請求を受けた裁判官は、逮捕の必要性が、逮捕時に存在していたかという点だけでなく、令状請求時に、身柄拘束の必要性があるかを判断するというのが通説となっている。

この見解によると、緊急逮捕状を請求する行為は、

①　適正な緊急逮捕であったことを裁判官に追認してもらうこと

②　緊急逮捕後の身柄拘束の継続の承認を裁判官に求めるため

に行うものであり、このうちのどちらかがない場合には、逮捕状の請求は却下されることになる。

○　緊急逮捕は適法であるが、身柄拘束の必要がないとして令状請求が却下された場合

緊急逮捕状を請求したところ、緊急逮捕は適法であったとされたが、逮捕状を請求したときには身柄拘束をする必要がなくなったと裁判官が判断した場合、その理由を明示したうえで請求が却下されることになる。

この場合、緊急逮捕行為の適法性は認めるが、身柄拘束を継続する必要がないとして却下されるのであるから、緊急逮捕行為そのものが違法となるわけではない。

○　少年を緊急逮捕する場合の留意点

少年を緊急逮捕する場合には、犯罪の軽重、犯行の悪質性・計画性、保護者の監護能力等を考慮し、より慎重な判断をする必要がある。

同時に、犯罪少年を緊急逮捕し、逮捕状を請求する際は、身柄拘束の継続の必要性を疎明するための資料として保護者の実質的監護能力、住居の安定性、性格異常・凶暴性・常習性の性行、暴力団加入歴、非行歴等を提出する必要がある。

(2) 緊急逮捕の形式的要件

緊急逮捕の形式的要件は、被疑者を緊急逮捕した後、直ちに裁判官の逮捕状を求める手続をすることである。

そして、逮捕状を請求した結果、逮捕状が発付されないときには、直ちに被疑者を釈放しなければならない。

ア　請求権者

緊急逮捕の請求は、刑訴法上の規定がないため、緊急逮捕の権限を有する司法巡査にも認められる。

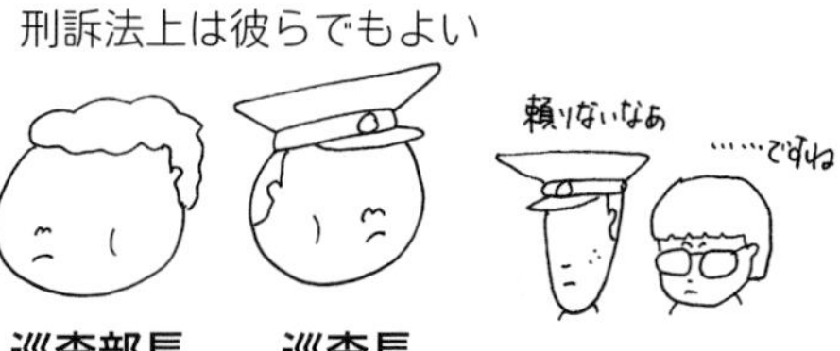

しかし、犯捜規第120条第1項で、緊急逮捕状の請求については、「指定司法警察員か逮捕に当たった警察官が行う」旨が規定されていることから、実務上は、原則として、本部事件主管課及び警察署の事件を主管する課の指定司法警察員（警部以上）が請求することが適当である。

ただし、夜間及び休日等で当該指定司法警察員が不在の場合は、本署当番責任者等、他の指定司法警察員又は事件を担当する捜査員の最上級者が請求することになる。

イ　請求時期

緊急逮捕をした場合は、「直ちに」裁判官の逮捕状を求める手続をとらなければならない。

「直ちに」とは、「できるだけ速やかに」というよりも「即刻」に近い意味である。

実質的には、ある程度の時間的な幅があるが、「直ちに」という時間的制約をいたずらに緩やかに解釈してはならない。

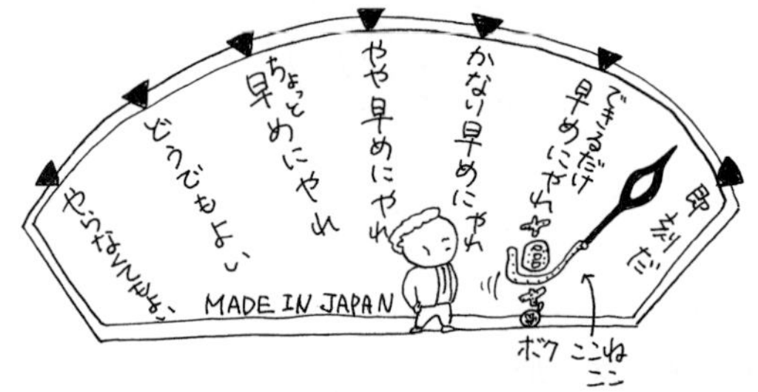

○　実務上、「直ちに」とは、どのくらいの時間をいうのか

「直ちに」逮捕状の請求が行われたかどうかの判断は、逮捕状の請求が裁判所で受け付けられるまでの時間の長短だけではなく、疎明資料の作成時間（事件の複雑性、共犯者の数等を考慮）、逮捕地・警察署・裁判所の距離、交通機関の事情等、個々具体的事実に応じて、合理的な時間内に行われたかどうかによって決まる。

○　逮捕から逮捕状請求までの幅

裁判例では、緊急逮捕から逮捕状請求まで約6時間又は6時間半が経過した事案について、違法としたものと適法としたものがある。

違法とされた裁判では、緊急逮捕後、約6時間半後に行われた逮捕状請求について、逮捕後に被疑者を犯行現場の実況見分に立ち会わせ、さらに同人を取り調べて被疑者調書を作成したため逮捕状の請求が遅れたことは、「直ちに」の要件を欠いていると判断されている（大阪高判昭50.11.19）。

なお、裁判官の中には、逮捕から逮捕状請求までの時間が、おおむね3時間を超えた場合には、昼間・夜間の請求時間帯を問わず、「直ちに」逮捕状の請求が行われたとはいえないとする見解もある。

なお、そういった見解があるからといって3時間以内に請求すれば却下されることはないといった安易な考えから、2時間で請求できるにもかかわらず、いたずらに時間をかけるようなことは絶対にしてはならない。

ウ　疎明資料

緊急逮捕状を請求するには、緊急逮捕の実質的要件（被疑者が罪を犯したことを疑うに足りる充分な理由、逮捕の必要性、逮捕の緊急性）を疎明する緊急逮捕手続書・被害届その他の資料を添えて行わなければならない（刑訴規則143条、犯捜規122条2項）。

○　疎明資料になるもの、ならないもの

緊急逮捕をするときには、緊急逮捕の要件が備わっていなければならない。

よって、緊急逮捕後に行う逮捕状請求の疎明資料は、原則として逮捕者が逮捕の時点までに得た資料（情報）が対象となり、引致後の取調べによって初めて逮捕者が認識した事情が記された被疑者供述調書等は、疎明資料にはならない。

ただし、緊急逮捕状を請求する際の疎明資料は、逮捕後に作成されたものであってはならないということではないから、逮捕者が逮捕時に認識した情報である限り、逮捕後にその状況を被害届や参考人供述調書等で書面化して疎明資料とすることは何ら差し支えない。

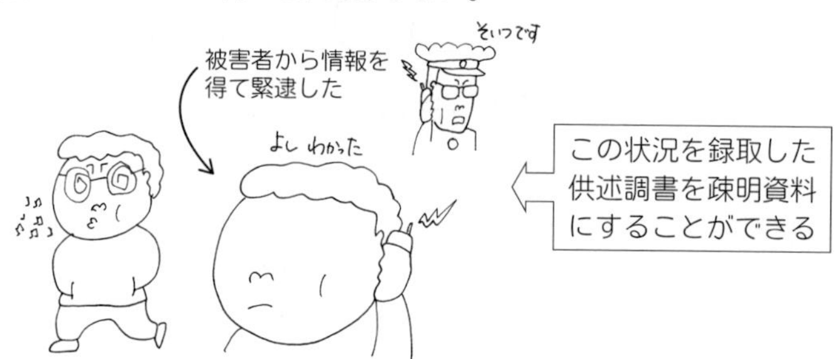

○　弁解録取書は疎明資料になるのか

弁解録取書については、引致後に作成する書面であり、逮捕者が逮捕時に認識していた事実を記述したものではない。

しかし、緊急逮捕状の請求は、先行する逮捕行為の追認という性質に加え、被疑者の身柄拘束の継続を許可してもらうという性質があることから、留置継続の必要性を疎明する資料については、逮捕後に収集されたものであっても差し支えないと解されている。

実務上、弁解録取書については、被疑者の身柄拘束の必要性を判断する資料として裁判官のほとんどが逮捕状請求の際に弁解録取書を持参するよう要求している。

よって、緊急逮捕後に逮捕状を請求する際には、弁解録取書を疎明資料の一つとして請求書類に添付する必要がある。

○　口頭による説明はできるのか

逮捕状の請求は「直ちに」行われる必要があることから、疎明資料の作成は必要最小限にとどめ、足りない点については、請求者が裁判官に口頭によって説明する必要がある（刑訴規則143条の２）。

エ　緊急逮捕後、罪名が変わった場合の逮捕状請求書に記載する罪名

緊急逮捕状の請求は、緊急逮捕の適法性の追認を裁判官から受けるという趣旨であるから、緊急逮捕後に被疑事実が変わった場合であっても、逮捕状請求書には、逮捕時の罪名及び被疑事実を記載すべきである。

したがって、例えば、被疑者を傷害罪で緊急逮捕後、被疑事実が「傷害致死罪」に変わったとしても、逮捕状請求書には「傷害致死罪」ではなく、「傷害罪」と記載する。

オ　緊急逮捕状の提示

刑訴法上は、緊急逮捕後に発付された緊急逮捕状を被疑者に提示しなければならないとする規定はない。

しかし、緊急逮捕状が発付された場合には、その手続の適法性を担保するために、実務上、被疑者に提示する運用が行われている。

刑訴法上は応じる必要はない。が、しかし…

(3)　緊急逮捕の手続

ア　逮捕権者

緊急逮捕をできる者は、検察官、検察事務官及び司法警察職員である（緊急逮捕状の請求権者との違いに注意）。

なお、私人に緊急逮捕の権限はない。

イ　告知の内容

緊急逮捕する場合において、逮捕者は、被疑者に対し「逮捕の理由」を告げなければならない（刑訴法210条１項）。

○　被疑者に告知すべき「逮捕の理由」とは

「逮捕の理由」とは、「被疑者が罪を犯したことを疑うに足りる充分な理由」だけではなく、「急速を要し、裁判官の逮捕状を求める余裕がないこと」も被疑者に告知する必要がある。

この２点の告知を欠く緊急逮捕は違法となるだけではなく、被疑者が逮捕時に行った逮捕警察官に対する公務執行妨害罪が否定される場合もある（大阪地判平３．３．７）。

○　逮捕後の告知は違法か

緊急逮捕における告知は、逮捕前に告知することが原則である。しかし、逮捕前に告知していると、被疑者が逃亡するおそれがあるなどの特別の事情がある場合には、例外的に、被疑者の身柄を確保してからすぐに被疑者に告知することもできる。

ウ　告知の程度

緊急逮捕の「逮捕の理由」については、逮捕状の緊急執行の際の被疑事実の要旨の告知と同程度の告知が必要である。具体的には「○月○日、△△で××をした。」ということを告げ、被逮捕者が逮捕の事実を確認できる程度に告知すべきである。

また、「急速を要し、裁判官の逮捕状を求めることができない旨」の告知は、例えば、「今、逮捕しなければ、逃走されるおそれがあるので逮捕する。」と急速を要する理由と、「後で逮捕状を請求する。」と、逮捕状をその場では求めることができないことを告げれば足りる。

ワンポイント

緊急逮捕は、急を要する事態で行われるため、告知の程度については、被逮捕者が「どの件で逮捕されるのか」を理解し、急速を要する事態であることが分かれば足りると解されている。

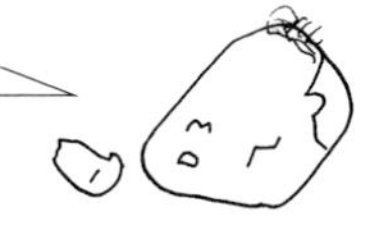

エ　緊急逮捕の対象事件と非対象事件を犯した被疑者を緊急逮捕する場合

緊急逮捕は、罪状の重い一定の犯罪にしか許されないため、あくまで緊急逮捕が可能な犯罪だけしか逮捕できない。

オ　逮捕状の請求を却下された場合の措置

裁判官は、疎明資料（口頭による説明を含む。）に基づいて緊急逮捕の適否を審査し、その審査の結果、法定の要件を欠いた違法逮捕であると判断した場合や、逮捕行為は適法であるが留置の必要がないと判断した場合には、請求を却下することができる。この場合、とるべき措置は、次のとおりである。

○　被疑者の釈放

逮捕状が発せられないときは、直ちに被疑者を釈放しなければならない（刑訴法210条１項）。

請求の却下に不服があっても、請求却下の取消しを裁判官に求めることは認められていない（京都地舞鶴支決昭48．７．９）。

○　逮捕の現場で差し押さえた物の措置

緊急逮捕の行為を違法として逮捕状の請求を却下された場合は、逮捕の現場で差し押さえた物は直ちに還付しなければならない（刑訴法220条2項)。

しかし、緊急逮捕は適法であるが、逮捕状請求時に「被疑者の身柄拘束の必要性がなくなっている」ことを理由に却下された場合には、逮捕に伴う差押えも適法となるから、差し押さえた証拠物を還付する必要はない。

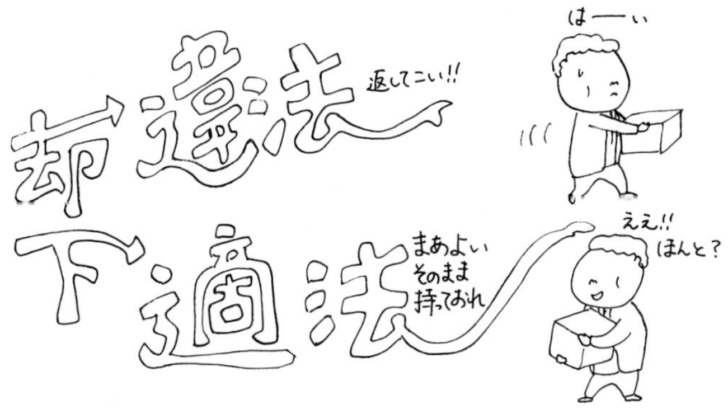

緊急逮捕が違法であることを理由に逮捕状の請求を却下され、差押物を還付した場合であっても、被疑者から任意提出を受けて領置したり、差押許可状の発付を得て差し押さえることは可能である。

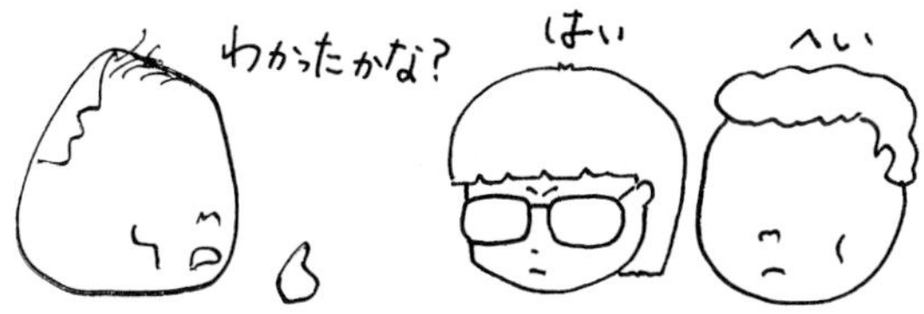

カ　釈放後の捜査

逮捕状の請求を却下されて被疑者を釈放した場合、同一被疑事実についての捜査が許されるかについては、任意の取調べはもとより、状況によっては通常逮捕状の発付を受けて再逮捕することも可能である。

ただし、再逮捕のために通常逮捕状を請求する場合には、緊急逮捕について重大な瑕疵がなかったことや、再逮捕を必要とするやむを得ない事情があることを十分に疎明して請求しなければならない。

釈放後の再逮捕は可能

キ　緊急逮捕後、被疑者を釈放した場合の逮捕状の請求の必要性

緊急逮捕後に、緊急逮捕の要件が欠けていることが明らかになった場合や、身柄拘束の必要性が逮捕後になくなったなどの場合には、被疑者を釈放した上で、逮捕状の請求をしなければならない（犯捜規120条３項）。

また、逮捕後、逮捕状の請求前に被疑者に逃走された場合でも、逮捕状の請求は行わなければならない。

3　現行犯逮捕

【刑訴法第212条、第213条】
〔現行犯人〕
第212条　現に罪を行い、又は現に罪を行い終つた者を現行犯人とする。
②　左の各号の一にあたる者が、罪を行い終つてから間がないと明らかに認められるときは、これを現行犯人とみなす。
(1)　犯人として追呼されているとき。
(2)　贓物又は明らかに犯罪の用に供したと思われる兇器その他の物を所持しているとき。
(3)　身体又は被服に犯罪の顕著な証跡があるとき。
(4)　誰何されて逃走しようとするとき。
〔現行犯逮捕〕
第213条　現行犯人は、何人でも、逮捕状なくしてこれを逮捕することができる。

(1) 現行犯人の意義

現行犯人とは、現に罪を行い、又は現に罪を行い終わった者をいう（刑訴法212条１項)。

現行犯人については、何人でも、逮捕状なくして逮捕することが許されている（刑訴法213条)。この規定に基づく逮捕を現行犯逮捕という。

憲法第33条において、現行犯逮捕が令状主義から除外されているのは、現行犯は犯罪と犯人との結びつきが明白であり、誤認逮捕のおそれがなく、かつ、一般的に急速な逮捕の必要性が認められるからである。

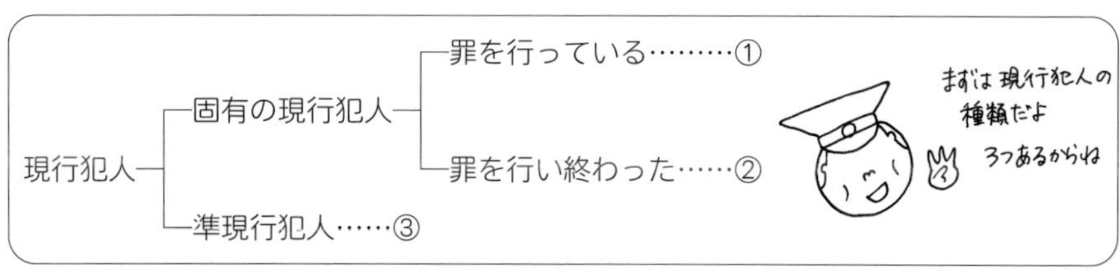

ア 現行犯人のイメージ

固有の現行犯人とは、本来の現行犯人という意味である。

固有の現行犯人は、「現に罪を行っている現行犯人」と「現に罪を行い終わった現行犯人」に分かれる。

罪を行っている現行犯人

罪を行い終わった現行犯人

イ 固有の現行犯人と認めるための要件

被疑者を現行犯人と認めるためには、次の２つの要件が必要である。

① 犯罪と犯人の明白性

その者が特定の犯罪を犯したと明白に認められること

② 犯罪の現行性・時間的接着性の明白性

その者が現に特定の犯罪を実行していること、又は特定の犯罪を実行し終わった直後であることを逮捕者が明白に認識できること

①と②の両方が必要

○　犯罪と犯人の明白性とは、どういう場合に認められるのか

犯罪と犯人の明白性とは、逮捕者において、現場の状況等からその犯人が特定の犯罪を行い、又は行い終わったことが外部的に明白であることを直接認識できる状況であることをいう。

典型的な例

○　犯罪と犯人の明白性は、逮捕者に明白であればよいのか

犯罪と犯人の明白性は原則として、犯行現場における外部的状況によって認定するべきである。この場合、犯罪と犯人の明白性は逮捕者に明らかであればよく、周囲にいる全ての人に明らかである必要はない。

例えば、覚醒剤の密売、振り込め詐欺、贈収賄の金品の授受、競馬のノミ行為など、外部からわからないように行われる犯罪については、捜査官の捜査によって事前に収集した客観的資料と捜査官の特殊な知識や経験等により、犯罪と犯人の明白性を認定することができる。

○　犯行を直接見ていなくても現行犯逮捕できるのか

犯罪と犯人の明白性は、犯行を直接現認していない警察官が、被害者等の申告に基づいて現行犯逮捕する場合に、特に問題になることが多い。

この場合については、

○　逮捕者自身が直接見聞した犯人の挙動、証拠、その他の客観的状況

○　被害者の通報や犯人の供述等

を「犯罪と犯人の明白性」を認定する資料としても差し支えない。

ワンポイント

被害者の急訴によって警察官が現場に急行したところ、被害者と犯人が現場にいて、被害者の指示により犯人を確認できたことから、犯行から約20分後に、強制わいせつ罪及び傷害罪の現行犯人として逮捕したという事犯について、判例は、警察官が直接犯行を現認していなくても、被害者の供述、被疑者の状態等からして、犯罪行為の行われた痕跡も明瞭な状態にあったとして、犯罪と犯人の明白性を認めている（東京地決昭42.11.22）。

○　犯罪と犯人の明白性認定上の留意点

犯人に対する捜索活動が中断したため、犯罪と犯人の明白性が弱くなった場合や、被害者の申告だけを判断資料として現行犯逮捕した場合、一般的に違法と判断される傾向にあるため、このような場合の現行犯の認定は慎重に行う必要がある。

明白性がなく現行犯逮捕が違法とされた事例

○　暴力行為等処罰ニ関スル法律第１条（集団的暴行）被疑事件の犯人が、逃走後、臨場した警察官が被害者を伴って付近を捜索したところ、犯行から数分後に、犯行現場から約10メートル離れたバーから出てきた被疑者を見て、被害者が「犯人の中にいた者だ。」と言ったことから、その申立てだけで現行犯逮捕した事案（釧路地決昭42．９．８）

ウ　犯罪の現行性・時間的接着性の明白性

犯行終了時から時間が経過すればするほど、また、犯行現場から犯人が遠ざかれば遠ざかるほど、その現行性は希薄になる。

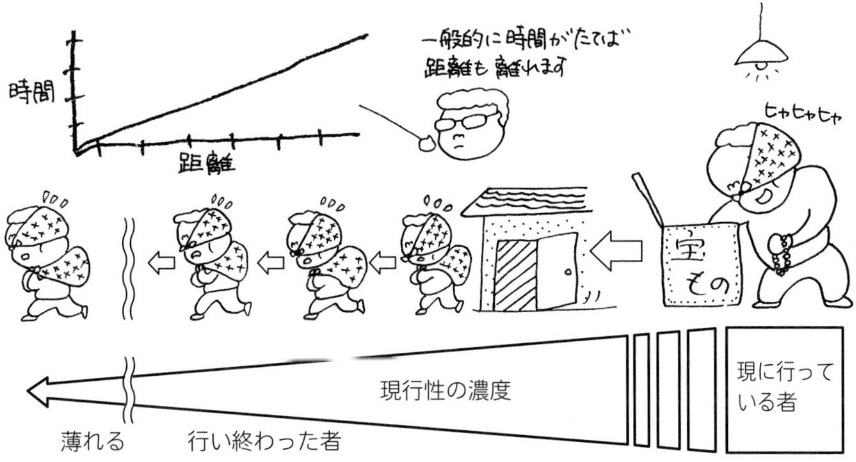

○　「現に罪を行い」とは

「現に罪を行い」とは、特定の犯罪を行っていることであり、それが逮捕者の目前で行われている場合をいう。

○　「現に罪を行い終つた」とは

「現に罪を行い終つた」とは、犯罪を終了した直後であり、それが逮捕者に明白である場合をいう。行為が終わった瞬間又はこれに極めて接着した時間的範囲をいう。

○　罪を行い終わった現行犯人の時間的範囲

罪を行い終わった現行犯人と認められる時間の範囲は、一般的に、最高裁判例を参考にして実行行為の終了からおおむね「30分ないし40分程度」の時間内にある者が、現に罪を行い終わった現行犯人に当たると解されている（最決昭31. 10. 25）。

しかし、全ての事案で一律的に限定できるものではなく、個々具体的な事案に即して判断する必要がある。よって、最高裁が示した数字はあくまでも最大限のものであると解すべきであり、「30分ないし40分程度」であれば常に現に罪を行い終わった現行犯人に当たると解するのは妥当ではない。

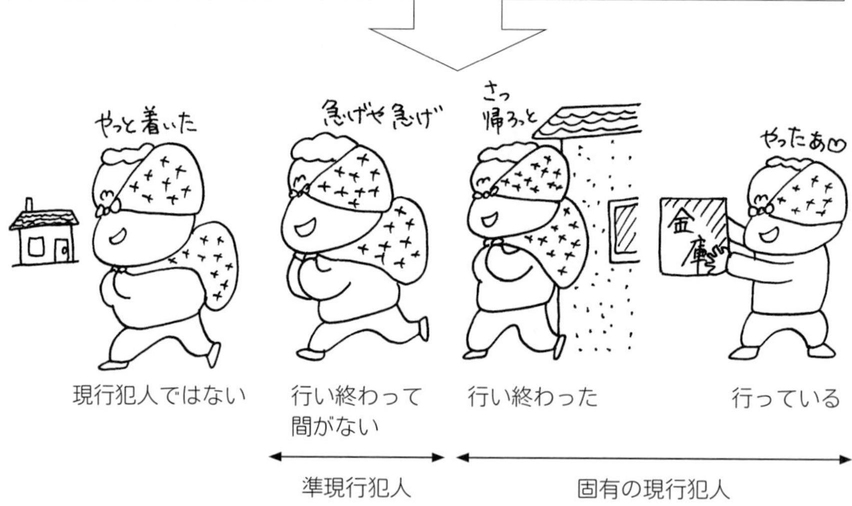

○　現に罪を行い終わった現行犯人の距離的範囲

犯人は、時間が経過すればするほど、犯行現場から遠くなるのが通常であり、犯人が犯行場所から遠く離れれば離れるほど、それだけ犯人の現行性が薄れることになる。

犯行場所や犯人の逃走手段などによって条件が異なるので、具体的条件に照らして判断すべきであり、場所的関係と現行性の限界を一律に決めることは困難である。

実務上の一応の目安として、判例上、犯行場所から「200～300メートル程度」離れた被疑者の現行犯逮捕については、違法とされていることが多い。

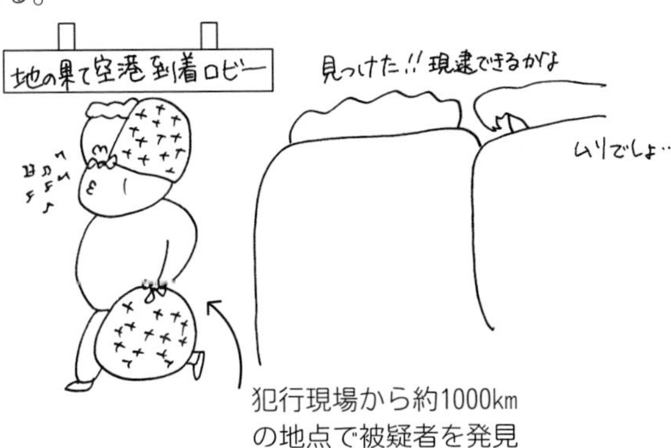

犯行現場から約1000㎞の地点で被疑者を発見

エ　現行犯逮捕における逮捕の必要性

刑訴規則第143条の３により、通常逮捕・緊急逮捕は「逮捕の必要性」を要件とする。

しかし、現行犯逮捕の場合には、法文上そのような規定はない。

現行犯逮捕における逮捕の必要性については説が分かれており、「逮捕の必要性は現行犯逮捕の要件ではない」とする判例もある（東京高判昭41.１.27）。

しかし、明らかに逮捕の必要性がない場合には現行犯逮捕は許されないと解するのが、任意捜査を原則とする刑事手続の趣旨に沿うとした見解も有力であり、現在は、現行犯逮捕も必要性がある場合に行うのが当然であるというのが通説である。

実務上は、現行犯逮捕の場合、罪証隠滅や逃走のおそれがあることが多いため、現行犯逮捕の際に個々に必要性を検討することは必要ではないと解されている。

しかし、被疑者の身元が判明していて、罪証隠滅や逃走のおそれがないことが明らかである場合には、できるだけ任意捜査によるべきである。

なお、軽微な犯罪等においては現行犯逮捕が制限されており（刑訴法217条）、また、交通法令違反事件については、逃走その他の特別の事情がある場合のほかは逮捕を行わないとしている（犯捜規219条）。

オ　管轄区域外での現行犯逮捕

「警察官は、いかなる地域においても、刑事訴訟法第212条に規定する現行犯人の逮捕に関しては、警察官としての職権を行うことができる」（警察法65条）ことから、警察官が管轄区域内外で現行犯逮捕する場合は、警察官として逮捕することになる。

したがって、被疑者が警察官に暴行・脅迫を加えた場合には、管轄区域外での犯罪行為であっても公務執行妨害罪が成立する。また、警察官は刑訴法第220条に基づき、逮捕の現場で令状によらない捜索・差押え・検証を行うことができる。

カ　告訴がまだない親告罪を現行犯逮捕できるのか

親告罪の告訴は、あくまでも訴訟条件であり、捜査の条件ではないから、たとえ親告罪につき、いまだ告訴がなくても、捜査をすることができる。

したがって、告訴のない親告罪についても、警察官の目前で現に犯罪が行われていれば、相手の違法行為を制止するのはもちろん、犯人の住居・氏名が確認できず、その場で逮捕しなければ被疑者が逃走するような状況があれば、現行犯逮捕することが妥当である。

キ　現行犯逮捕と警職法第５条の制止の関係

ケンカを止めようとして、今あなたは有形力を行使しました。それは警職法の制止ですか？ 刑訴法による現行犯逮捕ですか？ その後、被疑者を警察署に同行しました。それは逮捕後の引致のためですか？ それとも任意による同行ですか？ さぁ答えてください。あなたが行った職務執行ですよ。さぁ !! さぁ !!

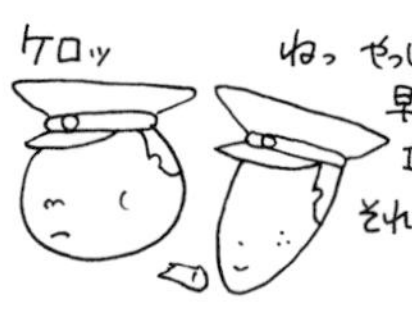

○　「現行犯鎮圧の法理」とは

現に犯罪が行われている場合、又は引き続き行われようとしている場合、警察官がこれを制止するのは当然の責務である。その現行犯罪に、例えば、警職法第5条後段の要件（人の生命若しくは身体に危険が及び、又は財産に重大な損害を受ける虞があつて、急を要する場合）がない住居侵入罪等の場合であっても、制止に必要と認められる程度で強制力を行使して犯罪の進行を止めることができる。このような考え方を「現行犯鎮圧の法理」という。

○　現行犯逮捕する際の有形力行使の程度

現行犯逮捕に限らず、逮捕の際に用いる強制力の程度は、その際の状況からみて社会通念上、逮捕のために必要かつ相当であると認められる範囲に限られる。

したがって、抵抗していない者に対しての実力行使は許されない。

必要かつ相当な有形力の行使の一例

○ 逮捕又は制止の現場における実務上の問題点

ケンカの現場において、「現行犯逮捕」する場合と、現行犯逮捕と同程度の実力を行使して「制止」をする場合では、外見上明確に区別することは難しい。しかも、実際の現場では、その後、警察署へ同行する際、強制的に連行するのか、又は一時的に任意同行するのかが明確ではない場合もある。

このような取扱いをした場合には、被同行者の刑事手続上の防御準備が遅れるばかりでなく、後々、身柄拘束の時点をさかのぼらせた違法な現行犯逮捕（いわゆる「さかのぼり逮捕」）と判断されるおそれもあるので留意する必要がある。

○　実務ではこうしよう

ケンカの現場において、被疑者を現行犯逮捕した場合には、それが強制手続であるということを明確にする必要がある。

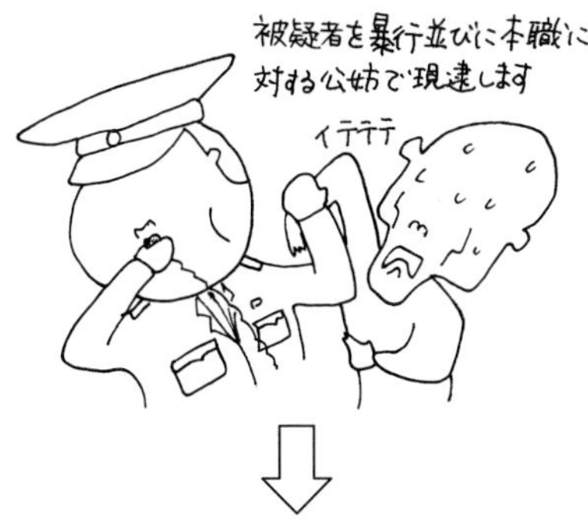

⇩

したがって、被疑者を現行犯逮捕した場合には、被疑者を両側からはさんで連行するなどの措置をとったり、携帯電話をかけさせないなど、自由な行動をとらせないようにしたうえで、直ちに司法警察員に引致し（刑訴法202・216条）、犯罪事実と弁護人選任権の告知、弁解の機会の付与といった、刑訴法第203条が規定する司法警察員の所要の手続をとらなければならない。

ク　現行犯逮捕後に逮捕要件がなかった場合はどうするのか

司法巡査が被疑者を現行犯人として逮捕した後、司法警察員に引致したが、その後の取調べにより、現行犯（準現行犯を含む。）の要件を欠いていることが明らかになった場合には、直ちに釈放しなければならない。

この場合、現行犯人逮捕手続書には、釈放の手続をとったことを明記しておかなければならない。

釈放しなければならない

が、しかし…

緊急逮捕できる

なお、釈放した後、緊急逮捕の要件を備えている場合には、直ちに緊急逮捕することもできるし、逮捕状を得て通常逮捕することも可能である。

(2)　準現行犯人

刑訴法第212条第２項は、「次の各号の一にあたる者が、現に罪を行い終つてから間がないと明らかに認められるときは、これを現行犯人とみなす。」と定めている。これを「準現行犯人」という。

準現行犯人は、本来（固有）の現行犯人ではないが、明白性等の一般的要件のほかに、以下の個別の要件があれば、現行犯人として逮捕してよいという規定である。

ア　個別の要件とは

- ○　犯人として追呼されているとき
- ○　「贓物又は明らかに犯罪の用に供したと思われる兇器その他の物」を所持しているとき
- ○　身体又は被服に犯罪の顕著な証跡があるとき
- ○　誰何(すいか)されて逃走しようとするとき

が、刑訴法第212条第２項に定める要件（個別的要件）であり、このうちのどれか一つ以上の要件を充足する者が、「罪を行い終つてから間がないと明らかに認められる」とき（一般的要件）は、これを現行犯人とみなす旨を規定している。

ワンポイント

> 準現行犯逮捕と認定するためには、一般的要件と個別的要件を、それぞれ充足することが必要となる。

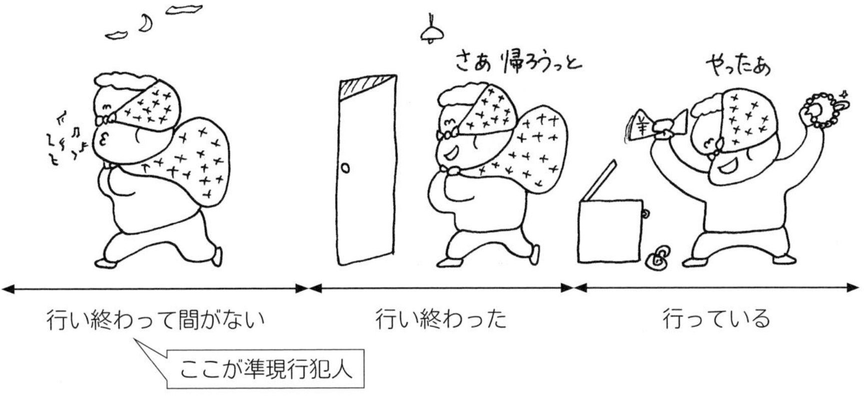

イ　一般的要件

まずは一般的要件から

準現行犯逮捕の一般的要件は、次のとおりである。

○　犯罪と犯人の明白性
　犯人が特定の犯罪を行ったことが逮捕者に明らかであること

○　時間的接着性
　その犯罪が行い終わってから客観的に間がないこと

○　時間的接着性の明白性
　犯罪を行い終わってから間がないことが逮捕者に明らかであること

一般的要件がある例

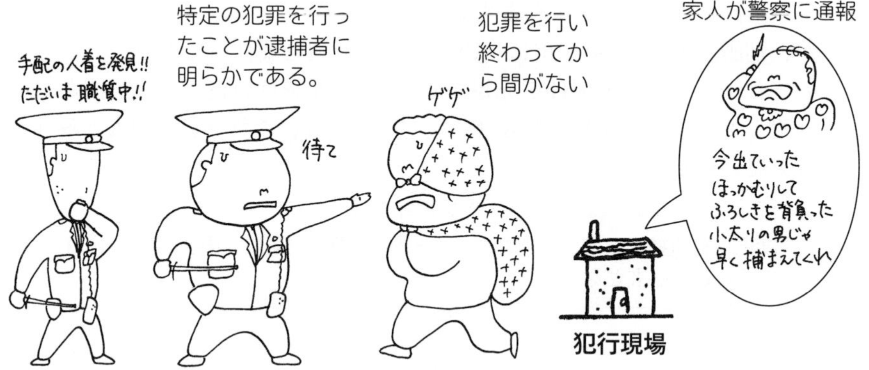

手配人着の者を職質　　通報を受けて現場に急行中に職質

○　犯罪と犯人の明白性、時間的接着性の明白性

その者が犯人であることの明白性を客観的に認識することが要件なので、犯人が特定の犯罪を行ったこと、及びその犯罪を行い終わってから間がないことが、逮捕者に明らかでなければならない。

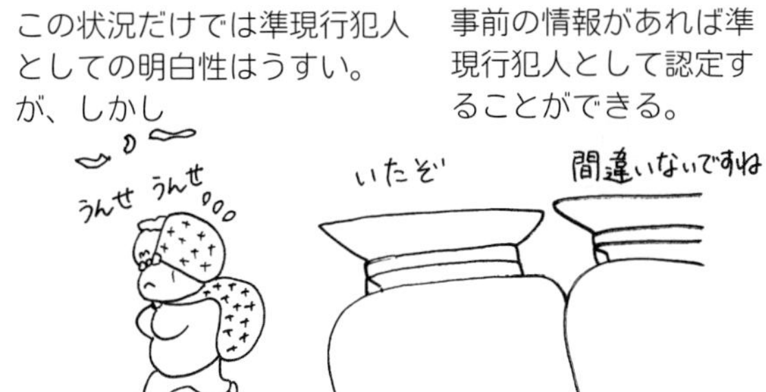

この状況だけでは準現行犯人としての明白性はうすい。が、しかし

事前の情報があれば準現行犯人として認定することができる。

明白性の認定の基準は、逮捕着手の直前である。この場合、犯罪発生直後に被害者の通報等がされた場合（110番等）には、その手配の内容等を事前情報として現行犯人を認定することもできる。

○　たぐり捜査との関係

警察官が単なる挙動不審者を発見し、職務質問をしているうちに犯罪の嫌疑を深めて追及した結果、初めて罪を行い終わって間がない被疑者であることが明らかになったような場合がある。これは、いわゆる「たぐり捜査」に当たり、一般的要件である犯人と犯罪の明白性がないため、準現行犯人として逮捕することは許されない。

典型的なたぐり捜査の例

単なる職務質問をした

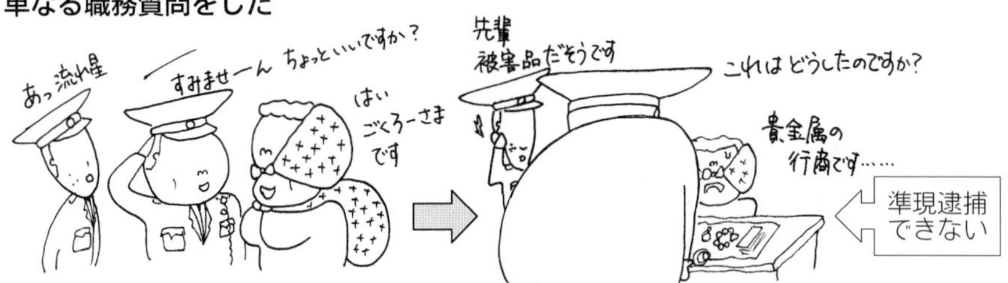

その後の追及で犯行が発覚

ただし、事前の情報や客観的状況から、その者が罪を行い終わってから間がない可能性が極めて高い場合において、確認的な職務質問を行い、その結果、罪を行い終わって間がないことが明らかとなったときは、準現行犯人として逮捕することが許される（東京地決昭42. 11. 9）。

事前の情報により認識

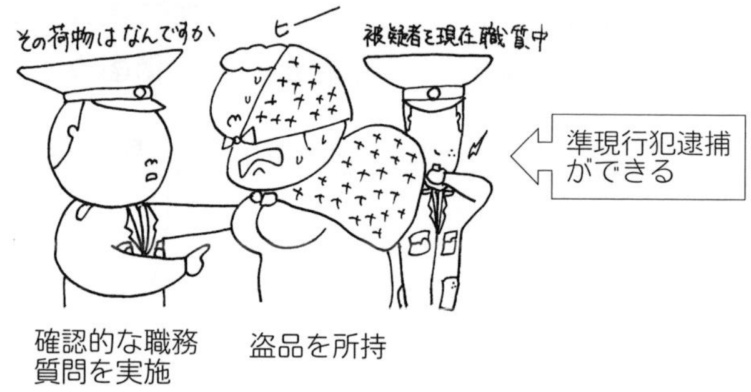

○　確認的職務質問の実施による準現行犯逮捕の具体的な例

深夜、返り血を浴びて刃物を所持している不審者が、警察官の姿を見て逃げ出したような場合、その警察官が、その不審者が犯した事件について何も知らなくとも、その男を追い掛けて職務質問を行い、殺人の犯罪行為が行われたことが明白になったときには、一般的要件（明白性）が認められる。

○　準現行犯逮捕における時間的範囲

「罪を行い終わってから間がない」とは、現行犯人における「現に罪を行い終わった」よりも時間的範囲は広くなる。

判例上は、3、4時間を超えると違法とされるケースが多い。

ただし、この時間的限界は、個別要件によって異なる。

例えば、第1号の追呼については、継続して行われている限り、犯人の明白性が保たれているから、時間的・場所的接着性が他の要件に比べて許容範囲が広がると考えられる。

判例上、逮捕まで長時間かかりながらも準現行犯人と認められた事案は次のとおりである。

▷　密猟犯人を逮捕するため約30分間密漁船を追跡した者の依頼を受け、約3時間にわたって同船の追跡を継続して逮捕した（最判昭50．4．3）。

▷　警察内部の無線情報を受けて逃走犯人を検索中の警察官が、被疑者Aについては、犯行から約1時間経過後、犯行現場から約4キロメートル離れた交番付近を通りかかったところを職務質問し、Aが逃げ出したので約300メートル追跡して追い付き、その際にAが腕に籠手を装着しているのを認めたなどの事情があったためAを準現行犯逮捕し、被疑者B及びCについては、犯行から約1時間40分経過後、犯行現場から約4キロメートル離れた路上で発見され、職務質問されて逃走したことから数十メートル追跡して追い付き、その際BとCの髪がべっとりぬれて靴は泥まみれであり、Cについては新しい傷跡があり血の混じった唾を吐いているなどの事情があったため、BとCを準現行犯逮捕した（最決平8．1．29）。

▷　窃盗未遂の約1時間半後、犯行現場から二百数十メートルの地点で誰何され、逃走した犯人を逮捕した（福岡高判昭29．5．29）。

なお、犯行現場と逮捕場所の近接性については、準現行犯逮捕においても、ある程度の近接性が要求される。

ウ　個別的要件

一般的要件　個別的要件

両方必要です

4つあるが、どれか1つあればよい
もちろん複数あればさらによい

次は こちらを 勉強します

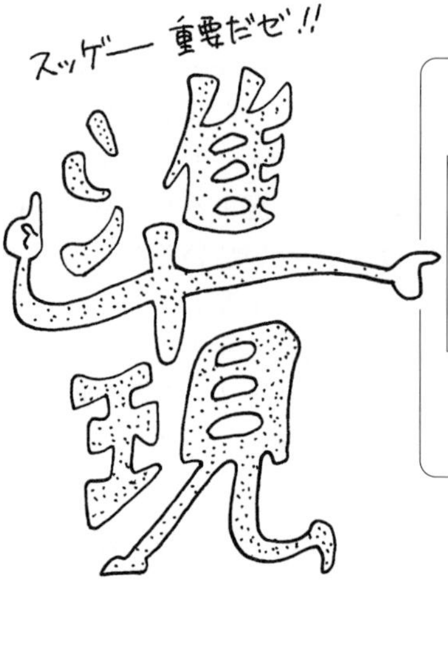

スッゲー 重要だぜ!!

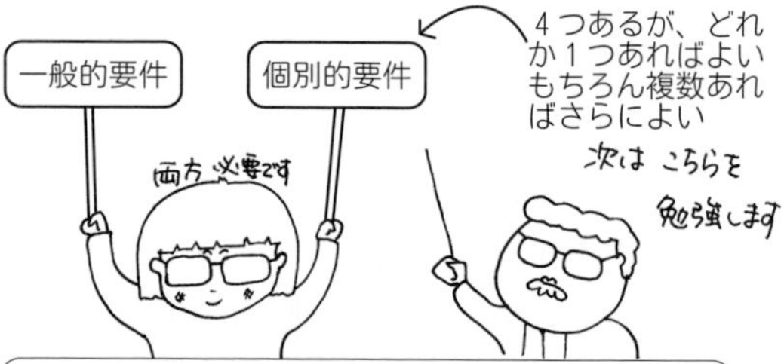

準現行犯逮捕の個別的要件（刑訴法212条2項）

- (ア)　犯人として追呼されているとき（1号）
- (イ)　贓物又は明らかに犯罪の用に供したと思われる兇器その他の物を所持しているとき（2号）
- (ウ)　身体又は被服に犯罪の顕著な証跡があるとき（3号）
- (エ)　誰何されて逃走しようとするとき（4号）

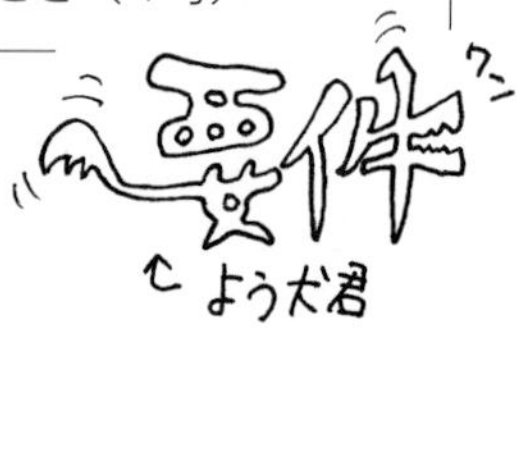

要件

← よう犬君

㈠　犯人として追呼されているとき（刑訴法212条２項１号）

「犯人として追呼されているとき」とは、その者が犯人であることを明確に認識している者により、逮捕を前提とする追跡ないし呼号を受けている場合を意味する（仙台高判昭44．４．１）。

追呼の典型的な例

この場合、継続して追呼されている場合には、犯行後、時間的に相当離れても準現行犯人と認めることができる（最判昭50．４．３）。

○　追呼する者は被害者でなければならないのか？

追呼の主体は、被害者に限られず、目撃者のような第三者でもよい。また、一人でも複数でもよく、リレー式（交代）で追呼しても差し支えない。

○　追呼の方法は？

追呼は、必ずしも声を出すことに限られず、身振りや手振りでもよい。追呼せずに、大声で「誰か、あの男を捕まえてくれ。」などと周囲に叫んでいる場合であってもよい。

○　犯人を見失ったが、追呼者が諦めていない場合

追呼は必ずしも連続的に行われている必要はなく、追呼の途中で一時的に犯人を見失って中断した場合でも、犯人の逃走経路の状況、中断時間の長短等からみて、追呼の同一性が客観的に認められている場合には、追呼に当たると解される。

追呼中になる

○　一時的に目を離した場合

犯行を現認した私人が、自ら逮捕しないで警察官に通報し、現場に駆けつけた警察官に対し、現場付近で犯人を指示する場合がある。

追呼中に当たる

このような場合、通報の際、一時的に犯人から目を離さざるを得ないが、犯人を追呼する意思を持ちながら警察官の到着を待ち、時間的・場所的に犯行場所に近接した時点で犯人を発見し、警察官に指示したときは、追呼の途中で一時的に犯人を見失った場合と同一に評価できるので、追呼に当たる。

準現行犯逮捕できる

○　追呼者が諦めた場合

追呼の途中で犯人を見失ったため、追呼を断念して引き返す途中、たまたま被害現場の付近で犯人を発見した場合は、再び犯人として追呼したとしても犯人と犯行現場との連続性が途切れているため、たとえ外観上は追呼の形がとられていても「犯人として追呼されているとき」には当たらない。

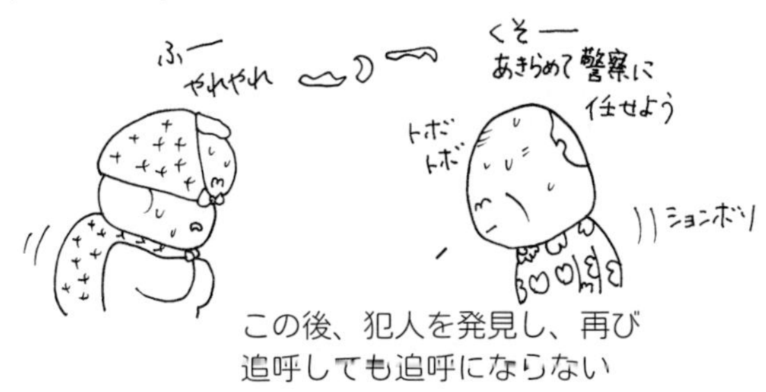

この後、犯人を発見し、再び
追呼しても追呼にならない

(イ)　「贓物又は明らかに犯罪の用に供したと思われる兇器その他の物」を所持しているとき（刑訴法212条２項２号）

○　「贓物」とは

盗品その他財産に対する犯罪行為によって領得された物のことをいう。財産に対する罪とは、窃盗、横領、詐欺、強盗等で、賭博や収賄により得た財物は含まれない。

○　「兇器」とは

人を殺傷し得る器物で、いわゆる、用法上の凶器も含まれる。ただし、用法上の凶器については、社会通念上、人に危険を抱かせる外観を有している必要がある。

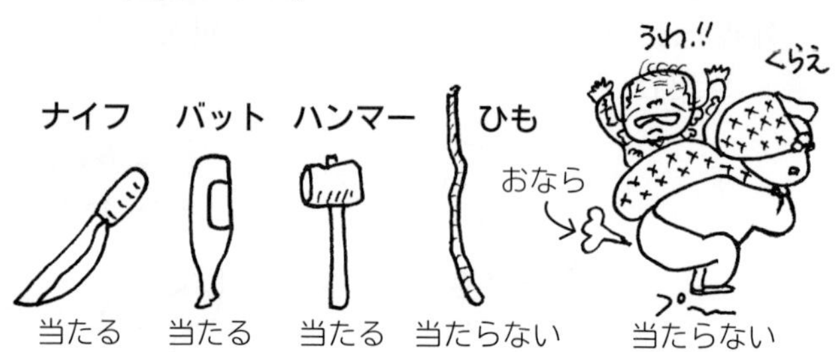

○　「明らかに犯罪の用に供したと思われるその他の物」とは

例えば、窃盗罪における合鍵、犯行現場の足跡と一致する靴、住居侵入に使用したドライバー類、ひき逃げ事件の血痕や衝突痕のある車両等で、犯罪との結び付きが客観的に明らかな物をいう。

窃盗用の合鍵

犯行現場の足跡と一致する靴

住居侵入用のドライバー

○　「所持」とは

現実に身に付けたり、携帯したりしているほか、事実上の支配下にある場合（例えば、自動車内に積み込んで自動車を運転しているときなど）をいう。

所持に当たる

所持に当たる

ただし、自宅に保管しているなど単に支配力を及ぼしているだけの場合は、ここでの「所持」には当たらない。

家の中に贓物等があっても、所持に当たらない

「所持」に当たるには、逮捕者が、準現行犯人であると認めた時に所持していればよく、必ずしも逮捕の瞬間まで所持している必要はない（最判昭30.12.16）。例えば、逮捕される直前に犯人が贓物（盗品等）を川に投げ捨てたため、逮捕の時点では犯人が当該物件を所持していなかった場合などがこれに当たる。

㈦　身体又は被服に犯罪の顕著な証跡があるとき（刑訴法212条２項３号）

○　**「身体又は被服に犯罪の顕著な証跡があるとき」とは**

犯罪を行ったことが外部的かつ客観的に明らかに認められるような痕跡が、身体又は被服に認められることをいう。

例えば、犯人が負傷している、着衣が破損している、着衣に返り血や放火で使ったガソリンが付着している等がこれに当たる。

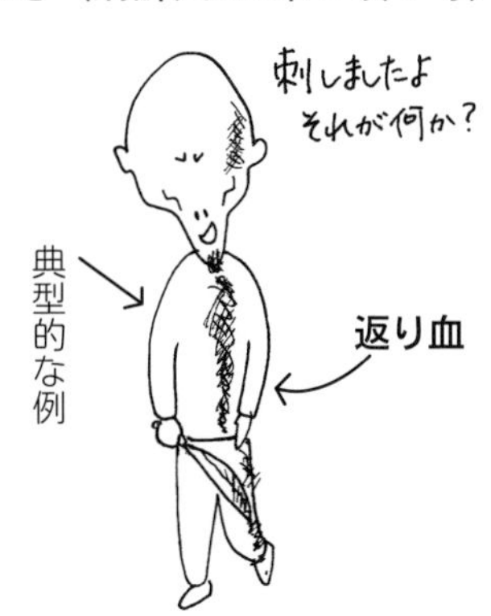

○　酒気帯び運転の場合はどうか

裁判例の中には、酒気帯び運転の被疑者について、呼気１リットルにつき0.35ミリグラムのアルコールが検出された場合も、本号に当たるとしたものがある（名古屋高判平元．１．18）。

○　あざ等は顕著な証跡に当たるか

犯罪行為と直接関係のない身体の特徴（あざ・ほくろ等）や被服の特徴（色・柄・型等）等は、本号には当たらない。

また、単に被疑者の人相や着衣が一致したとしても、本号には該当しない。

なお、本号の証跡は、現実に身に付けていることを要する。よって、血の付いた被服を自宅に隠しているような場合は本号に当たらない。

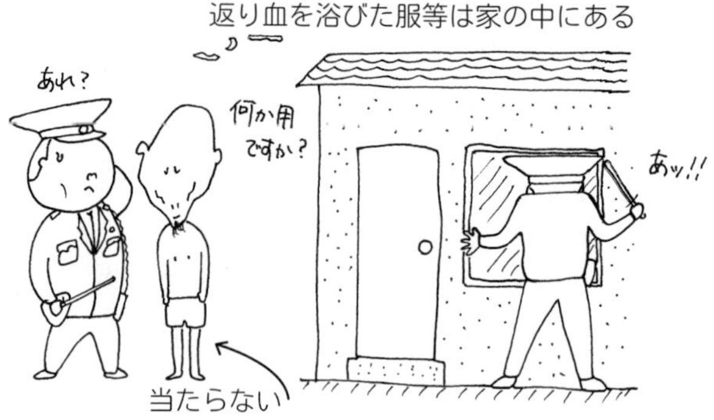

㈤　誰何されて逃走しようとするとき（刑訴法212条２項４号）

○　「誰何」とは

文言上は「誰か」と呼びとめて名前を問いただすことを意味する。

ただし、本号では、相手方に接触を求めようとする行為を意味し、必ずしも声を掛けて名前を問う必要はない。

したがって、警察官が警笛を吹き、懐中電灯を照らす行為も誰何となる（最決昭42. 9 .13）。

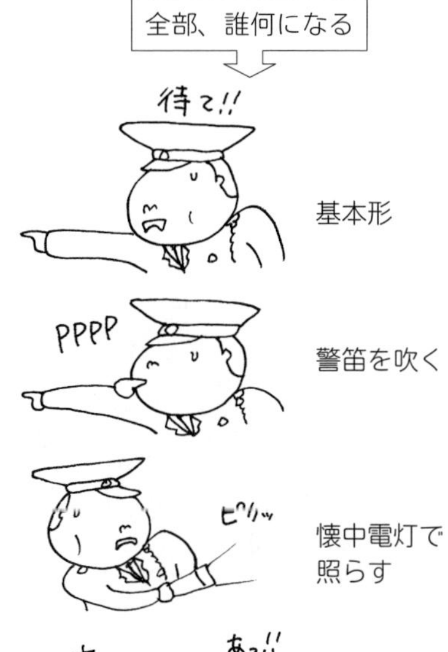

○　警察官を見て逃げ出した場合

犯人が警察官を見て逃げ出した場合は、誰何されての逃走ではないから本号に当たらないという見解もあるが、本来なら逃走しないのに逃げ出したのであるから、この場合も本号に当たると解されている。

○　私人が誰何してもよいのか

一般的に誰何は、警察官が職務質問として行うことが多いが、誰何の主体については制限がないから、私人によるものであってもよい。

(3)　軽微犯罪と現行犯逮捕

> 【刑訴法第217条】
> 〔軽微な事件と現行犯逮捕〕
> 第217条　30万円（刑法、暴力行為等処罰ニ関スル法律及び経済関係罰則の整備に関する法律の罪以外の罪については、当分の間、２万円）以下の罰金、拘留又は科料に当たる罪の現行犯については、犯人の住居若しくは氏名が明らかでない場合又は犯人が逃亡するおそれがある場合に限り、第213条から前条までの規定を適用する。

ア　現行犯逮捕の制限の意義

軽微犯罪の犯人に対して、逮捕という強制手段を用いることを原則的に回避するため、刑訴法第217条は、30万円（刑法、暴力行為等処罰ニ関スル法律及び経済関係罰則の整備に関する法律の罪以外の罪については、当分の間、２万円）以下の罰金、拘留又は科料に当たる現行犯については、

○　犯人の住居若しくは氏名が明らかでない場合
○　犯人が逃亡するおそれがある場合

のうち、いずれか一つに該当する場合に限り、現行犯逮捕できると定めている。

イ　現行犯逮捕の制限

通常逮捕、現行犯逮捕が制限される主な軽微犯罪と罰則

法条		罪名	罰則
刑法	106条3号	騒乱付和随行罪	10万円以下の罰金
	107条後段	多衆不解散罪	10万円以下の罰金
	122条	過失建造物等浸害、過失建造物等以外浸害罪	20万円以下の罰金
	129条1項	過失往来危険罪	30万円以下の罰金
	152条	収得後知情行使罪、収得後知情交付罪	額面価格の3倍以下の罰金（その額面価格の3倍が30万円を超える場合を除く。）
	187条3項	富くじ授受罪	20万円以下の罰金、科料
	192条	変死者密葬罪	10万円以下の罰金、科料
	209条1項	過失傷害罪	30万円以下の罰金、科料
特別法　軽犯罪法	1条1～34号	建物等潜伏罪ほか	拘留又は科料
特別法　酒に酔つて公衆に迷惑をかける行為の防止等に関する法律	4条1項	著しく粗野又は乱暴な言動違反の罪	拘留又は科料
	5条2項	警察官の制止行為に従わない違反の罪	1万円以下の罰金

これらの犯罪を実行した被疑者を現行犯逮捕するためには、刑訴法第217条の要件がないとできない。

○　「犯人の住居若しくは氏名が明らかでない場合」とは

犯人の住居若しくは氏名のいずれか一方が明らかでない場合をいう。

○　通称しか分からない場合はどうなるか

氏名は必ずしも戸籍上のものであることは必要ではない。本人を特定できる通称等が明らかであれば、氏名が明らかでない場合には当たらない。

芸名「亀田亀子」
芸名でもよい

○　氏名等を言わない場合はどうか

被疑者が、住居・氏名について黙秘しているような場合、それだけで直ちに「犯人の住居若しくは氏名が明らかでない場合」に該当するとはいえないが、黙秘している上に所持品等からも住居・氏名が明らかにならない場合については、氏名が明らかでない場合に該当する。

氏名不詳に当たる

○　現行犯逮捕の制限における「逃亡するおそれ」の程度

現行犯逮捕の制限における「逃亡するおそれ」の程度については、勾留の要件の「逃亡すると疑うに足りる相当な理由があるとき」（刑訴法60条１項３号）よりは緩やかであると解されている。

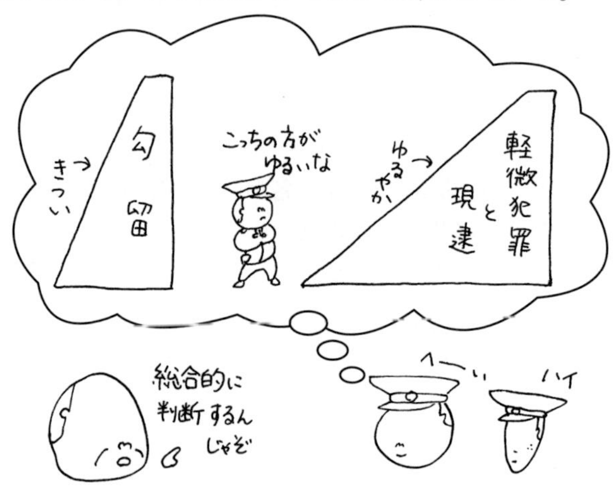

実務上、逃亡のおそれの認定に当たっては、犯罪の軽重、犯行の手段・方法、犯人の住居・年齢・職業・犯歴・言動、家族の有無等により、総合的に判断する必要がある。

○　逮捕後、被疑者の住居若しくは氏名が明らかになった場合

現行犯逮捕後、軽微犯罪の被疑者の住居と氏名が明らかになり、さらに逃亡のおそれがなくなった場合には、現行犯逮捕した被疑者を釈放しなければならない。

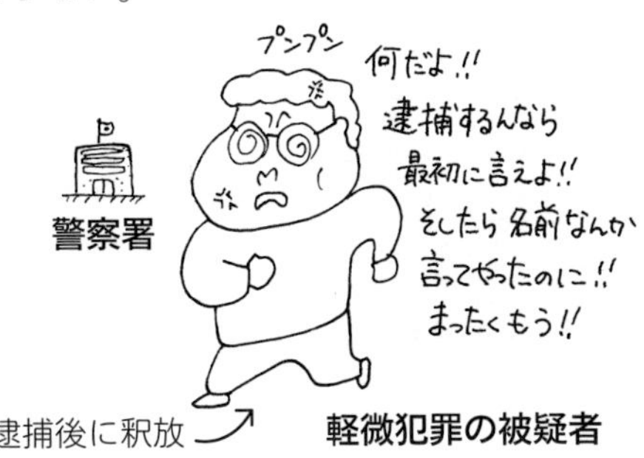

(4)　私人による現行犯逮捕

現行犯逮捕は、何人にも認められている（刑訴法213条）ので、私人でも現行犯逮捕ができる。私人の逮捕は義務ではなく、逮捕するかしないかは自由である。

しかし、金員要求の目的で逮捕するなど、不法な目的で逮捕したときは、刑訴法第213条にいう現行犯逮捕とはいえず、不法逮捕となる（仙台高判昭26．2．12）。

○　私人による現行犯逮捕の際の権限の有無

私人が現行犯逮捕したときは、直ちに検察官又は司法警察職員に犯人を引き渡すことが義務付けられている（刑訴法214条）。したがって、逮捕後に、犯人を取り調べることができないだけでなく、刑訴法第220条に規定された令状によらない差押え・捜索・検証も許されない。

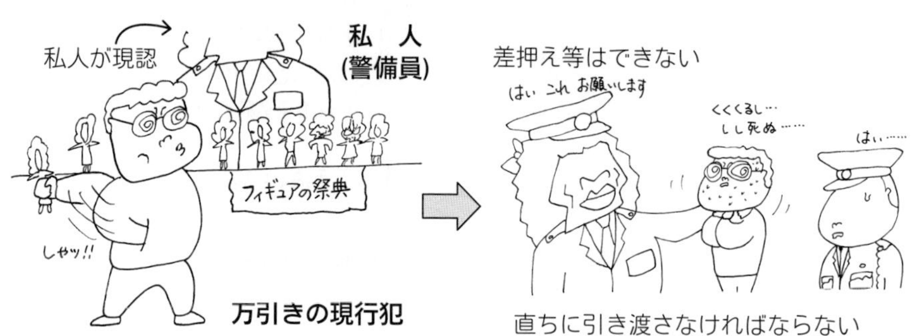

しかし、私人が現行犯逮捕する場合であっても、社会通念に照らして相当と認められる程度の実力行使は許される（最判昭50．４．３）。

また、警備員等が犯人から凶器を取りあげたり、万引き犯人から盗品を取りあげる行為は、違法な押収とはいえない。

これらの物については、犯人の引渡しを受けた警察官が、逮捕者から任意提出を受けて領置すればよい。

○　私人による現行犯逮捕の場合、引渡しを受けた警察官は令状によらない（逮捕の現場の）捜索・差押えができるのか

一般私人が逮捕した現行犯人の引渡しを受けた警察官は、自ら逮捕行為を行ったわけではないから、いかに時間的・場所的に接着していても、逮捕の現場における捜索・差押えはできない。ただし、警職法第2条第4項に基づく「凶器の捜検」はできる。

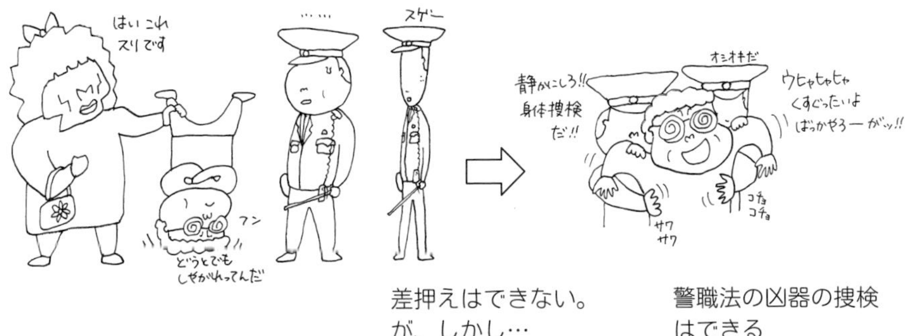

差押えはできない。
が、しかし…

警職法の凶器の捜検
はできる

○　私人が逮捕の要件の備わらない軽微犯罪者を逮捕した場合どうなるのか

刑訴法第217条の軽微犯罪に関する規定は、同法第213条の規定に基づいて私人による逮捕にも適用される。そのため、理論的には、私人が、刑訴法第217条の制限を知らないで逮捕した場合には、刑法第38条第3項の適用を受け、不法逮捕の責任は免れない。

軽犯罪法の被疑者

被逮捕者の住居・氏名を知っている

しかし、実際には、軽微犯罪の犯人を、私人が犯人の住居・氏名を知っていながら現行犯逮捕することはほとんどない。

現実に考えられるケースとしては、軽犯罪法第1条第2号（凶器携帯）違反の犯人が突然逃げ出したような事例であるが、このような場合に、逮

捕者である私人が刑訴法第217条の規定を知らなかったとしても、状況からみて犯人の住居・氏名は不明であるし、しかも犯人が逃走したのであるから、私人であっても軽微犯罪の現行犯人を逮捕することができると解される。

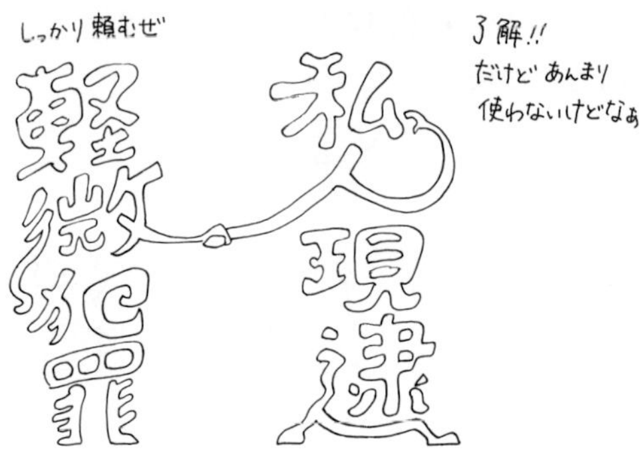

○　私人が軽微犯罪の被疑者を現行犯逮捕した後、氏名等が明らかになった場合の措置

軽微犯罪を犯し、私人に現行犯逮捕された時点では住居・氏名を黙秘していたが、交番で司法巡査に引き渡された後、その司法巡査に住居・氏名を明らかにし、かつ、逃亡のおそれがないと認める場合であっても、交番において釈放することなく、司法警察員に引致しなければならない。

軽微犯罪の被疑者として逮捕した後、住居・氏名を明らかにした

その理由は、司法巡査が現行犯人を受け取ったときは、速やかにこれを司法警察員に引致しなければならないと定めた（刑訴法215条）のは、より専門的な知識を有する司法警察員に身柄措置の判断をさせようとする趣旨に基づいているからである。

したがって、明らかな誤認逮捕（別人を逮捕）の場合は別であるが、現行犯逮捕の要件等の判断が必要な場合には、刑訴法の規定どおり、速やかに司法警察員に引致しなければならない。

引致後に釈放する

なお、私人による明らかな誤認逮捕の場合には、電話等で捜査幹部の指揮を受けたのち、交番において釈放の手続をとることが妥当である。

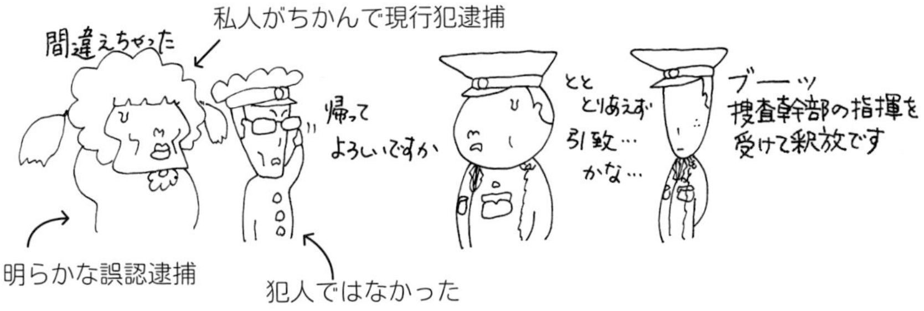

○　特別司法警察職員が権限外の犯罪について現行犯逮捕する場合

特別司法警察職員が権限外の犯罪（特別司法警察職員に与えられている犯罪捜査権の及ばない犯罪等）については、私人として現行犯逮捕することになる。

例えば、税関職員・税務署職員・国税査察官・入国警備官・公正取引委員会職員等は、それぞれ特定の法令違反の事実について捜査権が与えられているが、その他の犯罪の現行犯逮捕は私人の立場で行うことになる。

国税査察官が、たまたま路上で現認した傷害事件の被疑者を現逮するときは、一般私人として現逮することになる

4　再逮捕

(1)　逮捕状による再逮捕の可否

一つの犯罪事実について１人の被疑者を逮捕することができるのは、原則として１回（一罪一逮捕の原則）である。

同一の犯罪事実について、被疑者を再度逮捕することは、人権の尊重の観点からなるべく避けるべきである。

しかし、刑訴法は再逮捕を禁じておらず、２回以上逮捕することも、逮捕権の濫用にわたらない限り許される。

通常逮捕　　釈放　　同一事実で再逮捕

可能である。ただし、特別の事情が必要

(2)　一罪一逮捕の例外

逮捕後に釈放した被疑者を、同一の被疑事実で再逮捕するには、次のような特別の事情がない限り許されない。

○　逮捕後、被疑者が逃走

逮捕後に被疑者が逃走し、その被疑者を再逮捕する必要がある場合

逮捕後に逃走

○　**逃亡・証拠隠滅のおそれ**

逮捕後、被疑者に証拠隠滅又は逃走のおそれがないと判断し、勾留請求することなく釈放し、その後、逃亡・証拠隠滅のおそれが生じた場合

○　**新たな証拠の発見**

証拠不十分のため釈放せざるを得なかったところ、後になって有力な証拠が発見され、かつ、被疑者が逃亡・証拠隠滅をするおそれがあり、任意捜査では捜査の目的を遂げることができない場合

○　**逮捕行為に瑕疵（かし）があった場合**

通常逮捕すべき被疑者を緊急逮捕した場合のように、逮捕の実質的要件は具備されていたが、逮捕手続の種類の選択を誤ったため、被疑者をいったん釈放した上で、適法な通常逮捕の手続により再逮捕するような場合

再逮捕できない場合

例えば、犯罪の嫌疑が極めて薄いのに逮捕したとか、やむを得ない理由がないのに制限時間を遵守しなかった場合には、再逮捕を許すべきではないという見解がある。

第4章

逮捕後の手続

いいんじゃない♡
ボクもごはん食べようかな
ケッ
ダメです
刑事は食わねど高楊枝
逮捕したの？
引致かあ…
ラーメン食べてからでいいかなぁ…
のびちゃうから…
早く金を払え
私は忙しい
このあと地球防衛の仕事が入っているのだ
アルバイト
研修生
珍珍

◇　基本となる条文
刑事訴訟法

〔検察官・司法警察員への引致〕

第202条　検察事務官又は司法巡査が逮捕状により被疑者を逮捕したときは、直ちに、検察事務官はこれを検察官に、司法巡査はこれを司法警察員に引致しなければならない。

〔司法警察員の手続、検察官送致の時間の制限〕

第203条　司法警察員は、逮捕状により被疑者を逮捕したとき、又は逮捕状により逮捕された被疑者を受け取つたときは、直ちに犯罪事実の要旨及び弁護人を選任することができる旨を告げた上、弁解の機会を与え、留置の必要がないと思料するときは直ちにこれを釈放し、留置の必要があると思料するときは被疑者が身体を拘束された時から48時間以内に書類及び証拠物とともにこれを検察官に送致する手続をしなければならない。

② 前項の場合において、被疑者に弁護人の有無を尋ね、弁護人があるときは、弁護人を選任することができる旨は、これを告げることを要しない。

③ 司法警察員は、第１項の規定により弁護人を選任することができる旨を告げるに当たつては、被疑者に対し、弁護士、弁護士法人又は弁護士会を指定して弁護人の選任を申し出ることができる旨及びその申出先を教示しなければならない。

④ 司法警察員は、第１項の規定により弁護人を選任することができる旨を告げるに当たつては、被疑者に対し、引き続き勾留を請求された場合において貧困その他の事由により自ら弁護人を選任することができないときは裁判官に対して弁護人の選任を請求することができる旨並びに裁判官に対して弁護人の選任を請求するには資力申告書を提出しなければならない旨及びその資力が基準額以上であるときは、あらかじめ、弁護士会（第37条の３第２項の規定により第31条の２第１項の申出をすべき弁護士会をいう。）に弁護人の選任の申出をしていなければならない旨を教示しなければならない。

⑤ 第１項の時間の制限内に送致の手続をしないときは、直ちに被疑者を釈放しなければならない。

〔検察官の手続、勾留請求の時間の制限〕

第204条　検察官は、逮捕状により被疑者を逮捕したとき、又は逮捕状により逮捕された被疑者（前条の規定により送致された被疑者を除く。）を受け取つたときは、直ちに犯罪事実の要旨及び弁護人を選任することができる旨を告げた上、弁解の機会を与え、留置の必要がないと思料するときは直ちにこれを釈放し、留置の必要があると思料するときは被疑者が身体を拘束された時から48時間以内に裁判官に被疑者の勾留を請求しなければならない。但し、その時間の制限内に公訴を提起したときは、勾留の請求をすることを要しない。

② 検察官は、前項の規定により弁護人を選任することができる旨を告げるに当たつては、被疑者に対し、弁護士、弁護士法人又は弁護士会を指定して弁護人の選任を申し出ることができる旨及びその申出先を教示しなければならない。

③　検察官は、第1項の規定により弁護人を選任することができる旨を告げるに当たつては、被疑者に対し、引き続き勾留を請求された場合において貧困その他の事由により自ら弁護人を選任することができないときは裁判官に対して弁護人の選任を請求することができる旨並びに裁判官に対して弁護人の選任を請求するには資力申告書を提出しなければならない旨及びその資力が基準額以上であるときは、あらかじめ、弁護士会（第37条の3第2項の規定により第31条の2第1項の申出をすべき弁護士会をいう。）に弁護人の選任の申出をしていなければならない旨を教示しなければならない。
④　第1項の時間の制限内に勾留の請求又は公訴の提起をしないときは、直ちに被疑者を釈放しなければならない。
⑤　前条第2項の規定は、第1項の場合にこれを準用する。

〔司法警察員から送致を受けた検察官の手続・勾留請求の時間の制限〕
第205条　検察官は、第203条の規定により送致された被疑者を受け取つたときは、弁解の機会を与え、留置の必要がないと思料するときは直ちにこれを釈放し、留置の必要があると思料するときは被疑者を受け取つた時から24時間以内に裁判官に被疑者の勾留を請求しなければならない。
②　前項の時間の制限は、被疑者が身体を拘束された時から72時間を超えることができない。
③　前2項の時間の制限内に公訴を提起したときは、勾留の請求をすることを要しない。
④　第1項及び第2項の時間の制限内に勾留の請求又は公訴の提起をしないときは、直ちに被疑者を釈放しなければならない。

〔制限時間の不遵守と免責〕
第206条　検察官又は司法警察員がやむを得ない事情によつて前3条の時間の制限に従うことができなかつたときは、検察官は、裁判官にその事由を疎明して、被疑者の勾留を請求することができる。
②　前項の請求を受けた裁判官は、その遅延がやむを得ない事由に基く正当なものであると認める場合でなければ、勾留状を発することができない。

1　引致とは

(1)　意義

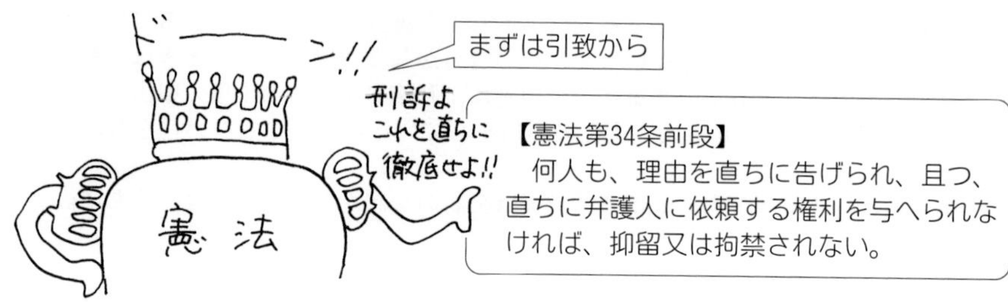

司法巡査が逮捕状により被疑者を逮捕したときは、直ちに、これを司法警察員に引致しなければならない（刑訴法202条）。

司法警察員は、

・　逮捕状により被疑者を逮捕した
・　逮捕状により逮捕された被疑者を受け取つた

場合には、直ちに

・　犯罪事実の要旨
・　弁護人を選任することができる旨

を告げた上、

・　弁解の機会を与え
・　留置の必要がないと思料するときは直ちにこれを釈放し
・　留置の必要があると思料するときは被疑者が身体を拘束された時から48時間以内に書類及び証拠物とともにこれを検察官に送致する手続をしなければならない（刑訴法203条１項）。

○　刑訴法が規定する逮捕後の手続

刑訴法第202条、第203条に定める逮捕後の手続は、逮捕状による逮捕（通常逮捕（刑訴法199条））の規定であるが、緊急逮捕と現行犯逮捕にも準用（刑訴法211条、216条）されている。

また、私人の現行犯逮捕については、直ちに司法警察職員に引き渡さなければならず（刑訴法214条）、引渡しを受けた司法巡査は、速やかにこれを司法警察員に引致しなければならない（刑訴法215条）と定められている。

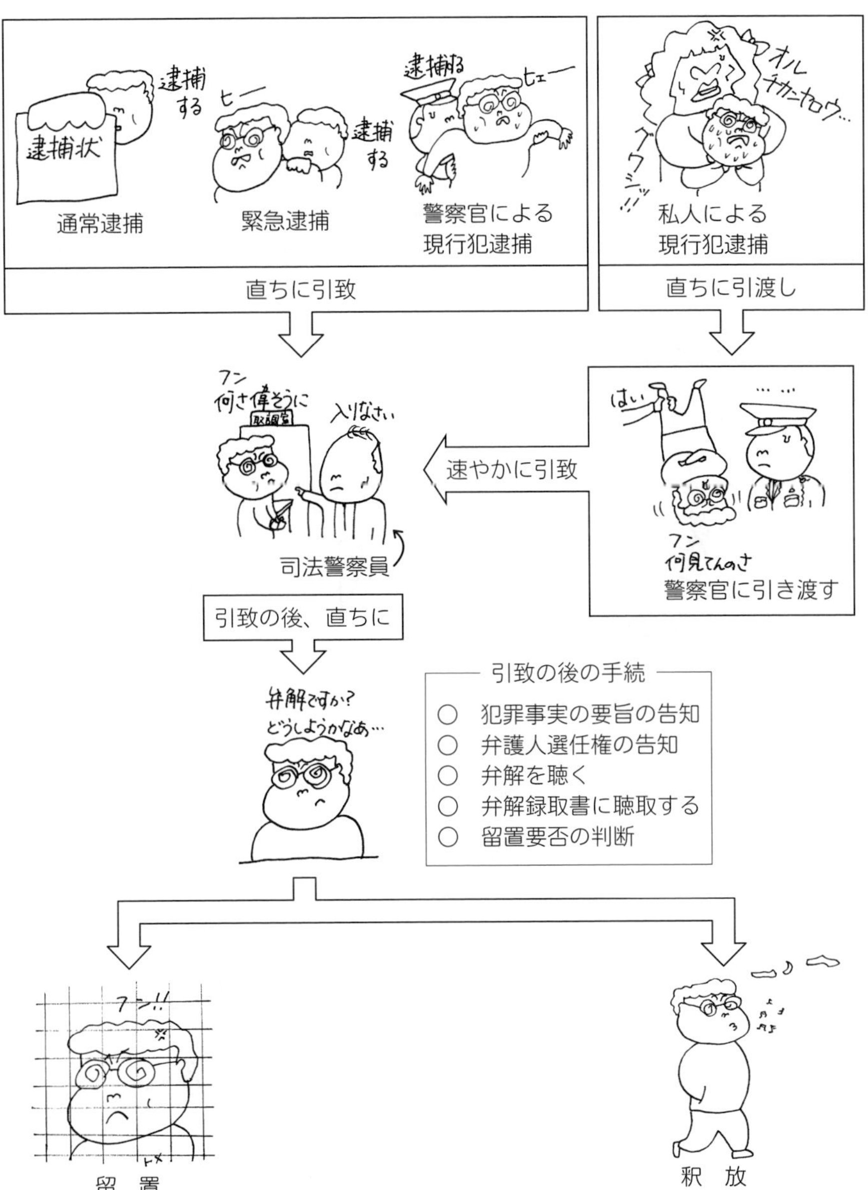
逮捕状
逮捕する
通常逮捕
ヒー
逮捕する
緊急逮捕
逮捕する
ヒェー
警察官による
現行犯逮捕
オル
グググッ!!
私人による
現行犯逮捕
直ちに引致
直ちに引渡し
フン
何さ偉そうに
取調室
入りなさい
司法警察員
速やかに引致
はい
フン
何見てんのさ
警察官に引き渡す
引致の後、直ちに
弁解ですか？
どうしようかなあ…
引致の後の手続
○　犯罪事実の要旨の告知
○　弁護人選任権の告知
○　弁解を聴く
○　弁解録取書に聴取する
○　留置要否の判断
留　置
釈　放

○　そもそも引致とは何か

引致とは、司法巡査が被逮捕者を司法警察員のもとに連行することである。

刑訴法は、司法巡査に被疑者を逮捕する権限や私人から被逮捕者の引渡しを受ける権限を与えているが、被逮捕者の身柄拘束を継続するか釈放するかを決定する権限は与えていないので、権限を有する司法警察員のもとに連行し、刑訴法第203条所定の措置をとらせることで、不必要な身柄拘束を防止し、被逮捕者の人権を保障しようとするものである。

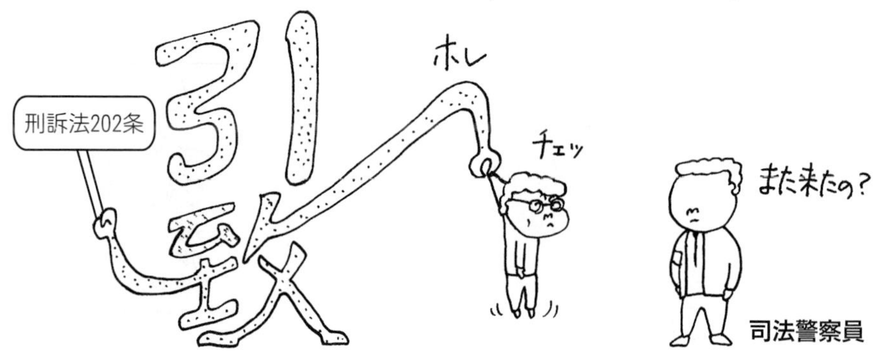

○　引致する場所はどこが適切か

引致は、司法警察員に連行するという目的だけでなく、被疑者の防御権の行使が確実に履行できる場所に連行するという目的もある。

よって、逮捕後の引致は、被逮捕者の身柄拘束を継続するか釈放するかを決定する権限を有し、かつ、被疑者の防御権行使が確実に履行できる警察署又は警察本部の司法警察員のもとに連行することが妥当である。

引致場所としてふさわしい例

ワンポイント

〈逮捕状に引致場所を記載する理由〉

逮捕状に引致すべき場所を記載する目的は、引致場所を特定することによって被疑者の所在を明確にするとともに、その場所において、被疑者の防御権行使の手続を保障するためである。

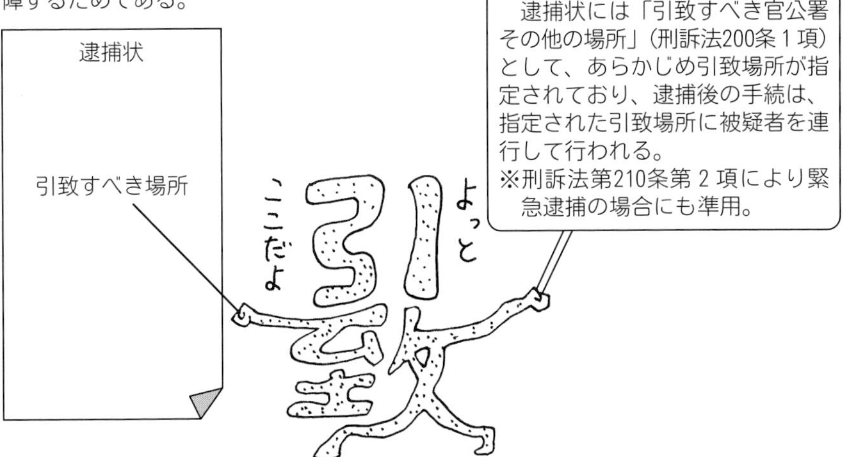

ただし、犯捜規第124条は、「逮捕状の発付を受けた後、逮捕前において、引致場所を変更する必要が生じたときは、当該逮捕状を請求した警察官が、当該逮捕状を発付した裁判官に対し、書面（引致場所変更請求書）により、変更を請求するものとする。」と定め、通常逮捕の前に限り、引致場所を変更できるとしている。

○　引致先の司法警察員は誰がいいのか

引致の目的が、被逮捕者の身柄拘束を継続するか釈放するかを決定する者の下に連行することにある以上、適切な判断ができる事件主管課の司法警察員に引致する必要がある。

また、この原則は、司法警察員が逮捕した場合についても適用される。例えば、地域課の司法警察員が被疑者を逮捕した場合、事件をより適切に処理できる事件主管課の司法警察員に引致すべきであると解されている。

なお、逮捕者が、当該事件捜査に従事している司法警察員であった場合は、被疑者の身柄拘束を継続するか釈放するかを決定するための引致は必要ではないが、弁解録取書の作成の手続は、逮捕状に記載された「引致すべき官公署その他の場所」において行われるのが妥当であるから、適切な場所への引致は必要である。

実務上は、逮捕した司法警察員よりも、さらに適切に判断をすることができる司法警察員（上級の司法警察員等）に引致している。

実務上の引致のパターン

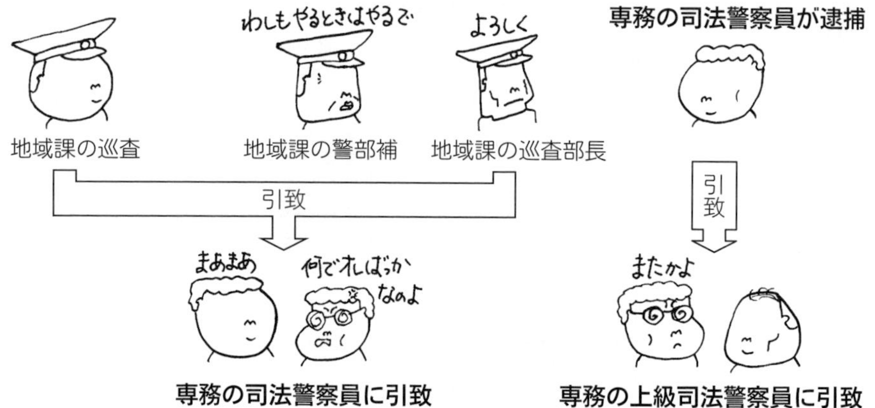

(2)　「直ちに……引致しなければならない」の「直ちに」とは

警察官が被疑者を逮捕した場合、直ちに引致しなければならない。この場合の「直ちに」とは、何分以内、あるいは何時間以内と決めることはできないが、被逮捕者を引致場所に連行するために必要な最小限度の時間であると解されている。

○　引致が遅れるとどうなるのか

引致が不当に遅れた場合には、犯罪事実の要旨の告知、弁護人選任権の告知（憲法34条、刑訴法203条）、弁解の機会の付与（刑訴法203条）が侵害されたとして違法となる。

引致が遅れて違法とされた事例

判例では、司法巡査が逮捕後、11時間15分後にようやく司法警察員に引致したことに、重大な違法があるとされ、勾留請求が却下された例がある（大阪地決昭58．6．28。夜間逮捕した時点で逮捕地を管轄する警察署に引致できたのに、あえて翌朝まで待ち、指名手配をした警察署に引致した事案）。

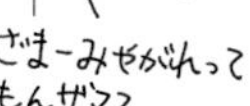

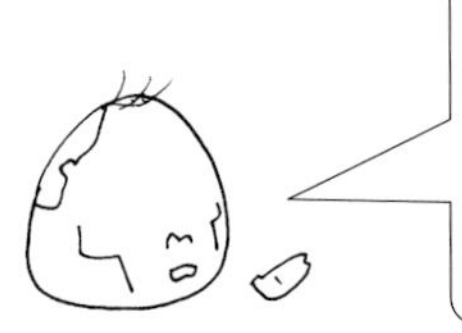

もっとも、法は不可能を強いるものではないから、指名手配事件の被疑者を遠隔地で逮捕した場合や、被逮捕者が病気や泥酔等により保護や治療を要するような場合、交通が渋滞した場合など、やむを得ない事情によって引致が遅れた場合は当然に違法というわけではない。その場合には、遅延したことの合理的な理由を逮捕手続書に記載すれば足りる。

○ 私人が逮捕した場合の「直ちに」の意味

私人が現行犯逮捕した場合、刑訴法第214条は「直ちにこれを、地方検察庁又は区検察庁の検察官又は司法警察職員に引き渡さなければならない。」と定めている。

この場合の「直ちに」とは、私人が被逮捕者の身体を拘束した後、警察官等に引き渡すために必要な時間以上に拘束を継続してはならないという意味である。

私人には、現行犯逮捕した被疑者を取り調べたりする権限はないので、私人による取調べ等によって警察官等への引渡しが遅延することは許されない。

したがって、私人が現行犯逮捕した被疑者を直ちに警察官等に引き渡すことなく、正当な理由がないまま拘束を継続した場合には、監禁罪（刑法220条）を構成することもある。

○　「速やかに司法警察員に引致しなければならない」の「速やか」とは

刑訴法第215条第1項は、「司法巡査は、私人が現行犯逮捕した現行犯人を受け取つたときは、速やかにこれを司法警察員に引致しなければならない。」と定め、さらに、同条第2項は、「司法巡査は、犯人を受け取つた場合には、逮捕者の氏名、住居及び逮捕の事由を聴き取らなければならない。」と定めている。

この場合の「速やかに」とは、警察官が逮捕した場合の「直ちに」よりは緩やかな概念である。

第2項の手続中

刑訴法第215条第1項が「直ちに」ではなく「速やかに」と定めた趣旨は、人定の聴取等、第2項の手続にかかる時間を考慮したためである。

なお、刑訴法第215条は、司法巡査が現行犯人を受け取ったときについて定めているが、司法警察員が現行犯人を受け取ったときも同様の手続をとるべきであり、第2項の手続をとった上で速やかに事件主管課の司法警察員に引致すべきである。

私人が逮捕した現行犯人を警察官が受け取った後に、被疑者を交番等で長時間にわたって取り調べることはできない。また、警察官が逮捕していないので、令状によらない捜索・差押え・検証もできない。

○　逮捕した警察官が負傷等して引致できない場合

被疑者を引致（連行）する者は、原則として、逮捕した警察官かあるいは私人から現行犯人を受け取った警察官である。

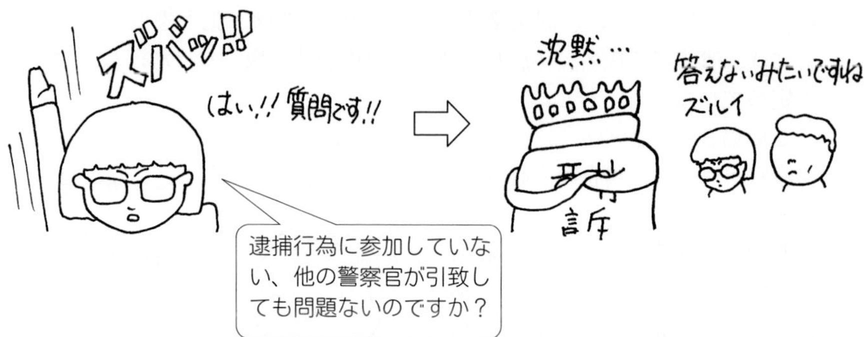

ただし、被疑者を逮捕した警察官が、逮捕時に重傷を負った場合等、逮捕した警察官が引致（連行）できないときがある。刑訴法はこのような場合について何ら定めていないが、法は不可能を強いるものではないから、逮捕者から被逮捕者を受け取った警察官が逮捕警察官に代わって引致すればよい。

くどいようだけど
引致について、もう少しだけ掘り下げてみよう!!! コーナー

○　他の都道府県で被疑者を通常逮捕した場合は、どこに引致するのか？

東京で指名手配された被疑者を ⇨ 他県等で逮捕 ⇨ さぁ、どうする！

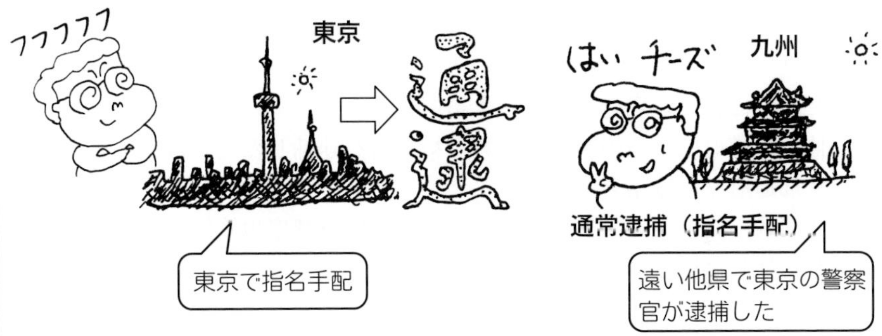

そもそも引致とは、逮捕された被疑者の身柄拘束を継続するか釈放するかを判断する権限と能力を有し、かつ、被疑者の防御権行使の手続が確実に履行できる適切な官公署等に現在する司法警察員のもとに、逮捕者が連行することをいう。

この趣旨からすると、当該逮捕事件の捜査を行っていない警察署の司法警察員に引致しても、その司法警察員に身柄拘束を継続するか釈放するかを適切に判断できるとは考えられない。

⇨

ここに引致は無理がある

他県の司法警察員

したがって、この場合にとるべき措置は、

- 他の都道府県から指名手配された被疑者を逮捕した場合は、指名手配をした都道府県の警察署に引致する
- 逮捕状の発付を得て捜査中に、他の都道府県警察の管轄区域において犯人を逮捕した場合は、自署に引致する

となる。

東京に連行して引致する。

○　緊急逮捕の場合の引致先

警察官が、管内において被疑者を緊急逮捕した場合は、原則として、警察官が所属する警察署等に引致する。

ただし、事件発生署であるＡ署が事件を認知して捜査を進めていたところ、事件発生署ではないＢ署の警察官が当該被疑者を緊急逮捕した場合、Ａ署の司法警察員の方がＢ署の司法警察員より適切に判断できる場合には、Ａ署に引致することもできる。

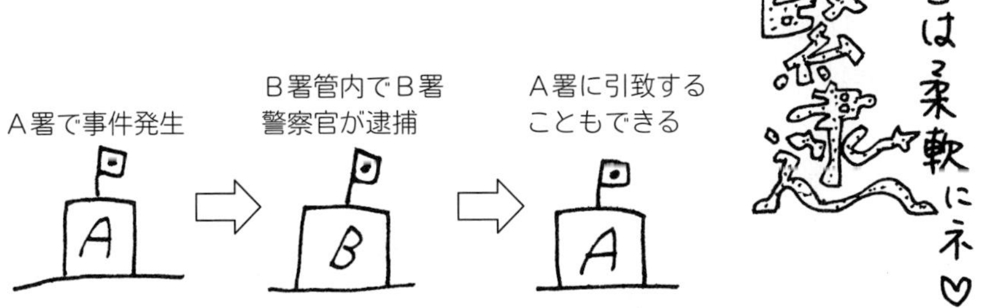

○　Ａ署管内発生の事件について、Ａ署の警察官が他の都道府県警察のＢ署管内で被疑者を発見して緊急逮捕した場合はどうか

逮捕場所のＢ署がＡ署に近く、引致に時間がかからず、Ａ署に引致した後に令状請求の手続をしても支障がないのであれば、Ａ署に引致してもよい。

しかし、逮捕場所のＢ署とＡ署の距離が遠く、引致に相当の時間がかかり、「直ちに裁判官の逮捕状を求める手続をしなければならない。」と定める刑訴法第210条に違反するような場合については、逮捕地を管轄するＢ署に連行してＢ署の司法警察員に引致し、Ｂ署の司法警察員が令状請求をして（犯捜規120条１項）緊急逮捕状の発付を得た後、被疑者の身柄ごとＢ署からＡ署に事件を引き継ぐことも可能である。

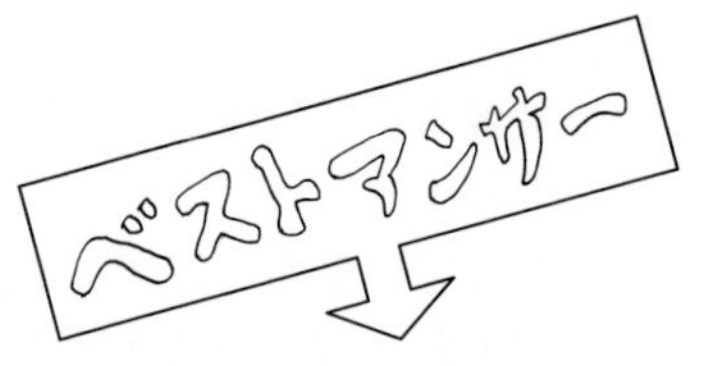

実務上はこうしている

しかし、引致の趣旨に照らし、Ｂ署の司法警察員がＡ署の司法警察員より被疑者の身柄拘束を継続するかどうかを適切に判断できる場合は極めて少ない。したがって、実務上は、Ｂ署に連行の上、Ｂ署においてＡ署の司法警察員（あるいは逮捕警察官）が最寄りの下級裁判所に緊急逮捕状の請求を行い、逮捕状の発付を待ってＡ署に引致する方法が一般的にとられている。

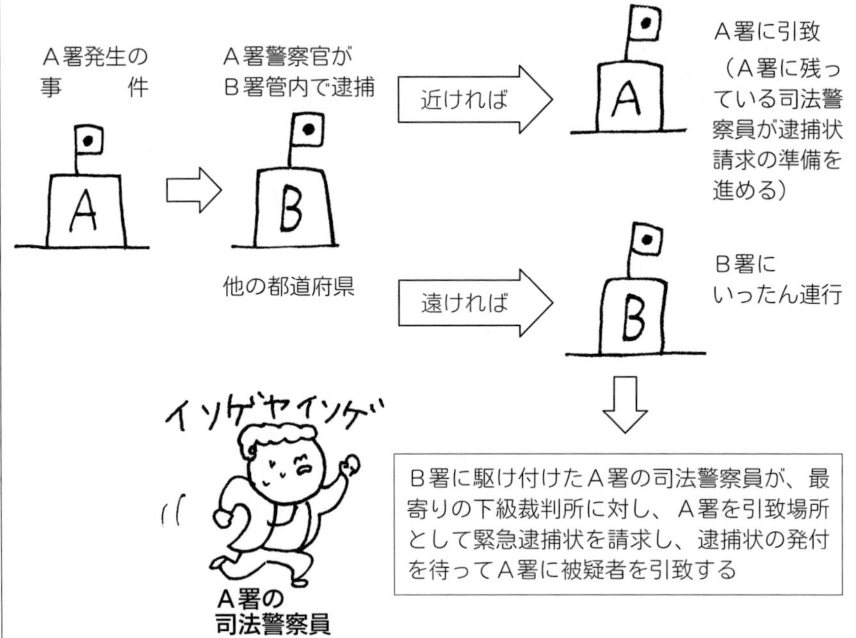

○　**現行犯逮捕の引致先**

現行犯逮捕の場合、原則として、逮捕警察官が所属する警察署に引致する。

例えば、Ａ署の警察官が、同じ都道府県内のＢ署管内において被疑者を現行犯逮捕した場合は、原則としてＡ署の司法警察員に引致する。

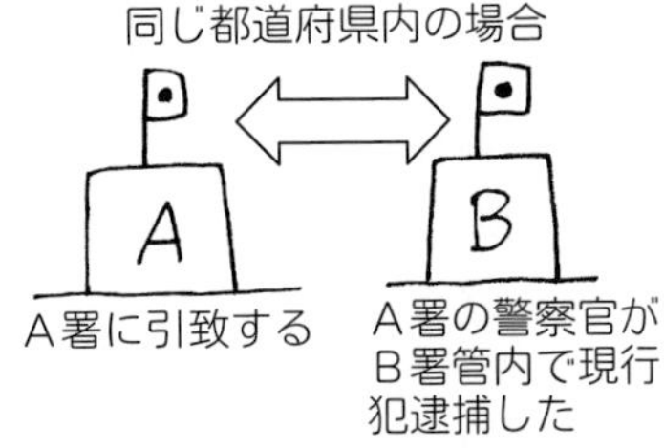

○　**引致先の例外**

Ｂ署管内において重大事件が発生したことから緊急配備が発令となり、配備中に隣接したＡ署の警察官がＡ署の管内で当該被疑者を現行犯逮捕した場合は、例外的にＢ署に引致することとなる。

○　**電車等の移動区間内で現行犯逮捕した場合の引致先**

電車内の痴漢事件等において、管轄外で発生し、私人が逮捕した現行犯人の引渡しを受ける場合がある。

このような場合は、引致及び送致までの時間的制約等の観点から、引渡しを受けた警察官が所属する警察署の司法警察員に引致すべきである。

ただし、発生署において既に捜査が始まっているような場合は、引致の趣旨に照らし、発生署に引致することになる。

○　A県の警察官がB県において現行犯逮捕した場合の引致先

犯捜規第270条が「警察官は、他の都道府県警察の管轄区域において現行犯人を逮捕したときは、原則として、逮捕地を管轄する都道府県警察に引き渡さなければならない。」と定めていることから、原則として逮捕地を管轄する都道府県警察の警察署に引致すべきである。

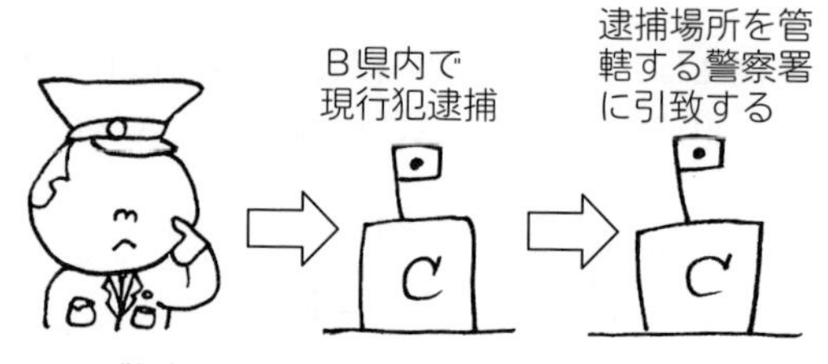

○　司法巡査が引致前に釈放するケースはあるか

司法巡査が自らの判断で被疑者を釈放することは原則として許されない。

ただし、通常逮捕、緊急逮捕、現行犯逮捕を問わず、明らかな誤認逮捕であった場合には、引致する前に司法巡査が被疑者を釈放することができると解される。この場合、実務上は、司法警察員の指揮を受けた上で釈放すべきである。

なお、私人が軽微犯罪の被疑者を現行犯逮捕した場合において、逮捕時には氏名等を黙秘していたが、司法巡査が引渡しを受けた後に氏名等が判明し、かつ、逃亡のおそれも認められない場合は、その場で釈放することなく速やかに司法警察員に引致し、引致後に釈放の手続をとることになる（第3章逮捕 p. 134参照）。

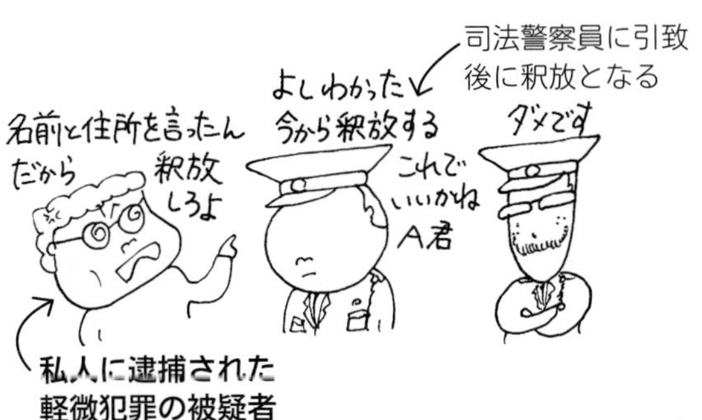

2　引致後の手続

(1)　意義

【憲法第34条前段】
何人も、理由を直ちに告げられ、且つ、直ちに弁護人に依頼する権利を与へられなければ、抑留又は拘禁されない。

【刑訴法第203条第１項】
司法警察員は、逮捕状により被疑者を逮捕したとき、又は逮捕状により逮捕された被疑者を受け取つたときは、直ちに犯罪事実の要旨及び弁護人を選任することができる旨を告げた上、弁解の機会を与え、留置の必要がないと思料するときは直ちにこれを釈放し、留置の必要があると思料するときは被疑者が身体を拘束された時から48時間以内に書類及び証拠物とともにこれを検察官に送致する手続をしなければならない。

緊急逮捕と現行犯逮捕に準用

条文を整理して、引致後の手続をイメージしてみよう!!!

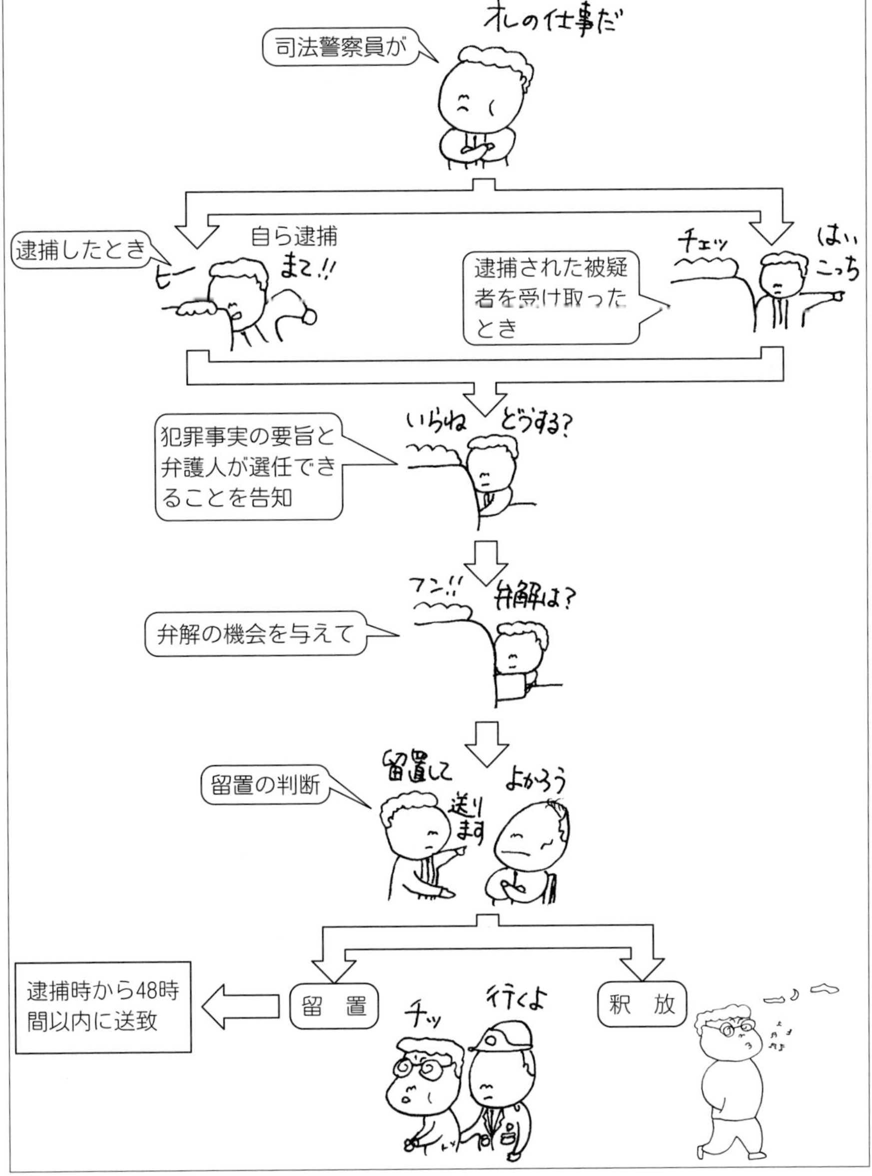

オレの仕事だ

司法警察員が

逮捕したとき

自ら逮捕

まて!!

ヒー

チェッ

はい こっち

逮捕された被疑者を受け取ったとき

いらね

どうする?

犯罪事実の要旨と弁護人が選任できることを告知

フン!!

弁解は?

弁解の機会を与えて

留置して

送ります

よかろう

留置の判断

留置

釈　放

逮捕時から48時間以内に送致

チッ

行くよ

(2) 犯罪事実の告知

告知する内容は犯罪の要旨であるから、罪名を告げただけでは足りない。逮捕の種別で整理すると、

- 通常逮捕の場合……通常逮捕状記載の「被疑事実の要旨」
- 緊急逮捕の場合……緊急逮捕手続書の「被疑事実の要旨」欄に記載する内容の要旨
- 現行犯逮捕の場合……現行犯人逮捕手続書の「現行犯人と認めた理由及び事実の要旨」欄に記載する内容の要旨

を告知すればよい。

(3) 弁護人選任権の告知

「弁護人選任権の告知」とは、被逮捕者に弁護人を選任する権利があることを告げることである。

この場合、進んで当番弁護士制度について教示したり、弁護士会の会員名簿を閲覧させる必要はないが、被逮捕者が望むのであれば、これに応ずるべきである。

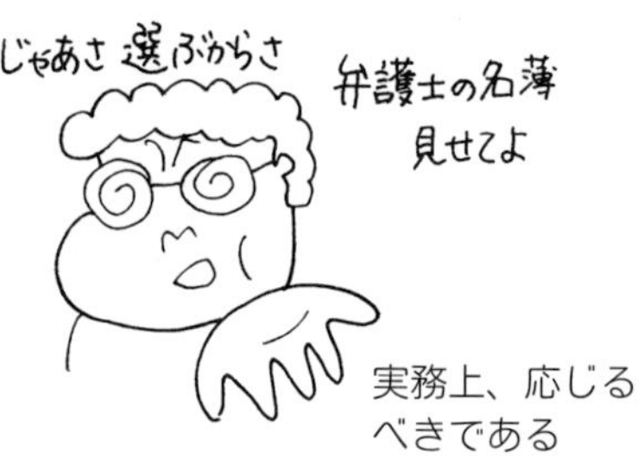

実務上、応じるべきである

また、弁護人の選任に当たっては、警察官から特定の弁護人を示唆したり、推薦してはならない（犯捜規133条３項）。

ア　弁護人選任の教示に関する規定

○　犯捜規第130条第１項

【犯捜規第130条第１項】
　司法警察員は、被疑者を逮捕し、又は逮捕された被疑者を受け取つたときは、直ちにその者について次に掲げる処置をとつた後、被疑者の留置の要否又は釈放について、警察本部長又は警察署長の指揮を受けなければならない。
⑴　犯罪事実の要旨を告げること。
⑵　弁護人を選任できる旨を告げること。
⑶　前号に掲げる処置をとるに当たつて、弁護士、弁護士法人（弁護士・外国法事務弁護士共同法人を含む。第132条において同じ。）又は弁護士会を指定して弁護人の選任を申し出ることができる旨及びその申出先を教示すること。
⑷　弁解の機会を与え、その結果を弁解録取書に記載すること。

告知のイメージ

刑事訴訟法改正

○　刑訴法第203条第３項

　犯捜規の改正を受けた平成28年６月３日公布の刑訴法の改正により、第203条第３項が追加され、「司法警察員は、第１項の規定により弁護人を選任することができる旨を告げるに当たつては、被疑者に対し、弁護士、弁護士法人又は弁護士会を指定して弁護人の選任を申し出ることができる旨及びその申出先を教示しなければならない。」と、刑訴法上に具体的な告知の内容・方法が定められた（平成28年12月１日施行）。

イ　すでに弁護人がいる場合は、告知するのか

刑訴法第203条第２項は、「前項の場合において、被疑者に弁護人の有無を尋ね、弁護人があるときは、弁護人を選任することができる旨を告げることを要しない。」と定めている。

この「弁護人がある」場合の弁護人とは、被逮捕者が自ら選任した弁護人だけでなく、いわゆる独立弁護人選任権者（刑訴法30条２項、被逮捕者の法定代理人、保佐人、配偶者、直系の親族及び兄弟姉妹）が選任した者でもよい。

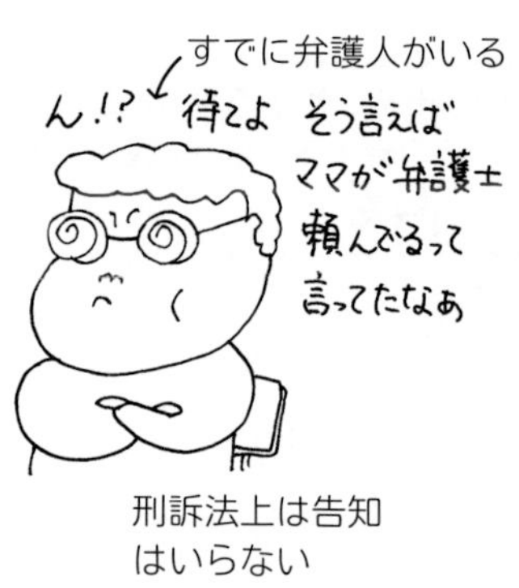

刑訴法上は告知
はいらない

ウ　弁護人を選任しているかどうか分からない場合

独立弁護人選任権者が選任した弁護人の存在について、被逮捕者が「よく分からない」などと答えたときは、弁護人選任権を告知すべきである。

告知する

エ　弁解録取の際の接見申出に対する対応

「取調べの適正を確保するための逮捕・勾留中の被疑者と弁護人等との間の接見に対する一層の配慮について」（平成31年３月26日警察庁丙刑発第62号）に基づき、平成31年９月１日から、「弁解録取の際に、弁護人等との接見に関し、取調べ中において弁護人等と接見したい旨の申出があれば、直ちにその申出があった旨を弁護人等に連絡する旨を告知すること」となった。

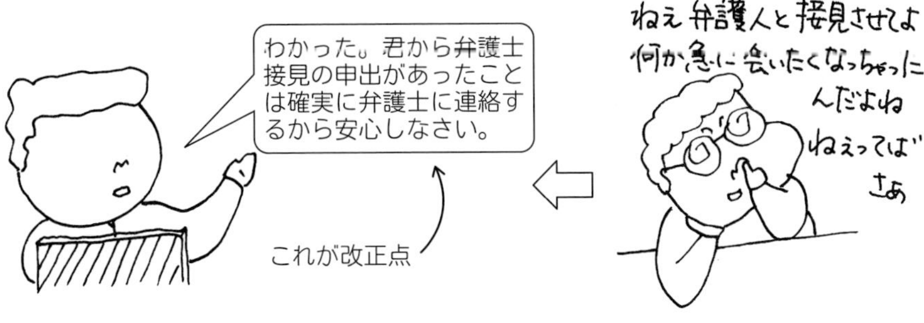

オ　被疑者段階の国選弁護制度

刑訴法第203条第４項

司法警察員は、第１項の規定により弁護人を選任することができる旨を告げるに当たつては、被疑者に対し、**「引き続き勾留を請求された場合において貧困その他の事由により自ら弁護人を選任することができないときは裁判官に対して弁護人の選任を請求することができる旨並びに裁判官に対して弁護人の選任を請求するには資力申告書を提出しなければならない旨及びその資力が基準額以上であるときは、あらかじめ、弁護士会に弁護人の選任の申出をしていなければならない旨」**を教示しなければならない。

刑訴法第203条第４項は、「刑事訴訟法等の一部を改正する法律」（平成16年法律第62号、18年10月２日施行）によって加わったものである。平成16年の法改正により、それまで被告人しか依頼できなかった国選弁護人を、一定の犯罪（刑訴法37条の２第１項）・貧困・勾留中の被疑者も依頼できるようになった。

さらに今回、平成28年改正法（平成30年６月１日施行）により、被疑者段階の国選弁護制度の対象事件について、一定の犯罪（刑訴法37条の２第１項）の条件がはずされ、勾留状が発せられている全事件に国選弁護制度が適用（拡大）されることになった。

平成30年５月31日まで

被疑者が弁護人を頼む場合、原則として私選弁護人（自分で弁護士費用を払う）を頼むことになる。ただし、被疑者が「死刑又は無期若しくは長期３年を超える懲役若しくは禁錮により勾留状が発せられた者」で、「貧困等により弁護人を選任できないとき」は、本人の請求により、国選弁護人を選任できた（刑訴法37条の２第１項）。

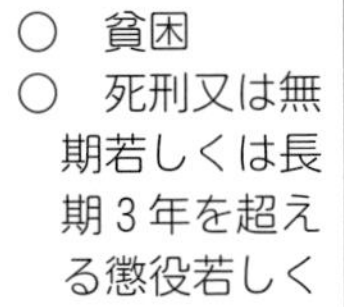

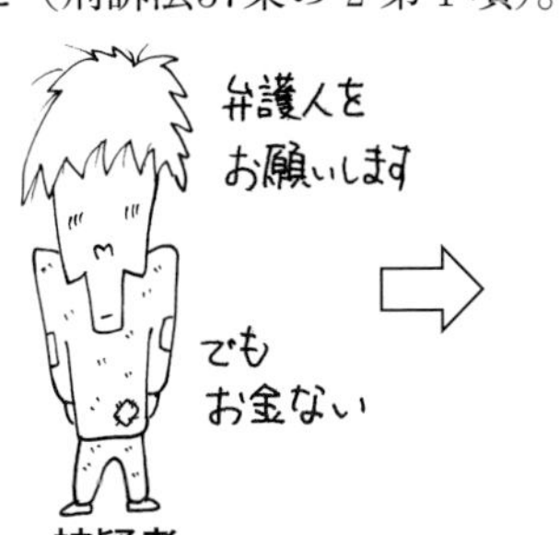

被疑者

お任せを!!
お金は国費だから
大丈夫♡

国選弁護人の場合、被疑者は弁護士費用を払わなくてもよい。

国選弁護人

これまでは、逮捕された被疑者に、この条件があれば国選弁護人を選任できた。

平成30年６月１日以降

被疑者が弁護人を頼む場合、原則として私選弁護人（自分で弁護士費用を払う）を頼むことになる。ただし、被疑者が「勾留状が発せられた者」で、「貧困等により弁護人を選任できないとき」は、本人の請求により、国選弁護人を選任できる（刑訴法37条の２第１項）。

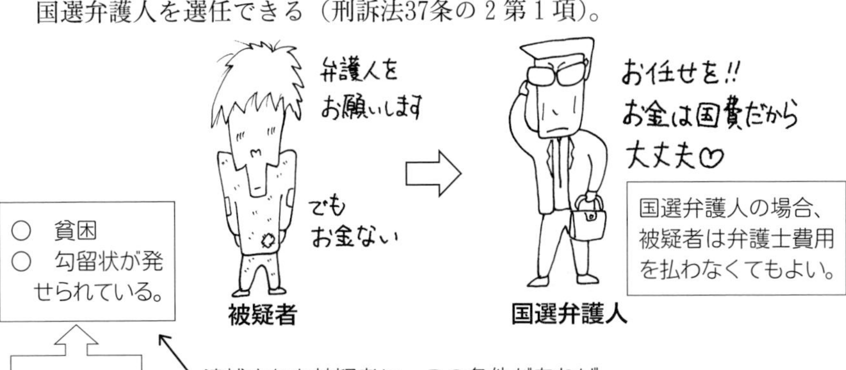

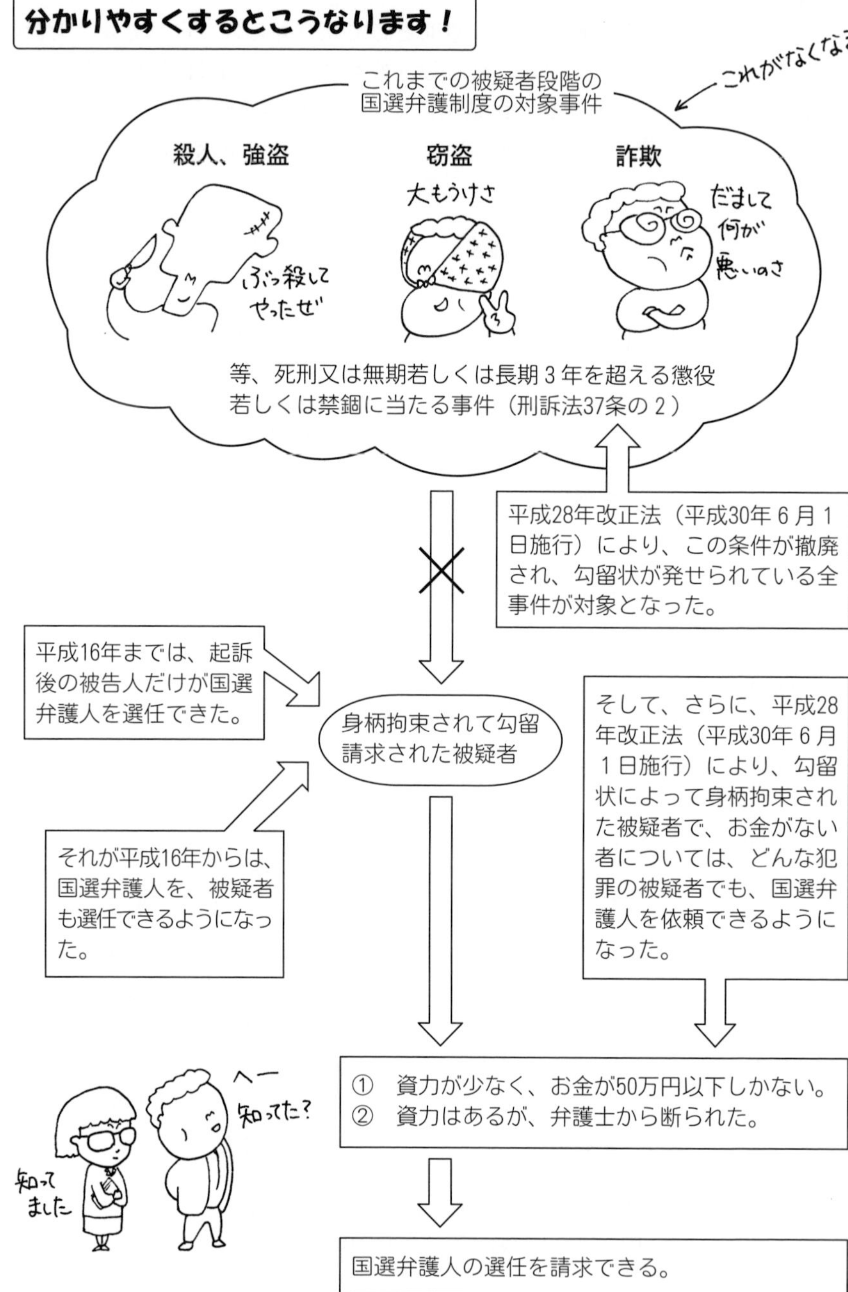
分かりやすくするとこうなります！
これまでの被疑者段階の国選弁護制度の対象事件
これがなくなる
殺人、強盗
ぶっ殺してやったぜ
窃盗
大もうけさ
詐欺
だまして何が悪いのさ
等、死刑又は無期若しくは長期３年を超える懲役若しくは禁錮に当たる事件（刑訴法37条の２）
平成28年改正法（平成30年６月１日施行）により、この条件が撤廃され、勾留状が発せられている全事件が対象となった。
平成16年までは、起訴後の被告人だけが国選弁護人を選任できた。
身柄拘束されて勾留請求された被疑者
それが平成16年からは、国選弁護人を、被疑者も選任できるようになった。
そして、さらに、平成28年改正法（平成30年６月１日施行）により、勾留状によって身柄拘束された被疑者で、お金がない者については、どんな犯罪の被疑者でも、国選弁護人を依頼できるようになった。
①　資力が少なく、お金が50万円以下しかない。
②　資力はあるが、弁護士から断られた。
国選弁護人の選任を請求できる。
へー知ってた？
知ってました

○　国選弁護制度の教示はいつするのか

刑訴法第203条第 4 項には、国選弁護制度の教示について定められている。

実務上、私選弁護人選任権の告知（刑訴法36条の 3 第 1 項、37条の 3 第 2 項）は弁解録取書を作成する際に行っていることから、国選弁護制度の教示（刑訴法203条 4 項）も弁解録取書を作成する際に行うことになる。

Point

頭を整理してネ♡

実務上、逮捕した全ての被疑者に対し、弁解を録取する際に「弁護人選任権」と「国選弁護人請求権」を告知する。ただし、被疑者に国選弁護人を請求する権利が生ずるのは、勾留を請求された段階である。

別なんだけど告知は一緒にするんだ

⑷　弁解の機会の付与

弁解の機会の付与とは、留置の必要性を検討するために、被疑者に犯罪事実の要旨を告げ、その弁解（言い分や主張のこと）を聞くことである。

この場合の弁解は、「やってない。」などの犯罪事実に関するものだけではなく、「逮捕される覚えはない。」など、逮捕そのものに対する主張を含むと解されている。

なお、弁解の機会は必ず与えなければならないが、弁解するしないは被逮捕者の自由である。

⑸　弁解録取書の作成

法定の手続を担保するだけでなく、刑訴法322条に定める証拠書類になる。

犯捜規第130条第１項の規定に基づき作成する弁解録取書には、これまで⑵～⑷で述べた「犯罪事実の告知」、「弁護人選任権の告知・教示」、「弁解の機会の付与」の３点について記載することとなる。

○　司法警察員が逮捕した場合、いつ作成すればいいのか

司法警察員が被疑者を逮捕した場合、逮捕の現場において直ちに弁解録取書を作成する必要はない。実務上、司法警察員が逮捕した場合であっても必ず引致していることから、引致後に直ちに弁解録取書を作成することになる。

「直ちに」の意味を間違って理解している例

○　泥酔者に対する弁解録取はどうすべきか

引致後直ちに犯罪事実の要旨及び弁護人選任権等を告知して弁解の機会を与え、更に酔いが醒めた時点でも同様に弁解の機会を与え、弁解録取書に記載することによって、手続の適法性を担保することが望ましい。

○　供述拒否権の告知は必要か

弁解の録取は供述を求める取調べとは違うものであるから、刑訴法上は、弁解録取書を作成するに当たって供述拒否権を告げる必要はない。

ただし、近年、弁解を録取した後に弁護人と接見し、その後に一転して否認するケースが増加していることから、警察庁の指導により、平成28年から、実務上の措置として、弁解録取書を作成する際にも供述拒否権を告知する運用が行われている。この弁解の機会における供述拒否権の告知は、法律上の義務ではなく、あくまでも、弁解録取書の証拠能力を高めるための実務上の運用である。

なお、弁解録取書を作成しようとしたところ、被疑者が進んで自白を始めた場合については、犯捜規第134条に「被疑者の弁解を録取するに当つて、その供述が犯罪事実の核心に触れる等弁解の範囲外にわたると認められるときは、弁解録取書に記載することなく、被疑者供述調書を作成しなければならない。」と定められていることから、この場合には、弁解録取書の作成後、直ちに供述拒否権を告げた上で取調べに移行しなければならない。

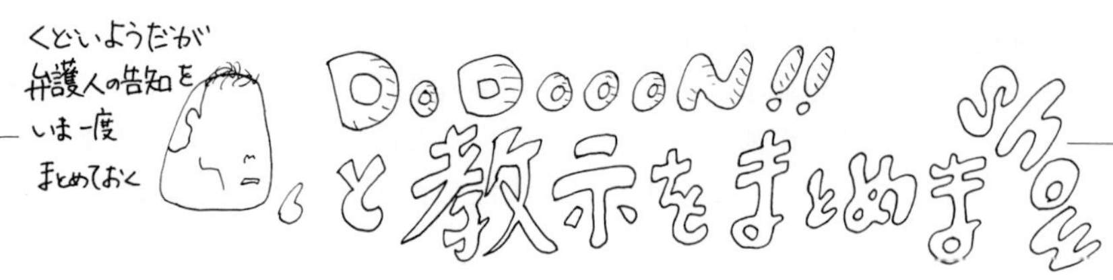

犯罪捜査規範第130条、司法警察員の処置

○　司法警察員が被疑者を逮捕
○　司法警察員が逮捕された被疑者を受け取った

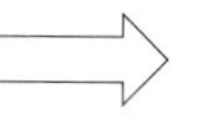

○　犯罪事実の要旨を告げること。
○　弁護人を選任できる旨を告げること（ただし、被告人に弁護人があるときは、教示しなくてもよい。）。
○　弁解の機会を与え、その結果を弁解録取書に記載すること。
○　裁判所又は刑事施設の長若しくはその代理者に、弁護士、弁護士法人（弁護士・外国法事務弁護士共同法人を含む。第132条において同じ。）又は弁護士会を指定して弁護人の選任を申し出ることができる（ただし、被告人に弁護人があるときは、教示しなくてもよい。）。

平成28年改正法（平成30年６月１日施行）により、勾留請求された全ての逮捕被疑者が国選弁護制度の対象になったよ

教示する内容

○　引き続き勾留を請求された場合において、貧困その他の事由により自ら弁護人を選任することができないときは、裁判官に対して弁護人の選任を請求することができること。
○　裁判官に対して弁護人の選任を請求する場合は、資力申告書を提出しなければならないこと。
○　被疑者の資力が50万円以上であるときは、あらかじめ、勾留の請求を受けた裁判官の所属する地方裁判所の管轄に在る弁護士会に、弁護人の選任の申出をしていなければならないこと。

(6)　留置要否の判断

> 刑訴法第203条第１項が、「……弁解の機会を与え、留置の必要がないと思料するときは直ちにこれを釈放し、留置の必要があると思料するときは……48時間以内に……送致する手続をしなければならない。」と定めているとおり、弁解録取書の作成の次に行うのは留置要否の判断である。

犯捜規第130条第４項は、留置要否の判断基準を刑訴規則第143条の３に準じて、「その事案の軽重及び態様並びに逃亡、罪証隠滅、通謀等捜査上の支障の有無並びに被疑者の年齢、境遇、健康その他諸般の状況を考慮しなければならない」と定めている。

留置要否の判断は、弁解を録取した際（すなわち留置前）のみに行うものではなく、留置した後も検察官に送致するまで常に行うべきものであり、いったん留置した後に捜査を進めた結果、逃亡、罪証隠滅のおそれが消滅し、留置の必要性がなくなった場合には、その時点で直ちに釈放しなければならない（刑訴法203条１項）。

(7) 送致

○ 送致とは

司法警察員は、捜査をしたときは、速やかに書類及び証拠物とともに事件を検察官に送致しなければならない（刑訴法246条）とされ、被疑者が逮捕された身柄事件については、「被疑者が身体を拘束された時から48時間以内に書類及び証拠物とともにこれを検察官に送致する手続をしなければならない。」（刑訴法203条１項）との規定がある。

したがって、48時間以内に送致の手続をしないときは、直ちに被疑者を釈放しなければならない。

この規定は通常逮捕だけでなく、緊急逮捕（刑訴法211条）、現行犯逮捕（刑訴法216条）にも適用される。

送致する先は、事件を送致する司法警察員が所属する警察署等を管轄する裁判所（第一審裁判所）に対応する検察庁の検察官である。送致を受けた検察官は、送致された事件について起訴するか不起訴とするかを明らかにし、起訴した場合は公訴手続に移ることとなる。

○　「身体を拘束された時」とはいつか

「被疑者が身体を拘束された時」とは、被疑者の身体の拘束が一応完了したときであり、逮捕に着手した時とは必ずしも一致しない。すなわち、逮捕状が発付されている被疑者について、任意同行した後に、取り調べた結果、逃走のおそれがある等の理由で逮捕した場合は、基本的には逮捕の時点が48時間の起点となる。しかし、その任意同行が実質的に逮捕とみなされるおそれがある場合には、実務上の措置として、任意同行の時から起算して48時間以内に送致の手続をとることが妥当である。

○　48時間以内に送致する手続

「48時間以内に……送致する手続をしなければならない」とは、必ずしも48時間以内に検察官の手元に到着する必要はなく、48時間以内に司法警察員の手を離れればよい。

ただし、送致手続後、検察官の元に到着するまでの時間は、刑訴法第205条第２項に定める「身体を拘束された時から72時間以内に起訴しなければならない」とある規定の72時間に算入されるため、送致の時間については検察官と連絡を密にしたうえ、慎重に行う必要がある。

参考条文

【刑訴法第78条】
（弁護人選任の申出）
第78条　勾引又は勾留された被告人は、裁判所又は刑事施設の長若しくはその代理者に弁護士、弁護士法人又は弁護士会を指定して弁護人の選任を申し出ることができる。ただし、被告人に弁護人があるときは、この限りでない。
②　前項の申出を受けた裁判所又は刑事施設の長若しくはその代理者は、直ちに被告人の指定した弁護士、弁護士法人又は弁護士会にその旨を通知しなければならない。被告人が２人以上の弁護士又は２以上の弁護士法人若しくは弁護士会を指定して前項の申出をしたときは、そのうちの１人の弁護士又は一の弁護士法人若しくは弁護士会にこれを通知すれば足りる。

【刑訴法第209条】
（準用規定）
第209条　第74条、第75条及び第78条の規定は、逮捕状による逮捕についてこれを準用する。

【犯捜規第130条】
（司法警察員の処置）
第130条　司法警察員は、被疑者を逮捕し、又は逮捕された被疑者を受け取つたときは、直ちにその者について次に掲げる処置をとつた後、被疑者の留置の要否又は釈放について、警察本部長又は警察署長の指揮を受けなければならない。
⑴　犯罪事実の要旨を告げること。
⑵　弁護人を選任できる旨を告げること。
⑶　前号に掲げる処置をとるに当たつて、弁護士、弁護士法人（弁護士・外国法事務弁護士共同法人を含む。第132条において同じ。）又は弁護士会を指定して弁護人の選任を申し出ることができる旨及びその申出先を教示すること。
⑷　弁解の機会を与え、その結果を弁解録取書に記載すること。
2　司法警察員は、前項第２号に掲げる処置をとるに当たつては、被疑者に対し、次に掲げる事項を教示しなければならない。
⑴　引き続き勾留を請求された場合において、貧困その他の事由により自ら弁護人を選任することができないときは、裁判官に対して弁護人の選任を請求することができること。
⑵　裁判官に対して弁護人の選任を請求する場合は、刑訴法第36条の２に規定する資力申告書を提出しなければならないこと。
⑶　被疑者の資力が50万円以上であるときは、あらかじめ、第１号の勾留の請求を受けた裁判官の所属する裁判所の所在地を管轄する地方裁判所の管轄区域内に在る弁護士会に弁護人の選任の申出をしていなければならないこと。
3　被疑者が留置されている場合において、留置の必要がなくなつたと認められるときは、司法警察員は、警察本部長又は警察署長の指揮を受け、直ちに被疑者の釈放に係る措置をとらなければならない。
4　被疑者の留置の要否を判断するに当たつては、その事案の軽重及び態様並びに逃亡、罪証隠滅、通謀等捜査上の支障の有無並びに被疑者の年齢、境遇、健康その他諸般の状況を考慮しなければならない。

3　勾留

◇基本となる条文　刑事訴訟法

〔勾留の理由、期間・期間の更新〕

第60条　裁判所は、被告人が罪を犯したことを疑うに足りる相当な理由がある場合で、左〔次〕の各号の一にあたるときは、これを勾留することができる。

⑴　被告人が定まつた住居を有しないとき。

⑵　被告人が罪証を隠滅すると疑うに足りる相当な理由があるとき。

⑶　被告人が逃亡し又は逃亡すると疑うに足りる相当な理由があるとき。

②　勾留の期間は、公訴の提起があつた日から２箇月とする。特に継続の必要がある場合においては、具体的にその理由を附した決定で、１箇月ごとにこれを更新することができる。但し、第89条第１号、第３号、第４号又は第６号にあたる場合を除いては、更新は、１回に限るものとする。

③　30万円（刑法、暴力行為等処罰に関する法律（大正15年法律第60号）及び経済関係罰則の整備に関する法律（昭和19年法律第４号）の罪以外の罪については、当分の間、２万円）以下の罰金、拘留又は科料に当たる事件については、被告人が定まつた住居を有しない場合に限り、第１項の規定を適用する。

〔被疑者の勾留〕

第207条　前３条の規定による勾留の請求を受けた裁判官は、その処分に関し裁判所又は裁判長と同一の権限を有する。但し、保釈については、この限りでない。

②　前項の裁判官は、勾留を請求された被疑者に被疑事件を告げる際に、被疑者に対し、弁護人を選任することができる旨及び貧困その他の事由により自ら弁護人を選任することができないときは弁護人の選任を請求することができる旨を告げなければならない。ただし、被疑者に弁護人があるときは、この限りでない。

③　前項の規定により弁護人を選任することができる旨を告げるに当たつては、勾留された被疑者は弁護士、弁護士法人又は弁護士会を指定して弁護人の選任を申し出ることができる旨及びその申出先を教示しなければならない。

④　第２項の規定により弁護人の選任を請求することができる旨を告げるに当たつては、弁護人の選任を請求するには資力申告書を提出しなければならない旨及びその資力が基準額以上であるときは、あらかじめ、弁護士会（第37条の３第２項の規定により第31条の２第１項の申出をすべき弁護士会をいう。）に弁護人の選任の申出をしていなければならない旨を教示しなければならない。

⑤　裁判官は、第１項の勾留の請求を受けたときは、速やかに勾留状を発しなければならない。ただし、勾留の理由がないと認めるとき、及び前条第２項の規定により勾留状を発することができないときは、勾留状を発しないで、直ちに被疑者の釈放を命じなければならない。

(1) 勾留とは

「勾留」とは、被疑者・被告人の逃亡又は罪証の隠滅を防ぐために、裁判によって拘禁することをいう。

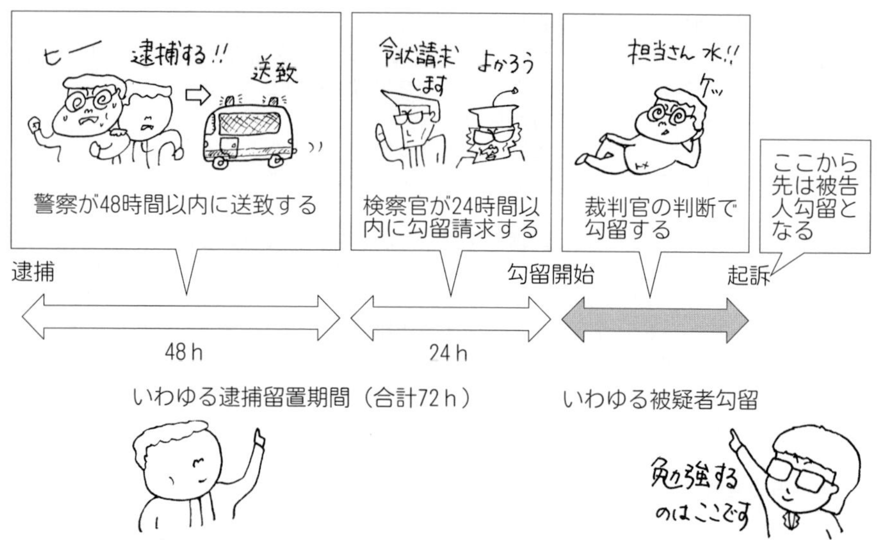

ア　勾留の種類

勾留には、起訴前の勾留（いわゆる「被疑者勾留」）と、起訴後の勾留（いわゆる「被告人勾留」）の二つがある。

前者は、検察官の請求による勾留であり、後者は、裁判官の職権による勾留である。

なお、被告人勾留に関する刑訴法上の規定の多くが被疑者勾留に準用されている（刑訴法207条）。

起訴前の勾留

イ　逮捕前置主義

被疑者の勾留については、「逮捕前置主義」と呼ばれる原則がある。

すなわち、逮捕されていない被疑者に対して、直ちに勾留を請求することはできないという制度である。したがって、逮捕された被疑者しか勾留請求が許されないことになる。これは、被疑者の身柄拘束に対する司法によるチェックを、逮捕と勾留の２回行うことによって、被疑者の人権をより厚く保障しようとするものである。

在宅被疑者

逮捕前置主義の目的は、いきなり10日間という長期の拘束を行うのではなく、まず逮捕という短期間の身柄拘束を先行させ、犯罪の嫌疑や身柄拘束の必要性を調べるという趣旨から定められた手続である。

○ 「逮捕前置主義」の根拠

被疑者の勾留について、刑訴法第207条第１項は、「前３条の規定による勾留の請求を受けた裁判官は、その処分に関し、裁判所又は裁判長と同一の権限を有する。」と定めている。

この「前３条の規定」が、同法第204条、第205条、第206条であり、この前３条が逮捕した被疑者の勾留請求に関する規定となっている。これらの規定を根拠として、被疑者の勾留については、逮捕を前提としていると解されるのである。

なお、逮捕の違法性に関する争いについて弁護側が準抗告を行うことは認められておらず、逮捕の違法性の争いについては、勾留請求の違法を弁護側が争う準抗告によって裁判官が判断することになる。

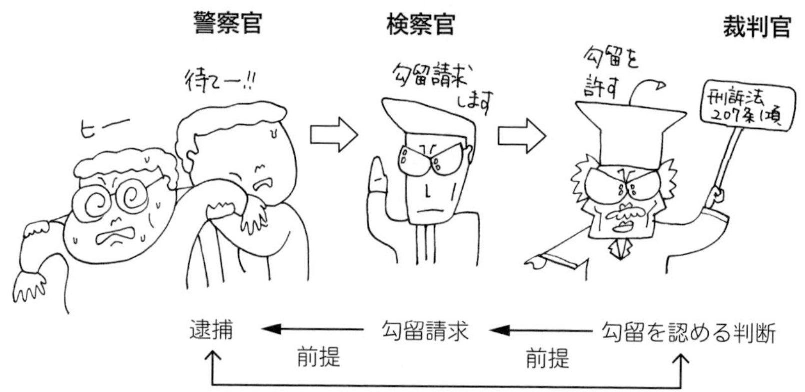

同一性のある犯罪事実でなければならない

○ 「逮捕の理由」と「勾留の理由」との同一性とは

逮捕前置主義の原則を踏まえると、逮捕の理由となった事実と勾留の理由となった事実は同一性がなければならない。

ただし、必ずしも罪名が同一である必要はなく、両方の事実が、１個の犯罪事実として同じ範囲に属する事実であればよい。

○ 同一性のある被疑事実として勾留請求できる場合

例えば、逮捕の理由となった事実が窃盗罪であり、その後、窃盗罪で送致されれば、勾留の理由となる事実も窃盗罪になることから、同一性に問題はなく、勾留状は発付される。

また、盗品を所持していた被疑者を窃盗罪で逮捕したところ、その後の調べで、窃盗の本犯から情を知りながら購入したものであることが判明した場合には、窃盗罪と盗品等有償譲受け罪（贓物故買罪）との間に事実の同一性が認められることから（高松高判昭26．７．30）、盗品等有償譲受け罪で勾留請求することが認められる。

さらに、強盗致傷罪で逮捕した後、被害者が当該行為の暴行を原因として死亡した場合は強盗致死罪で勾留請求できるし、傷害致死罪で逮捕した後、被疑者の殺意が立証できた場合は殺人罪で勾留請求することができる。

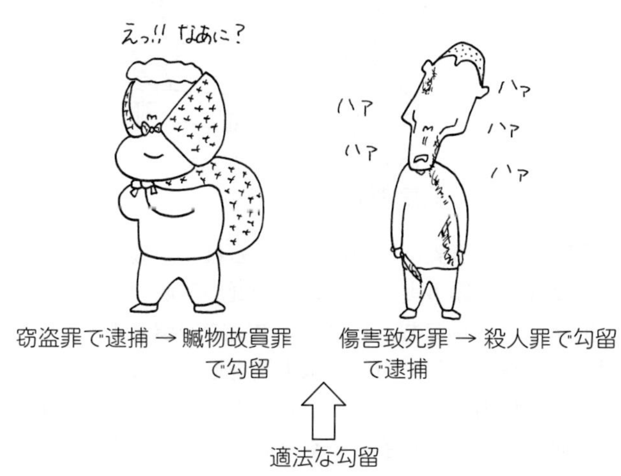

窃盗罪で逮捕 → 贓物故買罪で勾留　　傷害致死罪で逮捕 → 殺人罪で勾留

適法な勾留

○　逮捕事実に別の犯罪事実を加えて勾留請求できる場合

Ａの犯罪事実について適法な逮捕が行われた後、Ｂの犯罪事実（余罪）が発覚した場合において、Ａ、Ｂの犯罪事実に勾留の必要性があれば、検察官が、Ａ、Ｂの犯罪事実について勾留請求を行い、裁判官が、Ａ、Ｂの犯罪事実について勾留状を発付する手続が行われている。

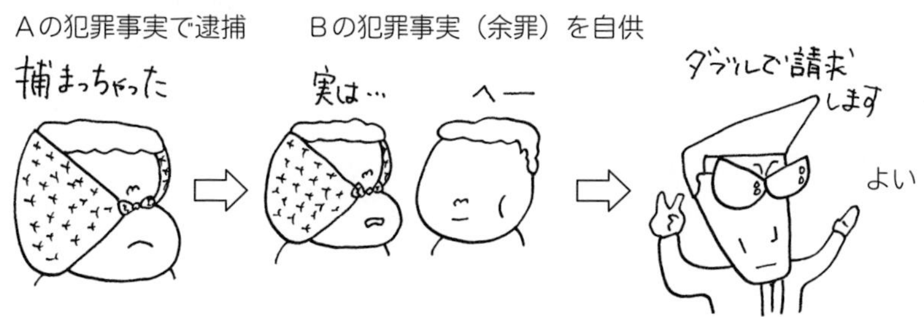

Ａの犯罪事実で逮捕　　Ｂの犯罪事実（余罪）を自供

逮捕後にＢの犯罪事実が発覚　　Ａ、Ｂの犯罪事実で勾留請求こういった手続が許される理由は、Aの犯罪事実については逮捕前置主義が守られたうえで勾留されている場合に、Bの犯罪事実については新たに逮捕されるよりも、いきなり勾留されたほうが身柄拘束期間が短くなり、被疑者にとって利益になるからである。

○　逮捕事実と勾留事実に同一性が認められない場合

逮捕したAの犯罪事実（窃盗）の嫌疑が消滅したにもかかわらず、全く別の犯罪（詐欺）であるBの犯罪事実で勾留請求をすることは、不当な身柄拘束を基礎にして勾留請求手続を進めることになるから違法である。こういった場合には、Aの犯罪事実については釈放し、Bの犯罪事実で再逮捕し、最初から手続をやり直す必要がある。

○　逮捕の適法性の必要性

勾留に先行する逮捕手続は、適法である必要がある。

ただし、準現行犯人を現行犯人として逮捕した場合等、逮捕手続の違法性が軽微である場合には、勾留請求が許されないほどの重大な違法性があるとはいえないことから、検察官は勾留請求を行うことができると解されている。

ウ　勾留の要件

勾留の要件は「被疑者が罪を犯したことを疑うに足りる相当な理由がある場合」で、かつ、

①　被疑者が定まった住居を有しないとき

②　被疑者が罪証を隠滅すると疑うに足りる相当な理由があるとき

③　被疑者が逃亡し又は逃亡すると疑うに足りる相当な理由があるとき

のいずれかに当たる場合をいう（刑訴法60条１項、207条１項）。

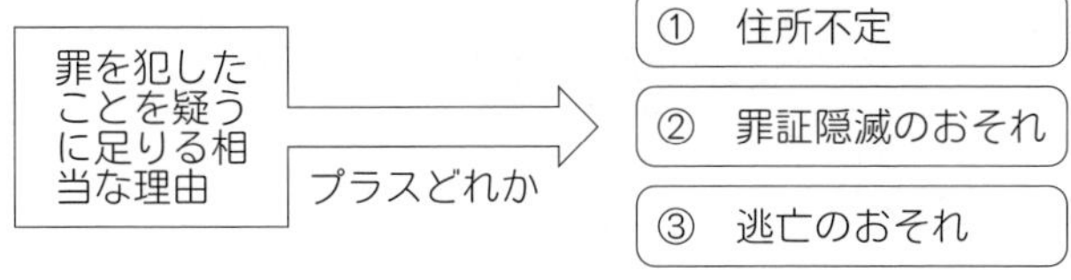

○　「住居」とは

住居とは、

・　生活の本拠地として使用している「住所」（民法22条）

・　生活の本拠地ではないが一定期間継続して居住する「居所」

のことをいう。

ここにいう「住居不定」とは、定まった住所又は居所を現に有しない場合だけでなく、被疑者が黙秘するなどして、住居が明らかでない場合も含む（東京地決昭43．5．24）。

○　「罪証隠滅のおそれの有無」

罪証隠滅のおそれの有無については、単に自白があるなしによって決まるのではなく、被疑事件の内容や犯行態様等を総合して判断する必要がある。

具体的には、証拠を隠したり、共犯者と口裏を合わせたりするのが証拠隠滅の典型である。また、証人の脅迫や共犯者との通謀の危険性がある場合も、証拠隠滅のおそれがあるといえる。

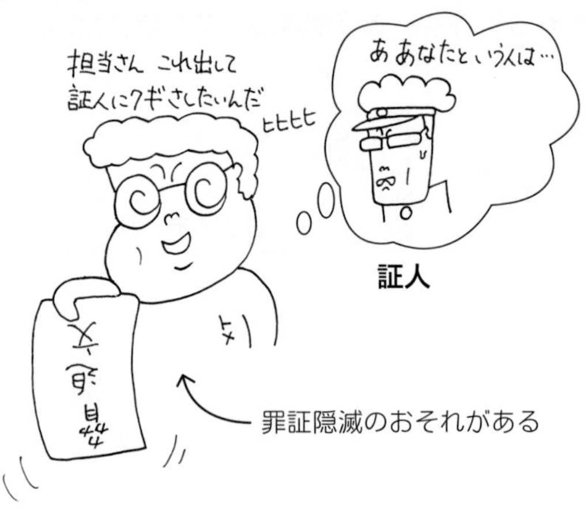

○　「逃亡のおそれ」とは

逃亡のおそれとは、訴追や刑の執行を免れる目的で所在不明になることをいう。ただし、単に抽象的、一般的に逃亡するおそれがあるだけでは足りず、合理的な理由が必要である。

逃走の準備をしている
などの状況がある

エ　軽微犯罪、少年事件の場合の勾留の加重要件

30万円（刑法、暴力行為等処罰に関する法律及び経済関係罰則の整備に関する法律以外の罪については、当分の間、２万円）以下の罰金、拘留又は科料に当たる事件（いわゆる軽微事件）については、被疑者が定まった住居を有しない場合に限り、勾留することができる（刑訴法60条３項）。

また、少年の被疑者については、勾留の必要があっても、原則として観察措置をとらなければならない（少年法43条１項）。したがって、少年の被疑者については、刑訴法第60条の勾留要件のほかに「やむを得ない理由」がなければ勾留状を発することができない（同法43条３項、48条１項）。

オ　勾留が認められなかった事例

逮捕手続に重大な違法性があることを理由に勾留請求が認められなかった事例については、次のようなものがある。

○　逮捕状請求書に逮捕に必要な要件を記載せず、これに基づいて発せられた逮捕状によって被疑者を逮捕したもの（大阪地決昭43.３.26）
○　緊急逮捕の要件を欠いて緊急逮捕したもの（神戸地決昭46.９.25）
○　通常逮捕状における被疑者の特定が不十分であるとされたもの（東京地命昭48.３.２）
○　任意同行が実質的に逮捕に当たるとされたもの（青森地決昭52.８.15、富山地決昭54.７.26）

緊逮できないのに緊逮した

カ　「求令状起訴」とは

「求令状起訴」とは、被疑者の公訴提起に当たり、検察官が裁判所に対して勾留状発付を促す手続である。

求令状のイメージ
※裁判官の職権発動を促すものにすぎないので、勾留状が発付されるとは限らないことに注意

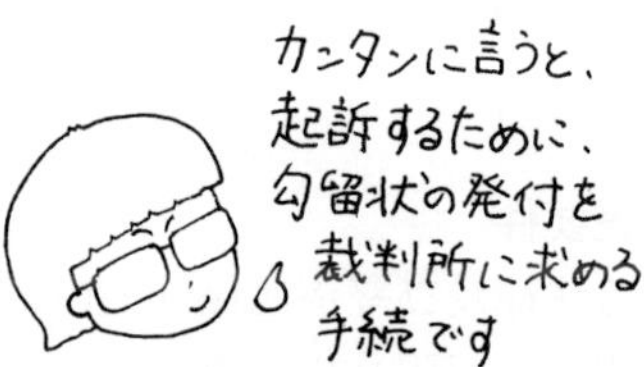

例えば、被疑者を甲宅での窃盗で逮捕、勾留中、甲宅の窃盗の事実については嫌疑が消滅したが、乙宅の窃盗の事実が新たに判明した場合などに行われている。

この場合、甲宅の窃盗について釈放し、乙宅の窃盗で再逮捕する方法もあるが、もう一つの方法として、甲宅の窃盗について釈放する点は同じであるが、検察官が、乙宅の窃盗について、勾留中における「求令状起訴」をすることができる。

これは、乙宅の窃盗の事実で起訴するだけの証拠がそろっているにもかかわらず、改めて乙宅の窃盗で逮捕、勾留した場合、身柄拘束の時間が長くなって被疑者に不利益になるため、被疑者の利益のために再逮捕せずにいきなり勾留するのである。

甲宅の窃盗罪で逮捕、勾留したが、甲宅の窃盗罪の嫌疑がなくなり、別件の乙宅の窃盗の容疑が明らかになった場合に、乙宅の窃盗で再逮捕することなく、いきなり勾留をすることが「求令状起訴」である。

(2)　勾留状の請求手続

勾留の請求権者は、検察官に限られる。

この勾留請求には時間的制限があり、検察官は、司法警察員から送致された被疑者の身柄を受け取ったときから、24時間以内（刑訴法205条1項）に勾留請求を行わなければならない。

また、検察官又は検察事務官が被疑者を逮捕したときは、48時間以内（刑訴法204条1項）に勾留請求を行わなければならない。

ア　勾留請求をしたが、直ちに勾留の裁判が行われない場合、身柄拘束を継続できるか

検察官が法定の期間内に勾留請求をしたが、裁判官の都合や勾留質問（刑訴法61条、207条1項）を翌日に行うなどの事情により、直ちに勾留の適否の判断（裁判）が行われない場合であっても、勾留請求をした以上、その裁判が行われるまでの間は、逮捕状の効力により被疑者の身体拘束を継続することができると解されている。

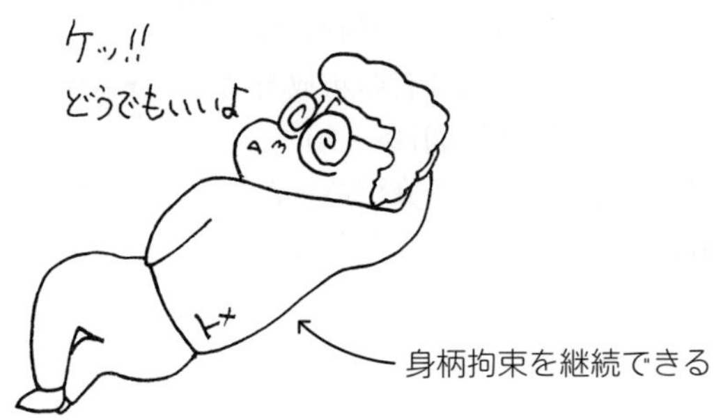

イ　勾留請求後の裁判官の手続

裁判官は、検察官から被疑者の勾留請求を受けた場合、勾留状を発するか、あるいは勾留請求を却下するかを決める判断（裁判）をしなければならない。

具体的な手続としては、被疑者に対し、被疑事件を告げた上で、被疑事実に関する陳述を聴き（刑訴法61条、207条１項）、

①　被疑者の人定

②　被疑事実に対する弁解

③　勾留通知先（住居、氏名、電話番号、続柄）

を録取して勾留質問調書を作成する（刑訴規則39条１項）。

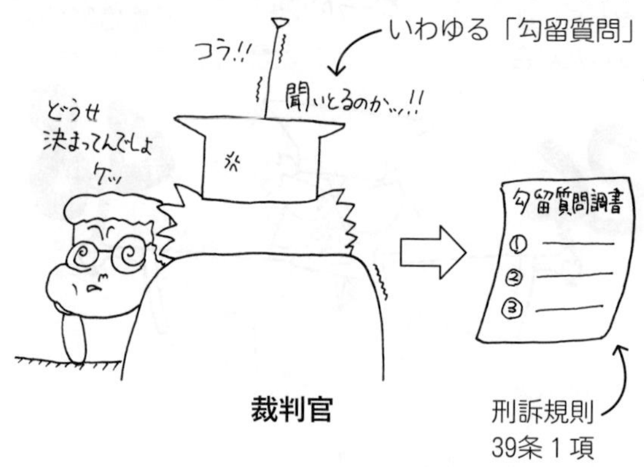

ウ　裁判官が勾留請求を却下する場合

勾留請求を受けた裁判官は、勾留の理由があれば速やかに勾留状を発付しなければならない。

勾留請求が却下される場合としては、

・勾留の理由がない場合（刑訴法60条１項各号）

・正当な理由なく制限時間を超過したと認めるとき（刑訴法206条２項）

などが挙げられる。この場合、裁判官は、勾留請求を却下し、直ちに被疑者の釈放を命じなければならない（刑訴法207条５項）。

なお、逮捕手続に重大な瑕疵があった場合にも、勾留請求を却下することとなる。

エ　勾留請求が却下された場合の被疑者の身柄措置

〔準抗告〕

第429条　裁判官が次に掲げる裁判をした場合において、不服がある者は、簡易裁判所の裁判官がした裁判に対しては管轄地方裁判所に、その他の裁判官がした裁判に対してはその裁判官所属の裁判所にその裁判の取消し又は変更を請求することができる。

⑴　忌避の申立てを却下する裁判

⑵　勾留、保釈、押収又は押収物の還付に関する裁判

⑶　鑑定のため留置を命ずる裁判

⑷　証人、鑑定人、通訳人又は翻訳人に対して過料又は費用の賠償を命ずる裁判

⑸　身体の検査を受ける者に対して過料又は費用の賠償を命ずる裁判

②　第420条第３項の規定は、前項の請求についてこれを準用する。

③　第207条の２第２項（第224条第３項において読み替えて準用する場合を含む。）の規定による措置に関する裁判に対しては、当該措置に係る者が第201条の２第１項第１号又は第２号に掲げる者に該当しないことを理由として第１項の請求をすることができない。

④　第１項の請求を受けた地方裁判所又は家庭裁判所は、合議体で決定をしなければならない。

⑤　第１項第４号又は第５号の裁判の取消し又は変更の請求は、その裁判のあつた日から３日以内にしなければならない。

⑥　前項の請求期間内及びその請求があつたときは、裁判の執行は、停止される。

勾留請求が却下された場合、裁判官から検察官に対し、釈放命令が発せられる。

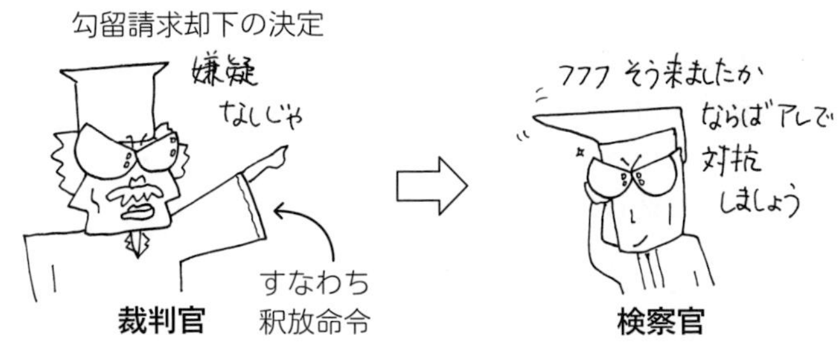

検察官は、勾留請求却下の裁判に不服があるときは、刑訴法第429条により、裁判官にもう一度審査（裁判）するよう申立てをすることができる。この検察官の申立てを「準抗告」という。

この場合、準抗告の申立てに対する裁判が行われるまでの間は、適法に被疑者の身柄拘束を継続できる。

ワンポイント

○　勾留請求が却下されても、検察官が準抗告するかどうかを検討する最小限度の時間、及び準抗告が行われた場合における執行停止の判断が行われるまでの合理的な時間は、被疑者の身柄を拘束できるものと解する（高知地判昭42.11.17）。

○　被疑者護送にある司法警察職員は、勾留が却下されても直ちに被疑者を釈放するべきではなく、検察官の釈放命令があるまでは被疑者身柄の拘束ができる（名古屋高判昭43.11.21）。

オ　勾留請求却下に伴う釈放の手続

警察官が被疑者の護送に当たっている際に、裁判官から、直ちに被疑者を釈放すべき旨を命じられた場合、その時点で被疑者を釈放するのではなく、検察官に請求却下の旨を伝えると同時に、準抗告・執行停止申立ての有無を確認し、検察官の指揮を待って釈放すべきである。

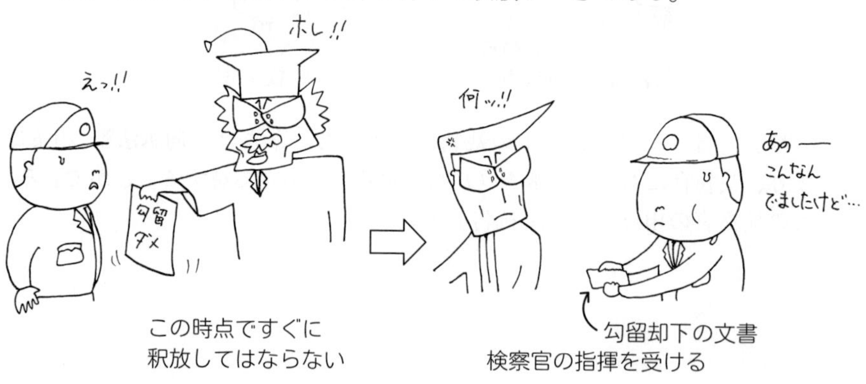

(3)　勾留期間

ア　勾留期間とは

勾留期間とは、実際に被疑者の身柄を勾留できる期間のことをいう。

刑訴法では、被疑者の勾留期間について、原則として勾留を請求した日から10日間と定められている（刑訴法208条１項）。

この場合、勾留請求をした日から10日間であり、勾留状が発せられた日から10日間ではない。

勾留期間の末日が日曜日又は休日に当たる場合も期間に参入される。

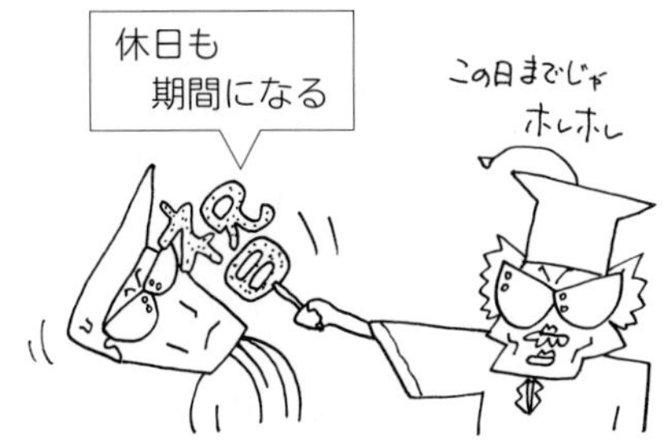

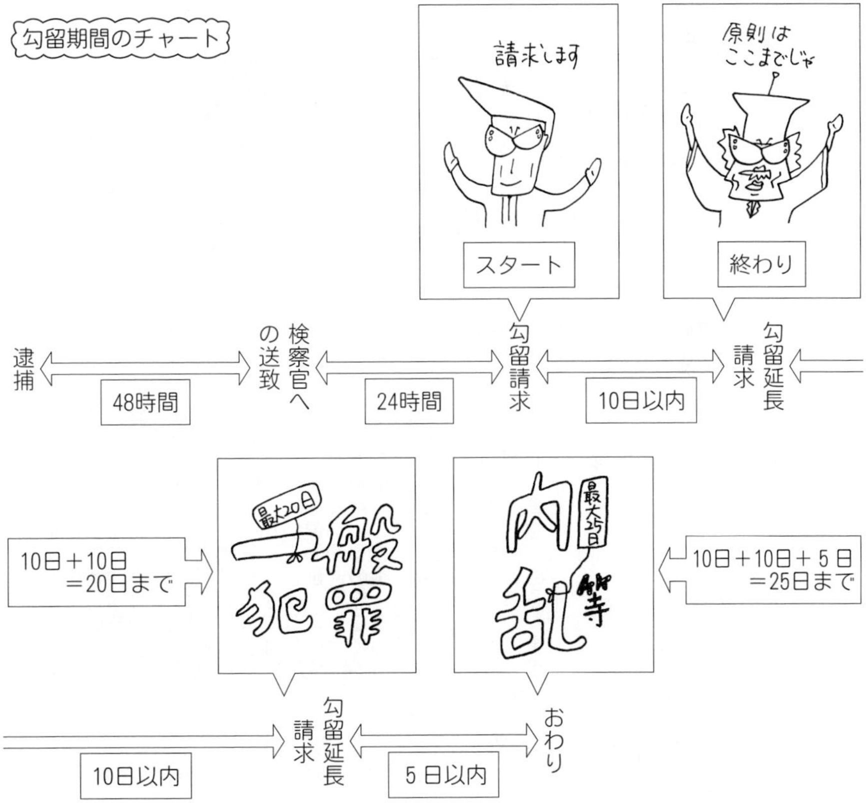

勾留期間のチャート

請求します

スタート

原則は
ここまでじゃ

終わり

逮捕 ⇔ 48時間 ⇔ 検察官への送致 ⇔ 24時間 ⇔ 勾留請求 ⇔ 10日以内 ⇔ 勾留延長請求 ⇐

⇒ 10日以内 ⇒ 勾留延長請求 ⇔ ５日以内 ⇔ おわり

10日＋10日
＝20日まで ⇒ 一般犯罪（最大20日）

内乱等（最大25日） ⇐ 10日＋10日＋５日
＝25日まで

イ　勾留期間の延長

被疑者の勾留期間は、例外として、裁判官が「やむを得ない理由がある」と認めるときは、検察官の請求により、通じて10日を超えない範囲で勾留を延長することができる（刑訴法208条２項）。

さらに、内乱に関する罪等の一定の犯罪については、最大５日間の再延長が認められている（刑訴法208条の２）。

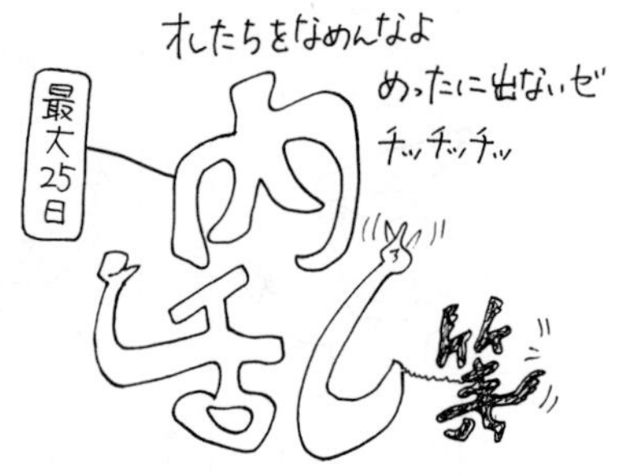

特定の犯罪については勾留請求から最大25日が限度

一般犯罪は勾留請求から20日が限度

「やむを得ない事由」とは

起訴・不起訴を決定するために捜査を継続する必要があり、勾留期間を延長して被疑者の身柄を拘束する必要がある場合である。

判例では、「事件の複雑困難（被疑者もしくは被疑事実多数のほか、計算複雑、被疑者関係人らの供述又はその他の証拠のくい違いが少からず、あるいは取調を必要と見込まれる関係人、証拠物等多数の場合等）、あるいは証拠収集の遅延若しくは困難（重要と思われる参考人の病気、旅行、所在不明もしくは鑑定等に多くの日時を要すること）等により勾留期間を延長して更に取調をするのでなければ起訴もしくは不起訴の決定をすることが困難な場合」（最判昭37．7．3）などが挙げられている。

なんでも
かんでもじゃ
いかん

延長にはやむを得ない理由が必要

勾留延長できる？

　余罪捜査が勾留事実に対して何ら影響を及ぼさず、その関連性が薄い場合には、当該余罪で逮捕・勾留すべきである（勾留延長はできない）。
　一方で、余罪と勾留事実が同種の場合で、余罪の立証が勾留事実の犯罪の計画性などの解明に結び付くと考えられる場合などは、ここにいう「やむを得ない事由」と認められることもある。

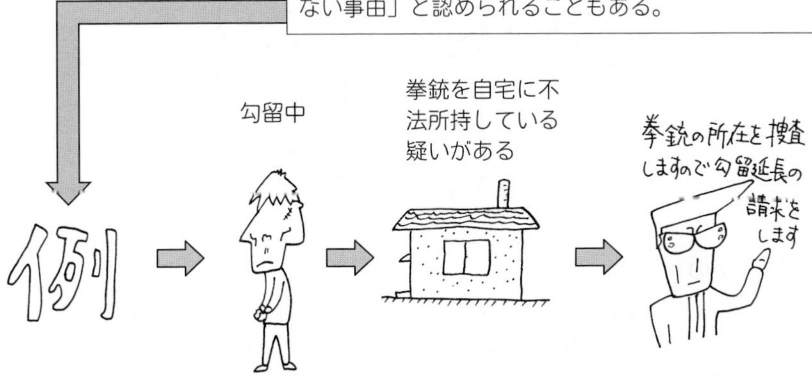

例

勾留中

拳銃を自宅に不法所持している疑いがある

拳銃の所在を捜査しますので勾留延長の請求をします

拳銃による殺人の被疑者

例えば、拳銃による殺人事件の被疑者を殺人罪で勾留している場合、余罪である拳銃不法所持の捜査を行うため、その勾留期間を延長することも認められる。

ウ　勾留期間は必ず10日単位か

　勾留期間の延長は「10日を超えない範囲」であるから、必ずしも10日間単位でなくてもよい。10日よりも短い期間の勾留も可能である。

エ　被疑者が逃亡した場合

留置中の被疑者が逃亡し、勾留が中断した場合でも、勾留状の残存期間は有効である。この理由は、勾留状は、特定人を一定期間、一定場所に拘禁する命令書であり、記載の勾留期間を満了するまでは執行を完了していないからである。この点、逮捕状の効果が被疑者の逮捕行為を完了した時点で終了するのとは異なっている。

(4)　勾留状の執行

勾留状は「検察官の指揮によつて、検察事務官又は司法警察職員がこれを執行する。」（刑訴法70条１項）とされている。一般的に被疑者は刑事施設（警察の留置施設を含む。）にいるので、勾留状は検察官の指揮によってその刑事施設の職員がこれを執行している（刑訴法70条２項）。

また、裁判官は、適当と認めるときは、決定で、勾留されている被疑者を親族、保護団体その他の者に委託し、又は被告人の住居を制限して、勾留の執行を停止することができる（刑訴法207条、95条）。ただし、この場合、急速を要する場合を除き、検察官の意見を聴かなければならない（刑訴規則88条）。

令和５年の法改正により、必要と認めるときは、勾留請求と同時に、裁判官に対し、勾留を請求された被疑者に被疑事件を告げるに当たっては、被害者の氏名及び住所などの個人特定事項を明らかにしない方法によること及び被疑者に示すものとして、当該個人特定事項の記載がない勾留状の抄本その他の勾留状に代わるものの交付を請求することができることとされた（刑訴法207条の２第１項）。

(5)　勾留の執行停止とは

勾留の効力を消滅させずに、執行力だけを停止させて被疑者を釈放するものである。

例えば、勾留中の被疑者が病気にかかった等、被疑者の身柄拘束を一時的に解除する必要がある場合に、検察官が裁判官に対して「勾留の執行停止」を申し立て、その決定を待って被疑者を釈放した上、病院に入院させるという処置がとられている。

この場合、裁判官は、勾留中の被疑者を親族その他の者に委託し、又は、被疑者の住居を制限するなどの条件をつけて、勾留の執行を停止することができる（刑訴法95条、207条１項）。

勾留の効力を消滅させない点において、勾留の取消しとは法的性質を異にしている。

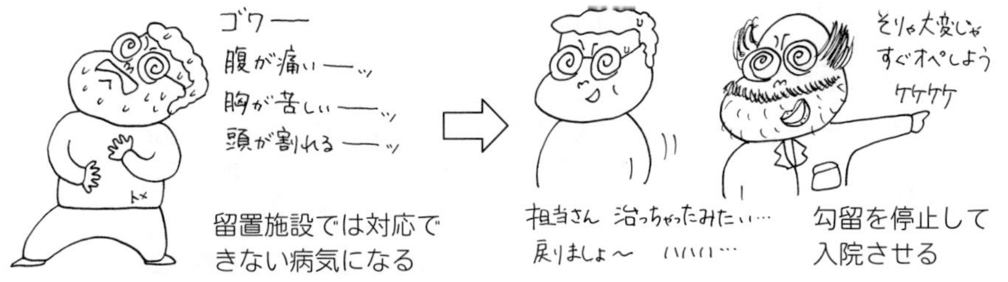

なお、犯捜規は、「保釈者等の視察」として、勾留の執行を停止された者の行動視察、事故通報及び視察上の注意に関する規定を置いている（犯捜規253〜256条）。

被疑者に対する勾留の執行停止は、裁判官の職権で行われるものであり、被疑者、弁護人や検察官に請求権は認められていない。

なお、実務では、検察官から勾留執行停止の申立てが行われているが、これは裁判官に対し、職権の発動を促すだけの意味しかない。

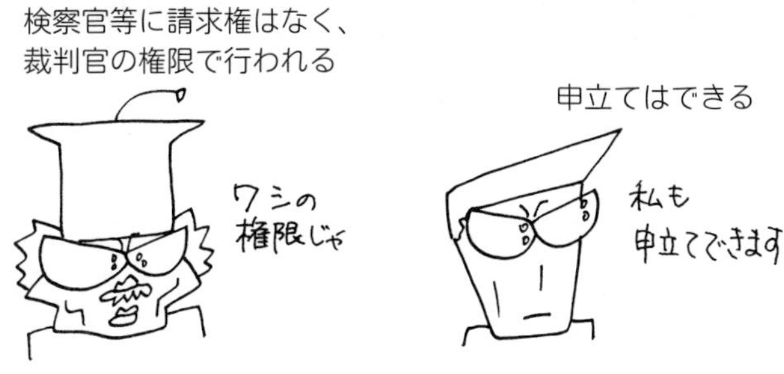

また、被疑者が、裁判官に対し勾留執行停止を申し立てることもできる。ただし、申立てを受けた裁判官は、急速を要する場合（被疑者等の危篤、緊急の手術等）を除き、検察官の意見を聴かなければならない（刑訴規則88条）。

⑹　勾留の取消し

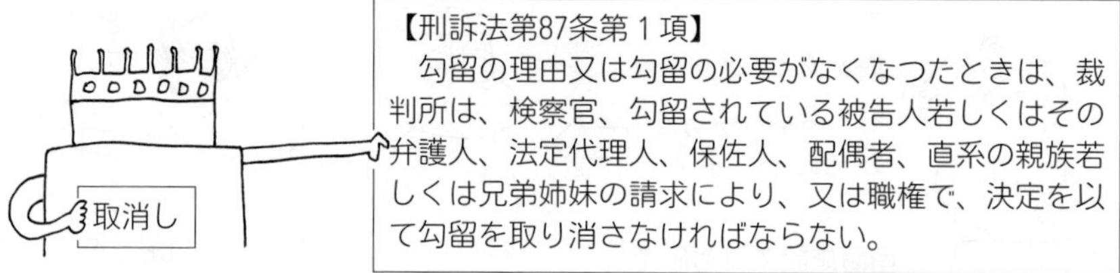

【刑訴法第87条第１項】
勾留の理由又は勾留の必要がなくなつたときは、裁判所は、検察官、勾留されている被告人若しくはその弁護人、法定代理人、保佐人、配偶者、直系の親族若しくは兄弟姉妹の請求により、又は職権で、決定を以て勾留を取り消さなければならない。

被疑者の勾留に準用（刑訴法207条１項）

勾留中の被疑者や弁護人等は、勾留の取消しを裁判官に請求することができる。

この場合の取消し請求は、書面だけではなく、口頭で行うこともできる（刑訴規則296条）。

口頭でもできる

勾留中の被疑者等（弁護側）から裁判官に対して勾留の取消し請求があった場合には、急速を要する場合を除き、裁判官が検察官の意見を聴いた上で判断し（刑訴法92条2項）、勾留の必要性がないと認めたときには、勾留の取消決定を行う（刑訴法87条、207条1項）。

なお、検察官はこの決定に対して不服がある場合には、準抗告を申し立てることができる（刑訴法429条1項2号）。

4　接見交通

◇　基本となる条文
刑事訴訟法

まずは弁護人について勉強しよう

……

〔弁護人選任の時期〕
第30条　被告人又は被疑者は、何時でも弁護人を選任することができる。
②　被告人又は被疑者の法定代理人、保佐人、配偶者、直系の親族及び兄弟姉妹は、独立して弁護人を選任することができる。

〔弁護人に選任される資格〕
第31条　弁護人は、弁護士の中からこれを選任しなければならない。
②　簡易裁判所又は地方裁判所においては、裁判所の許可を得たときは、弁護士でない者を弁護人に選任することができる。ただし、地方裁判所においては、他に弁護士の中から選任された弁護人がある場合に限る。

(1)　弁護人の選任

憲法の規定を受けて法律が定められる

憲法34条が刑訴法30条、31条等の規定の元である。

【憲法第34条】
何人も、理由を直ちに告げられ、且つ、直ちに弁護人に依頼する権利を与へられなければ、抑留又は拘禁されない。又、何人も、正当な理由がなければ、拘禁されず、要求があれば、その理由は、直ちに本人及びその弁護人の出席する公開の法廷で示されなければならない。

⇩

被疑者は、身柄拘束の有無を問わず、いつでも弁護人依頼権がある（刑訴法30条）。
原則として、弁護人は、弁護士の中からこれを選任しなければならない（刑訴法31条１項）。

刑訴法31条には、弁護人でない者を弁護人にするためには、裁判所の許可がいると定められている

刑訴法31条1項には、被疑者は弁護士資格がある弁護人しか選任できないと規定されている

ということは、公訴提起前の被疑者段階では、刑訴法31条2項は適用されない

ア　弁護人選任権者

弁護人選任権者とは、刑訴法第30条第１項及び第２項に基づいて、弁護人を独立して選任することができる者をいう。

弁護人選任権者のイメージ図

１項	被告人、被疑者
２項	法定代理人、保佐人、配偶者、直系の親族、兄弟姉妹　（刑訴法30条）

この人たちを別名「独立選任権者」という。

被疑者、被告人のほかに、この人たちも被疑者の弁護人を独立して選任できる（刑訴法30条２項）。

もちろん
弁護人を選任できる
（刑訴法30条１項）

Point

「独立して」とは、被疑者の意思に関係なく、被疑者のために弁護人を選任できるということ。

○　独立選任権者の意義

- 法定代理人→親権者及び後見人
- 保佐人　　→本人が被保佐人である場合に、これに付された者
- 配偶者　　→民法上の配偶者をいうが、いわゆる内縁関係の者は含まれない
- 直系の親族→６親等以内の直系血族と３親等以内の直系姻族
- 兄弟姉妹　→民法上の兄弟姉妹のこと

内妻は、弁護人選任権者に当たらない（東京高判昭25. 10. 4）。

○　「独立して」とは

「独立して」とは、「被疑者の意思に関係なく」という意味である。したがって、例えば、被疑者が知らないうちに、刑訴法第30条第２項に定める親族等が被疑者の弁護人を頼んでも有効である。

イ　弁護人選任の方式

公訴の提起前にした弁護人の選任は、弁護人と連署した書面を、当該被疑事件を取り扱う検察官又は司法警察員に差し出した場合に限り、第一審において有効な選任となる（刑訴規則17条）。

○　弁護人選任の方式

公訴提起前に被疑者が行った弁護人選任は、弁護人と連署した書面を検察官等に提出した場合に限り、第一審で有効となる（刑訴規則17条）。

これは、被疑者段階（起訴前）に選任した弁護人が、起訴後の裁判で引き続き弁護人となるために必要な手続であり、弁護人と連署した書面を起訴前に出しておけば、起訴後に改めて弁護人選任届を提出しなくても引き続き弁護人になれるという、弁護人選任の手続を簡単にするための規定である。

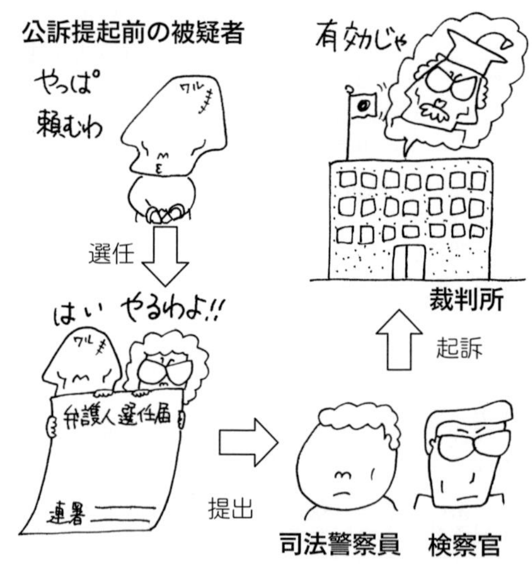

なお、連署した書面を出さなくても、起訴後に被疑者が当該弁護士を弁護人に選任すれば、当然、

弁護人になれる。

ちなみに、判例によると、公訴提起後に提出された署名のない選任届や留置番号を書いた選任届は無効とされているため、起訴後は、「弁護人と被告人の名前を連署した書面」を出さないと有効な弁護人選任にはならない。

○　被疑者段階の弁護人選任の方法

被疑者（公訴提起前）の弁護人の選任手続については、何の規定もない。

なお、犯捜規には、被疑者（公訴提起前）の弁護人の選任についても、選任届の提出が必要であると規定されているが、犯捜規は国家公安委員会規則であり、規則によって法律に基づく手続を制限することはできないため、被疑者（公訴提起前）の弁護人選任の手続については、口頭で行ってもよいと解されている。

被疑者（公訴提起前）の弁護人選任は、口頭でよい

ワンポイント

「公訴提起後」とは
　検察官が起訴して裁判にかけた後を「公訴提起後」という。公訴提起後は、「被疑者」は「被告人」となる。

弁護人の選任については、弁護人と連署した選任届を、当該被疑者または刑訴法第30条第２項の規定により独立して弁護人を選任することができる者から差し出させるものとする（犯捜規133条１項）。

ウ　弁護人の数

> 【刑訴規則第27条第１項前段】
> 被疑者の弁護人の数は、各被疑者について３人を超えることができない。

弁護人があまりに多いと捜査に支障がでるため、被疑者（公訴提起前）の弁護人は３人までと定められている。

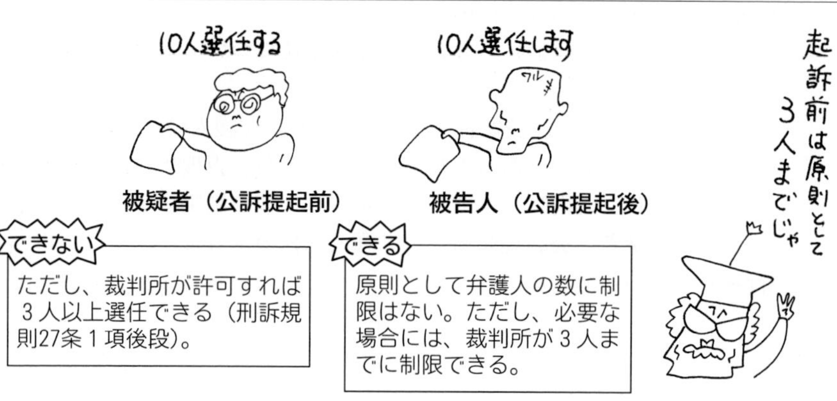

(2)　弁護人及び弁護人となろうとする者との接見交通

ア　意義

> 身体の拘束を受けている被告人又は被疑者は、弁護人又は弁護人を選任することができる者の依頼により、弁護人となろうとする者（弁護士でない者にあつては、第31条第２項の許可があつた後に限る。）と、立会人なくして接見し、又は、書類若しくは、物の授受をすることができる（刑訴法39条１項）。

これらの権利は、逮捕等された被疑者が弁護人から援助を受けるためのもので、刑事手続上最も重要な権利のひとつである。

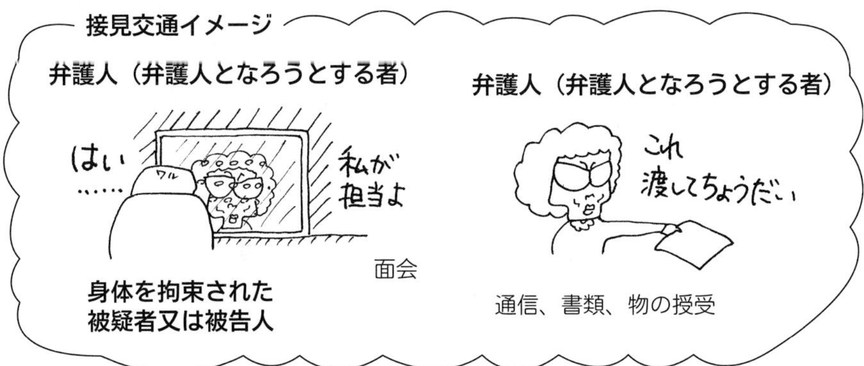

イ　刑訴法第39条第１項の用語の意義

(ア)　「身体の拘束を受けている被告人又は被疑者」とは

逮捕、勾引、勾留、鑑定留置等されている者のことをいう。

逮捕、勾引、勾留、鑑定留置等で拘束されている被疑者、被告人

ただし、強制採尿等の一時的な連行等は、これに含まれない。

捜索差押許可状による強制採尿中

⑷　**「弁護人」とは**

弁護人選任権者（被疑者やその親族等）から選任され、かつ、選任手続を終わった者のことをいう。

⑸　**「弁護人となろうとする者」とは**

弁護人選任の依頼を受け、選任手続がまだ終わっていない者をいう。

○　**当番弁護士は、「弁護人となろうとする者」に当たるか**

当番弁護士とは、身体を拘束された被疑者の要求に基づき、捜査機関が弁護士会に連絡し、連絡を受けた弁護士会が弁護士を派遣する制度である。

よって、被疑者等の求めに応じて来署した当番弁護士は、「弁護人となろうとする者」に当たる。

○　**押しかけ弁護士は、「弁護人となろうとする者」に当たるか**

押しかけ弁護士とは、選任者から依頼を受けることなく、一方的に被疑者の弁護人となろうとする弁護士のことをいう。

警察署等に一方的に弁護士が押しかけた場合は、その時点では、弁護人選任権者による選任がないため、「弁護人となろうとする者」に当たらない。

ただし、被疑者が押しかけ弁護士を弁護人に選任したいと希望した場合には、「弁護人となろうとする者」に当たる。

また、被疑者の勤務先の上司等が依頼した弁護士が接見を求めてきた場合、あらかじめ被疑者がその上司に弁護人選任の代理権を与えていた場合には、「弁護人となろうとする者」に当たる。

○　「弁護人となろうとする者」かどうかの確認方法

弁護士名簿や弁護士バッジで弁護士であることを確認するほか、どの弁護人選任権者からの依頼なのか、当該事件にかかる弁護依頼なのか等について説明を求めたり、選任権者の名前が記載された依頼状等により「弁護人となろうとする者」かどうかの確認を行う。

㈣　「立会人なく接見」できるとは

「立会人なく接見」できるとは、弁護人又は弁護人になろうとする者が、留置担当の警察官等の立会いを受けることなく被疑者と接見（面会）できるということである。

なお、立会人なく接見（面会）ができるのは、弁護人又は弁護人となろうとする者だけであり、その他の者と被疑者の接見（面会）には、当然に警察官が立ち会う。

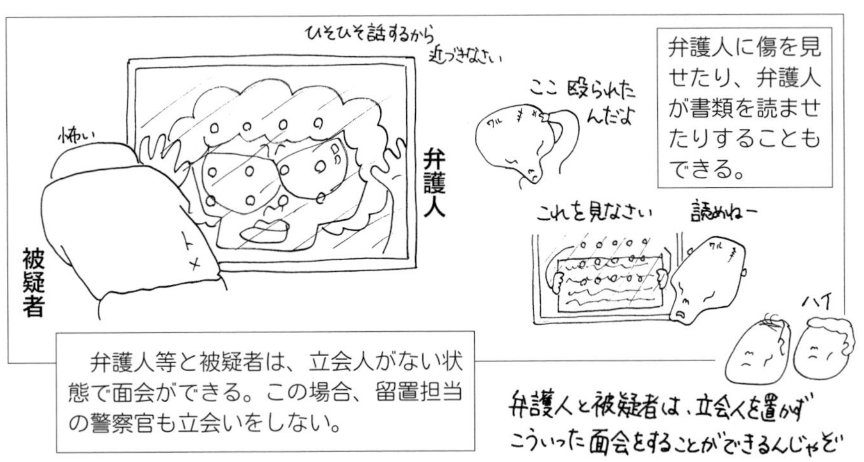

(オ) 「物の授受」とは

刑訴法第39条第１項の「立会人なく」は、「書類若しくは物の授受」にはかからないので、「書類若しくは物の授受」の場合には立会人を置くことができる。

⑶　捜査機関による接見指定

ア　接見指定とは何か

検察官、検察事務官又は司法警察職員（司法警察員及び司法巡査をいう。）は、捜査のため必要があるときは、公訴の提起前に限り、第39条第１項の接見又は授受に関し、その日時、場所及び時間を指定することができる。

但し、その指定により、被疑者の防御権を不当に制限してはならない（刑訴法39条３項）。

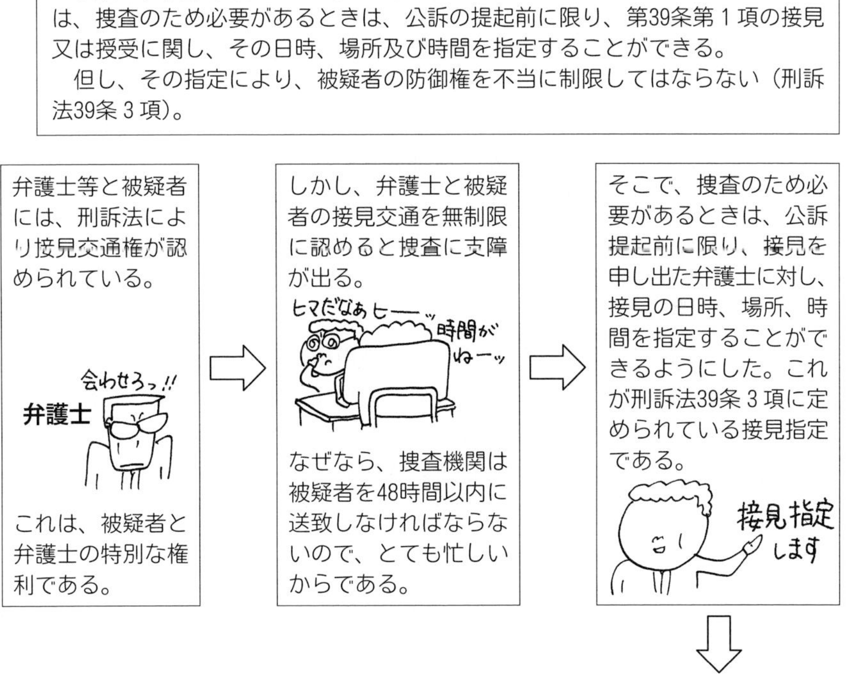

弁護士等と被疑者には、刑訴法により接見交通権が認められている。

これは、被疑者と弁護士の特別な権利である。

→

しかし、弁護士と被疑者の接見交通を無制限に認めると捜査に支障が出る。

なぜなら、捜査機関は被疑者を48時間以内に送致しなければならないので、とても忙しいからである。

→

そこで、捜査のため必要があるときは、公訴提起前に限り、接見を申し出た弁護士に対し、接見の日時、場所、時間を指定することができるようにした。これが刑訴法39条３項に定められている接見指定である。

↓

この接見指定は、被疑者と弁護人の権利を守りながら、捜査に支障が出ないようにするための制度である。ただし、接見指定は無制限に認められるものではない。

イ　接見指定をするための要件

接見指定をする場合には、次の４つの要件が必要である。

① 公訴の提起前であること。
② 捜査のため必要であること。
③ 日時・場所・時間を具体的に指定すること。
④ 被疑者の防御権を不当に制限するものではないこと。

この中でも「②　捜査のため必要であること」について、最高裁は次のように判示している。

捜査機関は、弁護人等から被疑者との接見等の申出があったときは、原則としていつでも接見等の機会を与えなければならないのであり、法39条３項本文にいう「捜査のため必要があるとき」とは、接見等を認めると、取調べの中断等により捜査に顕著な支障が生ずる場合に限られる。

したがって、弁護人等から接見等の申出を受けた時に、捜査機関が現に被疑者を取調べ中である場合や、実況見分、検証等に立ち合わせている場合、近い時間に取調べ等をする確実な予定があり、弁護人等の接見を認めると、取調べ等が予定どおりに開始できなくなるおそれがある場合などが、捜査に顕著な支障が生ずる場合に当たる（最大判平11．３．24）。

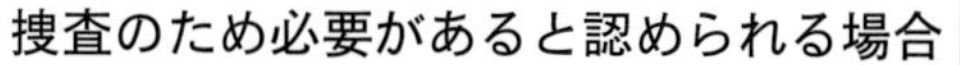

現に取調べ中

実況見分、検証を行おうとしている場合

実況見分、検証に立ち会わせ中

ウ　接見指定できる者

刑訴法上は、検察官、検察事務官又は司法警察職員は、公訴提起前であれば接見指定ができることになっている。

しかし、実務上は、送致前は捜査主任官たる司法警察員が、送致後は釈放権限と勾留請求権限を持つ検察官が接見指定を行使している。

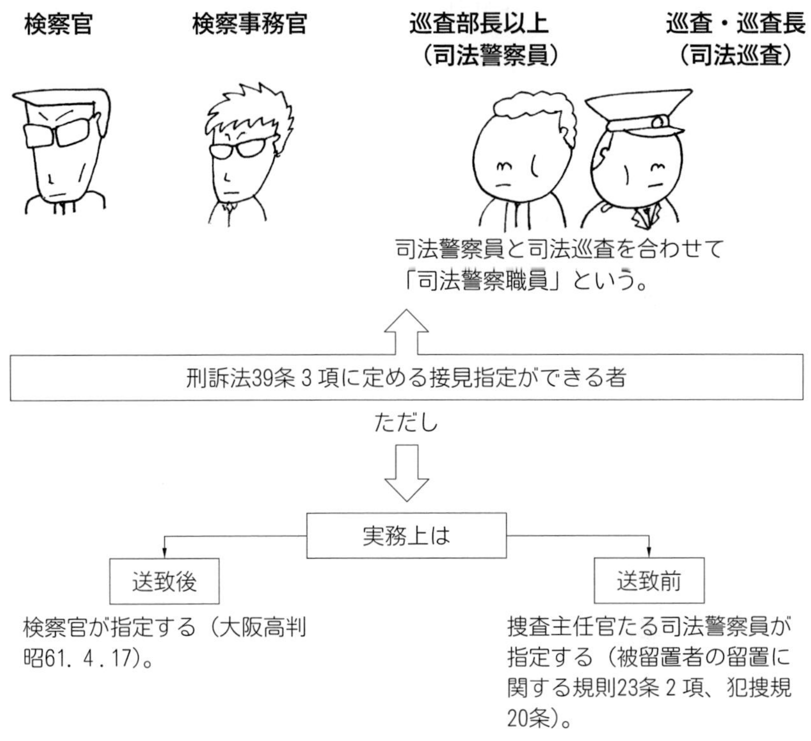

エ　接見指定の方法

公訴提起前の被疑者に対し、弁護士等が接見を申し出た場合、捜査上必要があれば、口頭又は接見指定書により接見の日時等を指定する。

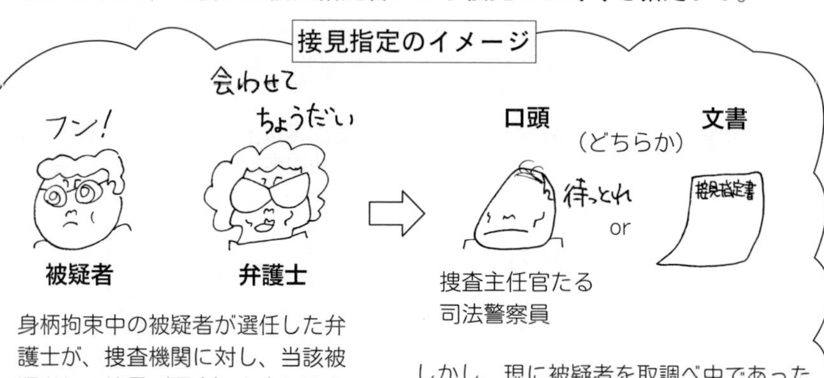

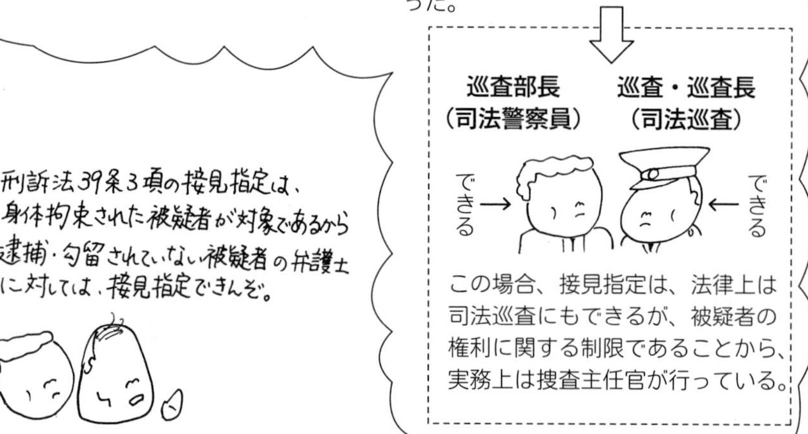

ワンポイント
公訴提起後は接見指定できない。

○　運用上の留意事項

接見指定をするに当たっては、「捜査機関は、弁護人等と協議してできる限り速やかな接見等の日時等を指定し、被疑者が弁護人等と防御の準備をすることができるような措置をとらなければならない」（最大判平11．３．24）。

この「できる限り速やか」に関連した裁判例に、「道路交通法違反で現行犯逮捕された被疑者に初めての接見をするために、弁護人になろうとする者が、接見指定権者である警察官に対し、午後10時20分ころから再三にわたって接見を申し出たところ、警察官は取調中であることを理由に接見させず、２時間以上経った時点で、翌日の午前９時に接見指定したという事案について、漫然と翌日に接見指定したことは刑訴法39条３項に違反する」（東京地判平18．２．20）としたものがある。

(4) 弁護人等以外の者との接見交通

勾留されている被告人は、弁護人等（39条１項に規定する者）以外の者と、法令の範囲内で、接見し又は書類若しくは物の授受をすることができる。なお、勾引状により刑事施設に留置されている被告人も同様である（刑訴法80条）。

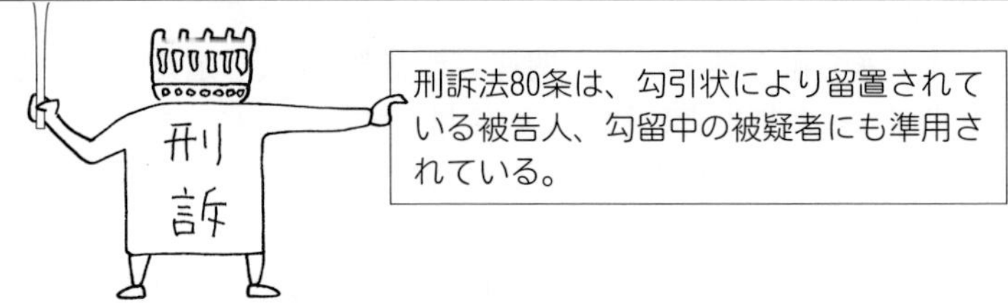

ア 逮捕留置中の被疑者と弁護人等以外の者との接見及び物の授受

逮捕留置中の被疑者（逮捕から72時間以内）に対し、弁護人等以外の者が接見（面会）を申し出た場合については、刑訴法第80条の規定が準用されないことから、捜査機関が弁護人以外の者の接見の申入れを拒否することもできるし、逆に、捜査に支障がなければ接見（面会）させてもよい。

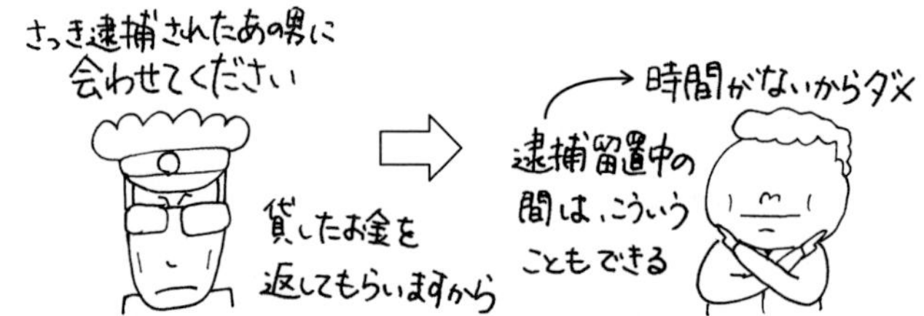

留置主任官は、被留置者に対し、弁護人等以外の者から面会の申出があった場合、面会を許してよいか、被留置者と弁護人等以外の者との間で信書を発受させてよいか、被留置者がその作成した文書を弁護人等以外の者に交付させてよいかについて、捜査主任官の意見を聴くこととされている（被留置者の留置に関する規則24条）。

なお、糧食の授受を禁じ、又はこれを差し押さえることはできない（刑訴法207条１項、81条ただし書）とされているが、実務上は、保健衛生上の理由から、指定業者を通じて差し入れさせるという方法をとっている。

イ　勾留中の被疑者と弁護人等以外の者との接見

○　勾留中の被疑者、被告人は、立会人なく、弁護人以外の者と接見（面会）できるか

刑訴法第80条に、「立会人なく」という文言がないことから、勾留中の被疑者、被告人が、弁護人又は弁護人となろうとする者以外（いわゆる一般人）と接見（面会）する場合は、警察官等の立会人を置いて行われることになる。

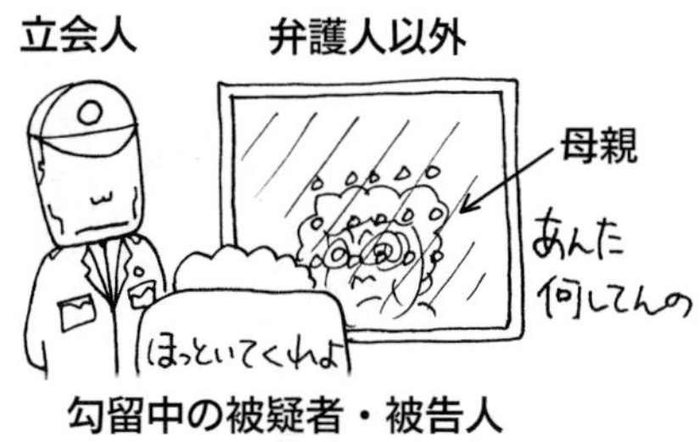

勾留中の被疑者・被告人

○　接見禁止処分

> 裁判所は、逃亡し又は罪証を隠滅すると疑うに足りる相当な理由があるときは、検察官の請求により又は職権で、勾留されている被告人と弁護人等以外の者との接見を禁じ、又はこれと授受すべき書類その他の物を検閲し、その授受を禁じ、若しくはこれを差し押えることができる（刑訴法81条）。

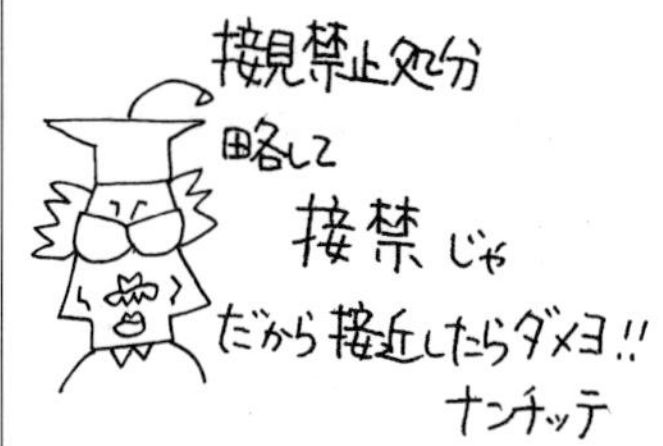

この規定は、勾留中の被疑者にも準用される（刑訴法207条１項）。

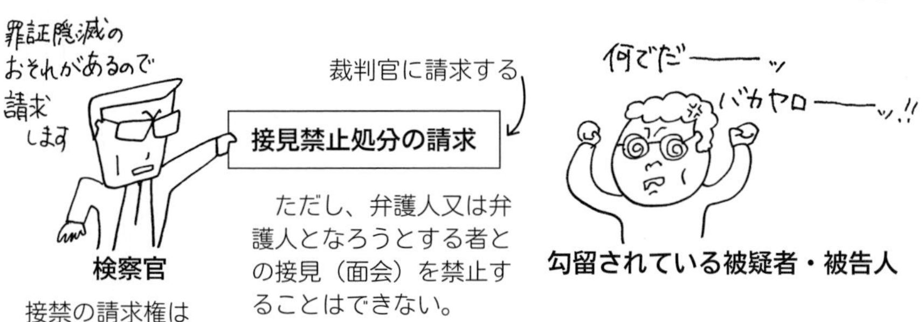

この場合、期限や条件を付けた接見禁止も可能である。実務上は、「公訴の提起まで」といった期限付の接見禁止が行われている。

なお、接見禁止の対象となるのは、勾留中の被疑者、被告人に限られ、逮捕留置中の被疑者は対象外である。逮捕留置中の被疑者については、捜査官の裁量で「弁護人又は弁護人となろうとする者以外の者」との接見（面会）を制限することができる。

ウ　外国人被疑者と領事官の接見交通

「領事関係に関するウィーン条約」締結国の外国人被疑者等と領事官が行う接見交通については、「弁護人等以外の者との接見交通」として取り扱うこととなる。ただし、２国間条約を締結しているアメリカ合衆国と英国国籍の被疑者と領事官との接見には、立会人を置くことはできないので注意が必要である（日米領事条約16条１項、日英領事条約23条２項）。

第5章

捜索・差押え

5
令状だ!!
捜索・差押えを実施する!!
キメッ!!
アノ…
それちがいますけど…
こっちです
広報チラシ
振込め詐欺多発!!
たのむ!!
もう
振り込まないで
○△×警察署生安課長のお願い
令状
捜査

◇　基本となる条文　刑事訴訟法

〔令状による差押え・記録命令付差押え・捜索・検証〕

第218条　検察官、検察事務官又は司法警察職員は、犯罪の捜査をするについて必要があるときは、裁判官の発する令状により、差押え、記録命令付差押え、捜索又は検証をすることができる。この場合において、身体の検査は、身体検査令状によらなければならない。

②　差し押さえるべき物が電子計算機であるときは、当該電子計算機に電気通信回線で接続している記録媒体であつて、当該電子計算機で作成若しくは変更をした電磁的記録又は当該電子計算機で変更若しくは消去をすることができることとされている電磁的記録を保管するために使用されていると認めるに足りる状況にあるものから、その電磁的記録を当該電子計算機又は他の記録媒体に複写した上、当該電子計算機又は当該他の記録媒体を差し押さえることができる。

③　身体の拘束を受けている被疑者の指紋若しくは足型を採取し、身長若しくは体重を測定し、又は写真を撮影するには、被疑者を裸にしない限り、第１項の令状によることを要しない。

④　第１項の令状は、検察官、検察事務官又は司法警察員の請求により、これを発する。

⑤　検察官、検察事務官又は司法警察員は、身体検査令状の請求をするには、身体の検査を必要とする理由及び身体の検査を受ける者の性別、健康状態その他裁判所の規則で定める事項を示さなければならない。

⑥　裁判官は、身体の検査に関し、適当と認める条件を附することができる。

第220条　検察官、検察事務官又は司法警察職員は、第199条の規定により被疑者を逮捕する場合又は現行犯人を逮捕する場合において必要があるときは、左〔次〕の処分をすることができる。第210条の規定により被疑者を逮捕する場合において必要があるときも、同様である。

(1)　人の住居又は人の看守する邸宅、建造物若しくは船舶内に入り被疑者の捜索をすること。

(2)　逮捕の現場で差押、捜索又は検証をすること。

②　前項後段の場合において逮捕状が得られなかつたときは、差押物は、直ちにこれを還付しなければならない。第123条第３項の規定は、この場合についてこれを準用する。

③　第１項の処分をするには、令状は、これを必要としない。

④　第１項第２号及び前項の規定は、検察事務官又は司法警察職員が勾引状又は勾留状を執行する場合にこれを準用する。被疑者に対して発せられた勾引状又は勾留状を執行する場合には、第１項第１号の規定をも準用する。

〔領置〕

第221条　検察官、検察事務官又は司法警察職員は、被疑者その他の者が遺留した物又は所有者、所持者若しくは保管者が任意に提出した物は、これを領置することができる。

1　捜索・差押えとは

「捜索」とは、人の身体、物件又は住居その他の場所において、被疑者や証拠物等を発見するために行う強制処分である。

「差押え」とは、証拠物又は没収物の占有を、強制的に取得する処分である。

「捜索・差押え」には、

○　令状（捜索差押許可状）による場合

○　令状によらず、逮捕の現場で行う場合

の２つがある。

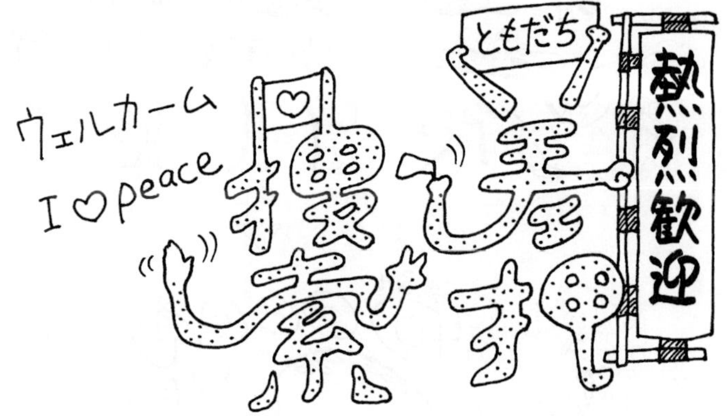

2　令状による捜索・差押え

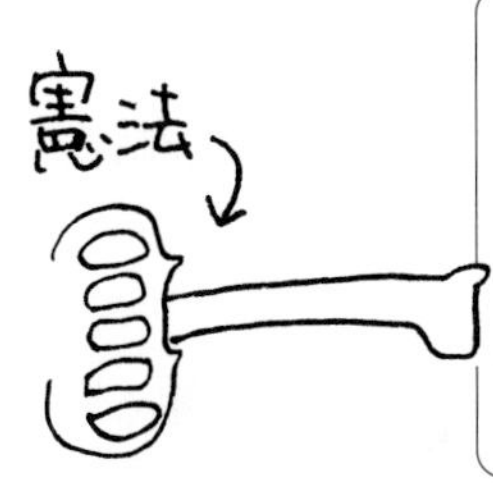

【憲法第35条】
　何人も、その住居、書類及び所持品について、侵入、捜索及び押収を受けることのない権利は、第33条の場合を除いては、正当な理由に基いて発せられ、且つ捜索する場所及び押収する物を明示する令状がなければ、侵されない。
②　捜索又は押収は、権限を有する司法官憲が発する各別の令状により、これを行ふ。

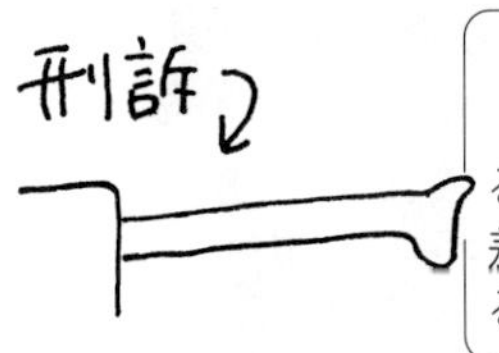

【刑訴法第218条第１項（前段）】
　検察官、検察事務官又は司法警察職員は、犯罪の捜査をするについて必要があるときは、裁判官の発する令状により、差押え、記録命令付差押え、捜索又は検証をすることができる。

⑴　令状請求の要件

　捜索・差押えを行うためには、裁判官の発する捜索差押許可状が必要である。

　捜索差押許可状を請求するためには、右の①から③までの要件を満たしていなければならない。

　ただし、被疑者の住居等に対する捜索差押許可状を請求する場合については、①、②の２つがあればよい。

①　強制処分の必要性があること
②　特定の犯罪の嫌疑があること
③　第三者の住居等については、証拠物が存在する可能性が高いこと

○　「強制処分の必要性」とは

強制処分である捜索・差押えを行うことができるのは、「犯罪の捜査をする必要があるとき」であり、かつ、捜索・差押えを実施しなければ、捜査目的が達成されないときである。

したがって、任意捜査によって捜査目的が達成できる場合は、強制処分である捜索・差押えを行うことは許されない。

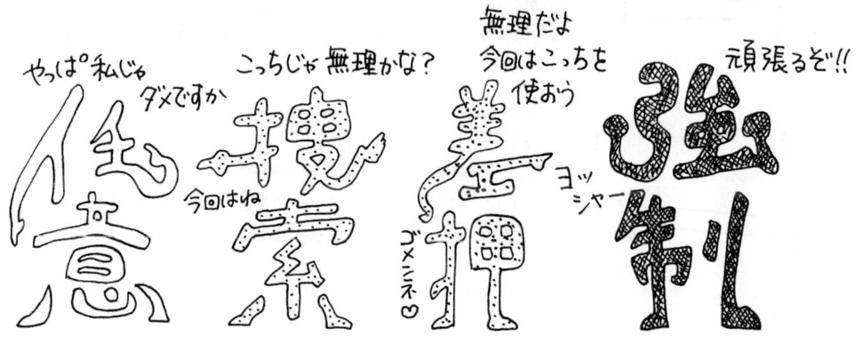

○　「特定の犯罪の嫌疑があるとき」の疎明

捜索差押許可状を請求するためには、裁判官に対して「被疑者又は被告人が罪を犯したと思料されるべき資料」の提供が必要である（刑訴規則156条１項）。

この請求資料によって「特定の犯罪の嫌疑」を疎明するのである。

比べてみようコーナー
「嫌疑の程度」

通常逮捕の場合は「相当な理由」と書かれており、明確に「嫌疑の相当性」が要求されている（刑訴法199条１項、２項）のに対し、捜索・差押えの場合には、単に「罪を犯したと思料されるべき資料」が必要であることが規定されているだけであることから、その嫌疑の程度は、通常逮捕状請求の場合よりも低いものでよいと解されている。

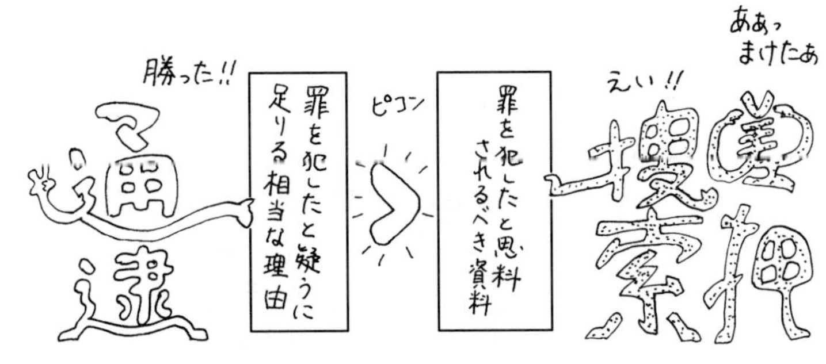

○　「被疑者の住居等」を捜索する場合

被疑者の「身体、物又は住居その他の場所」には、差押え対象物が存在する可能性が高いことから、被疑者の住居等を捜索するに当たっては、

①　強制処分の必要性

②　犯罪の嫌疑性

を疎明すればよい（刑訴法102条１項、222条１項）。

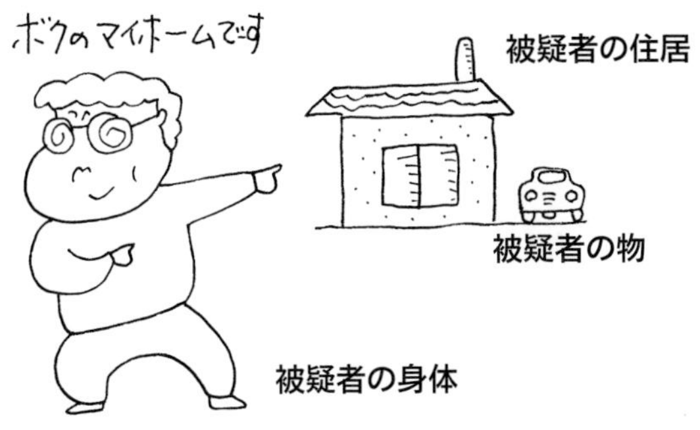

○　「被疑者以外の者の住居等」を捜索する場合

被疑者以外の住居等については、一般的に証拠物等が存在する可能性が低いので、被疑者以外の住居等を捜索するための令状を請求するときには、

①　強制処分の必要性
②　犯罪の嫌疑性

のほかに、

③　証拠物等がある可能性が高い状況

を疎明しなければならない（刑訴法102条２項、222条１項、刑訴規則156条３項)。

証拠物等がある可能性があることを疎明しなければ令状は出ない

○　「通信事業者等が保管・所持する郵便物等」を差し押さえる場合

郵便物等については、憲法上、通信の秘密が保障されている（憲法21条２項）。

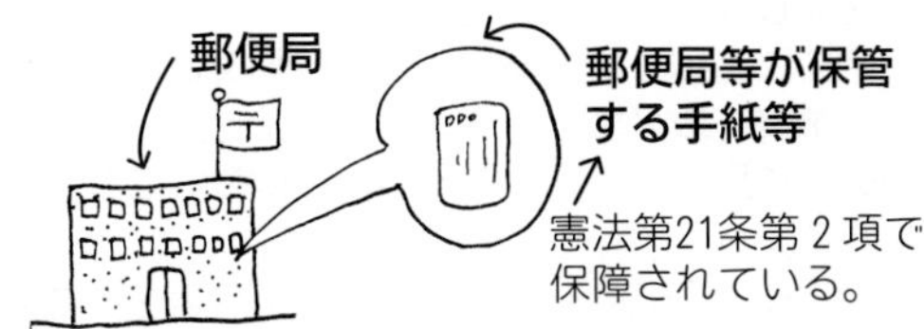

被疑者から発し、又は被疑者に対して発した郵便物、信書、電信に関する書類で法令の規定に基づき通信事務を取り扱う者が保管、所持するものについては、差し押さえることができる（刑訴法100条１項、222条１項）。

しかし、郵便局等に保管されている郵便物等が、被疑者から発し、又は被疑者に対して発したものでない場合については、当該被疑事件に関係があると認めるに足る状況がなければ、差し押さえることはできない（刑訴法100条２項、222条１項、刑訴規則156条２項）。

郵便物等に関する特別な要件はここです

【刑訴法第100条】
裁判所は、被告人から発し、又は被告人に対して発した郵便物、信書便物又は電信に関する書類で法令の規定に基づき通信事務を取り扱う者が保管し、又は所持するものを差し押え、又は提出させることができる。
② 前項の規定に該当しない郵便物、信書便物又は電信に関する書類で法令の規定に基づき通信事務を取り扱う者が保管し、又は所持するものは、被告事件に関係があると認めるに足りる状況のあるものに限り、これを差し押え、又は提出させることができる。
③ 前2項の規定による処分をしたときは、その旨を発信人又は受信人に通知しなければならない。但し、通知によつて審理が妨げられる虞がある場合は、この限りでない。

○ 私書箱はどうなるのか

郵便局内に設けられている私書箱に「配達」された郵便物については、名宛人は滞りなくこれを受け取る必要があり、私書箱の鍵を保有して自由に郵便物を取り出すことができ、箱の中には名宛人の郵便物だけが存在する（郵便局の業務は投函後の内容物についての保管の業務を含まない）という特殊な事情から、一般家庭の郵便箱に投函されたものと同じものであると解されている。そのため、刑訴法第100条の適用はない。

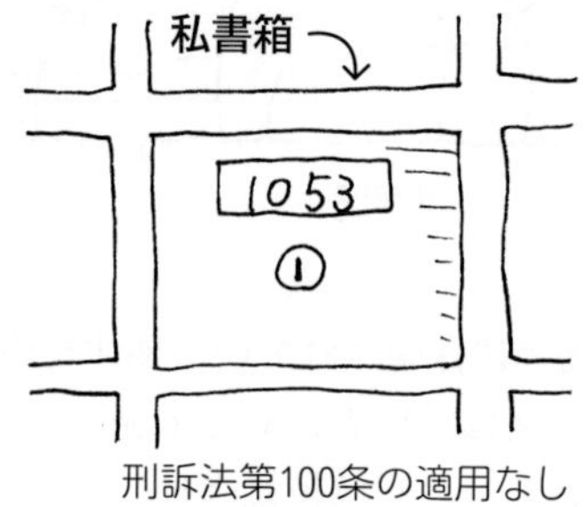

刑訴法第100条の適用なし

(2) 令状の請求手続

ア 請求権者

令状を請求できる者（請求権者）は、検察官、検察事務官又は司法警察員である（刑訴法218条４項）。

捜索差押許可状の請求権者である司法警察員は、通常逮捕状の場合とは異なり、指定司法警察員（公安委員会の指定を受けた警部以上の階級にあ

る司法警察員）に限られない（刑訴法199条２項）。

しかし、令状の請求はより慎重に行うべきという趣旨から、実務上は、やむを得ない場合を除き、指定司法警察員が請求するものとされている（犯捜規137条１項）。

イ　請求先

令状は、原則として、請求者が所属する官公署の所在地を管轄する地方裁判所又は簡易裁判所の裁判官に請求する。

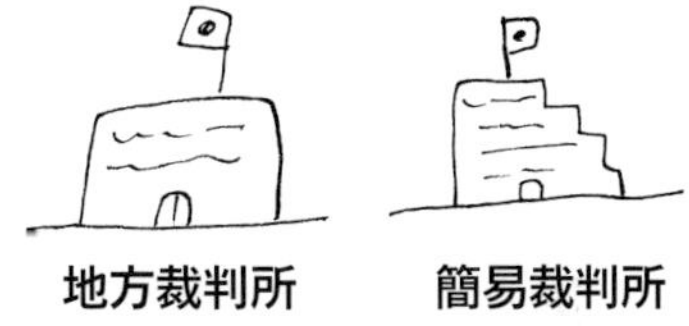

ただし、やむを得ない事情がある場合は、最寄りの下級裁判所の裁判官にも請求することができる（刑訴規則299条１項）。

やむを得ない事情とは、他の都道府県に出張中に捜索・差押えの必要が生じた場合などが考えられる。

ウ　令状請求書の記載要件

令状の請求は書面でしなければならない（刑訴規則139条１項）。令状の請求書面に記載する事項については、刑訴規則第155条第１項で、定められている。

エ　差し押さえるべき物

差押えの対象となるのは、「証拠物又は没収すべき物と思料するもの」である（刑訴法99条１項）。

「証拠物」とは、犯罪事実を認定するために必要な証拠物のことをいい、直接証拠はもとより、間接証拠や情状に関する証拠も含まれる。

「没収すべき物」には、必要的没収物（刑法197条の５）のほか、任意的没収の対象物も含まれる。

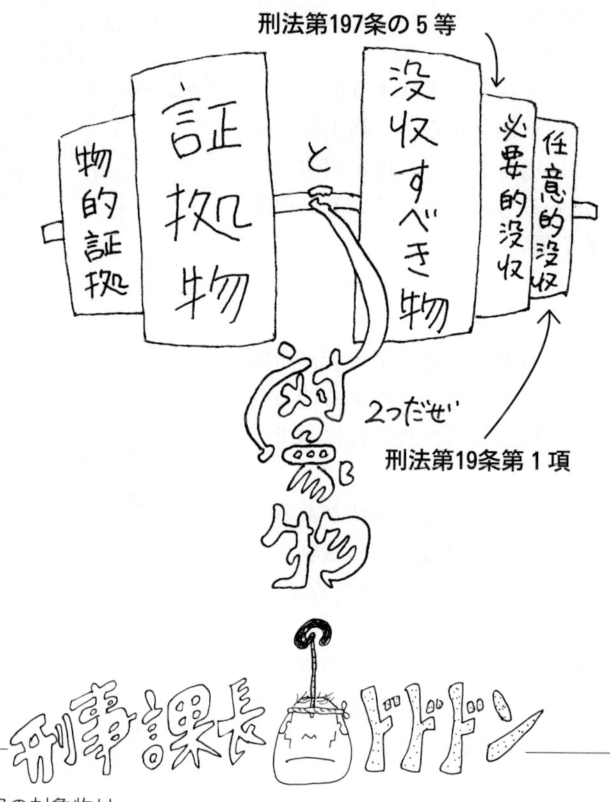

任意的没収の対象物は、
① 犯罪行為を構成（組成）した物
② 犯罪行為の用に使い（供し）、又は使おうと（供しようと）した物
③ 犯罪行為によって生じ、若しくは犯罪行為によって得た物又は犯罪行為の報酬として得た物
④ これらの対価として得た物
の４種類がある（刑法19条１項）。

なお、拘留又は科料のみに当たる罪については、①を除き、特別の規定がない限り、没収することができない（刑法20条）。

○ 差押えの対象物の範囲

差し押さえることができる物は、動産だけでなく、不動産も含まれる。また、民事訴訟法上の差押物、仮差押物についてもできるし、他の刑事事件で差し押さえられている物についても差し押さえる（いわゆる二重押収）こともできる。着衣の繊維片、皮膚片、汗、体液等の微物も有体物に含まれる。

ただし、対象物はあくまで「有体物」に限られ、債権、エネルギー、コンピュータ情報等は、差押えの対象物にはならない。

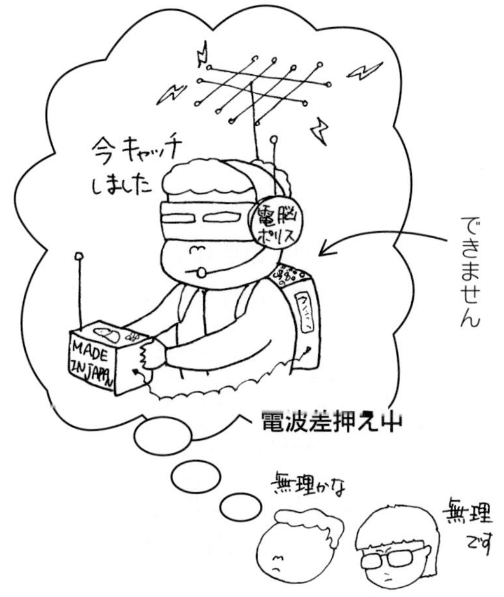

また、振り込め詐欺（恐喝）で振り込まれた金は預金債権であるから、差押えをすることができないし、コンピュータに記録された情報についても差押えはできない。

よって記録された情報を差し押さえる場合については、検証によってその内容を明らかにするか（ハードディスク等に記録された情報をディスプレイに表示させたり、用紙にプリントアウトさせて検証する）、コンピュータ本体、DVD又は別のハードディスク等にコピーしてそれを差し押さえることになる。

パソコンそのものの差押えはできる。

被押収者が被疑者と関係のない第三者であったり、パソコンそのもの（ハードディスク）を差し押さえた場合、被押収者のその後の他事案に支障が生じる場合があるので、被押収者の権利についても十分に考慮すること。

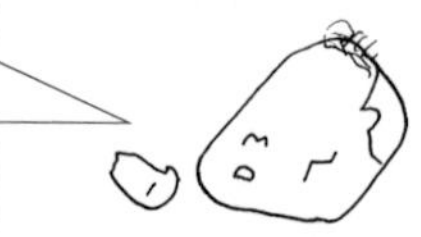

○　犯罪事実との関連性の疎明

差押えの対象物が、「犯罪の証拠物」又は「没収すべき物」と思料されるものであることが差押えの要件であるから、令状請求をする場合には、犯罪事実と差押対象物の関連性について疎明しなければならない。

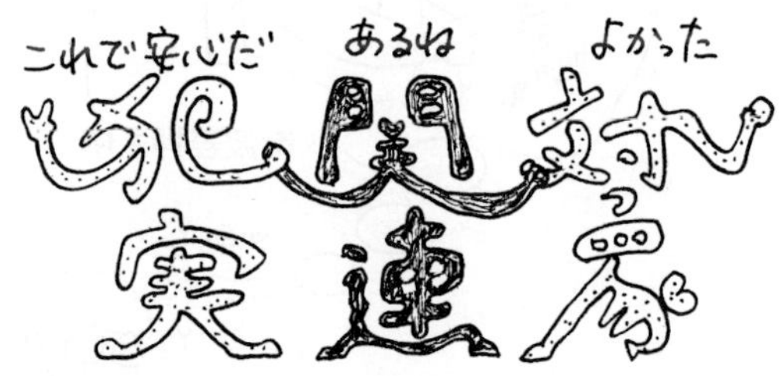

なお、関連性の証拠については、当該犯罪事実に関連するものであればよく、直接証拠（犯罪事実を直接証明する証拠物）、間接証拠（犯罪を推認させる事実を証明する証拠物）、情状に関する証拠（犯罪事実に関する犯情を証明する証拠物）を問わない。

○　「差し押さえるべき物」の特定の程度

差し押さえるべき物の記載は、「捜索すべき場所」の特定と同じように、憲法第35条第１項の要請であるから、被処分者の財産権の保護のために具体的に特定しなければならない。

ただし、捜索・差押えは、被疑者を逮捕する前の捜査の初期段階で行われることが多いことから、差し押さえるべき物を完全に把握することは不可能に近く、ある程度の概括的・抽象的な記載であってもやむを得ないと解されている。ただし、単に「本件に関係あると思料される一切の文書及び物件」というような記載は許されない。

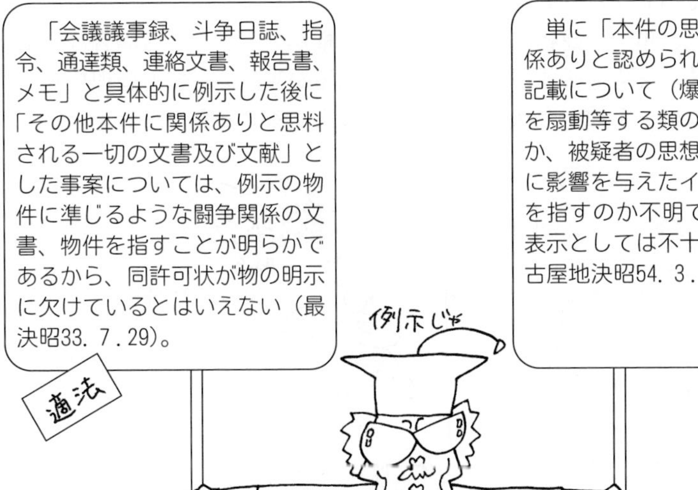

オ　捜索すべき場所

捜索すべき場所は、「場所」に限られず、「人の身体」や「物」も含まれる。

捜索すべき場所の明示について、最高裁は、「押収又は捜索すべき場所の表示は、合理的に解釈してその場所を特定し得る程度に記載することを必要とするとともに、その程度の記載があれば足りると解する」と判示している（最決昭30.11.22）。

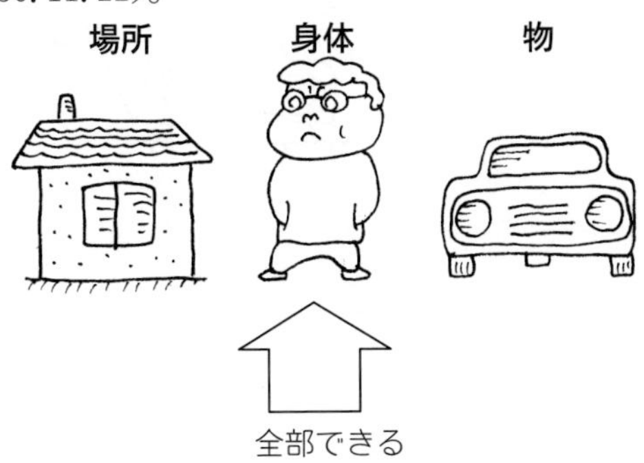

○　管理権が分かれている場合

構造上、単一の建物であっても、管理権が分かれている場合は区別して令状請求をする必要がある。逆に、部屋が複数あっても管理権が一つの場合には、１通の令状で建物全体を捜索することができる。

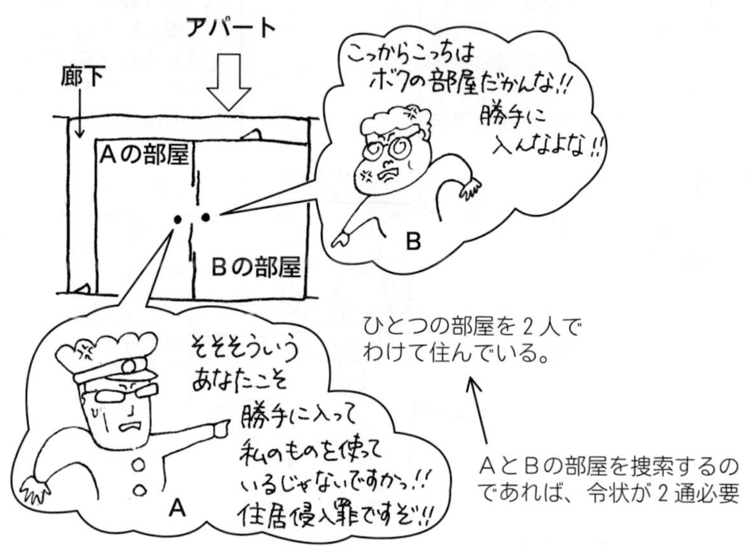

○　自動車の場合

公道上に駐車している自動車の内部を捜索する場合は、「被疑者○○の所有する自家用普通乗用自動車（トヨタ××××、登録番号××300さ1234)」などと特定する。

自動車が、不特定多数の者が通常立ち入ることができないような場所にあって、自動車と駐車場所の管理者が違う場合は、実務上、自動車に対する令状のほかに、敷地内に立ち入るための捜索許可状の発付を得ることが適当である。

なお、自動車と駐車場所の管理者が同じ場合（例えば、自動車が当該所有者の住居に付属した車庫等にある場合）については、令状の数は管理権の数を基準とすることから、「○○区○○町○丁目…○○方敷地内に存在する同人所有の自家用普通自動車…」と記載した１通の令状で執行できる。

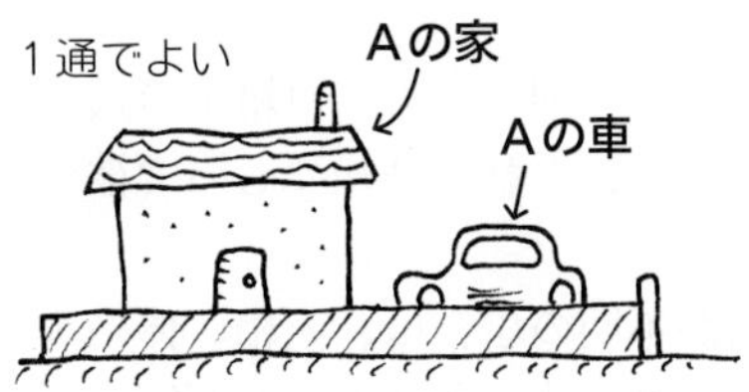

○　**複数の患者が入院中の病室の場合**

被疑者が入院中、被疑者のほかに第三者が同じ病室を使用している場合は、「病院内の被疑者○○が入院している103号室（同室者の専有部分を除く。）」などと記載すべきである。

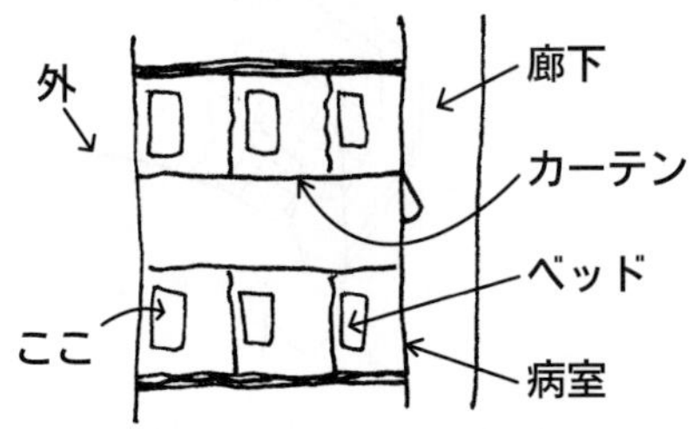

○　被疑者が宿泊しているホテルを捜索する場合

被疑者が宿泊するホテルの客室を捜索する場合、原則は、現に被疑者が使用している部屋（番号）を特定しなければならない（東京地判昭50. 11. 7）。

ただし、客室を特定できなかったり、被疑者が客室を転々としているときは、客室番号を特定することなく、「○○ホテル内の被疑者○○が宿泊している客室」といった特定方法でよい。

カ　被疑者の氏名

被疑者の氏名は、原則として、戸籍上の氏名を記載するが、ペンネームや通称等であっても、それが公知のもので被疑者が特定できれば、それを記載してもよい。

被疑者の氏名が不明の場合は、人相、体格等、被疑者を特定する事項を記載すればよい（刑訴法64条２項、219条３項）。

捜索・差押えは、捜査の初期段階で行われることが多いことから、必ずしも被疑者が判明している必要はなく（大判昭10. 10. 24）、その場合には、「被疑者不詳」と記載すればよい。

また、被疑者が複数の場合、「○○ほか○名」と記載することも許される。

被疑者が法人の場合は、商業登記された法人名を記載する。

令状請求できる

キ　罪名

刑法犯については、「強盗」「窃盗」等と単に罪名だけを記載する。

特別法犯についても、最高裁は、単に「地方公務員法違反」と記載された令状につき、「適用される条文まで示す必要はないと解する。」（最決昭33. 7 . 29）としている。

ただし、特別法犯については、捜査の秘密や被疑者の名誉等の観点から弊害がない限り、実務上、適用罪名を明確にするために、「○○法○条違反」又は「○○法違反（同法第○条）」と罰条を記載する運用がされている。

ク　捜索差押許可状の有効期間

令状の有効期間は、原則として「令状発付の日から７日」である。

ただし、逮捕と同時に捜索・差押えを実施しなければならないといった特殊な事情（被疑者から証拠の存在する場所を聞き出す以外に方法がなく、しかもその被疑者が特別の組織を背景に持っており、逮捕されたと同時に他の者が証拠隠滅工作をするおそれがある等）があり、それが裁判官に認められた場合に限り、７日を超える期間を定めることもできる（刑訴規則300条）。

ケ　夜間の制限

夜間（日没から日の出までの間）に捜索差押許可状による捜索・差押えを行う場合には、夜間執行を許可する記載がなければできない。

ただし、日没前に執行に着手したときは、日没後でも継続できる（刑訴法222条３項、116条２項）。

この夜間執行の制限は、夜間における個人の私生活の平穏の保護にあることから、公務所については、夜間執行の制限は受けない。

夜間（日没から日の出までの間）、人の住居、人の看取する邸宅・建造物・船舶内に入って捜索・差押えに着手するためには、令状に夜間でも執行することができる旨の記載があることを要する（刑訴法116条１項、222条４項）。

○　**夜間執行の必要性がある場合とは**

夜間執行の必要性がある場合とは、急速を要する場合や、昼間は捜索場所の家族全員が不在の場合、昼間に実施すると妨害のおそれがある場合等である。

こういった場合は、その理由を疎明した上で、夜間執行の必要がある旨を記載して令状請求を行う。

昼間に実施したのでは、妨害のおそれがある場合の誤ったイメージ

○ 夜間執行の制限を受けない場所

刑訴法第117条は、夜間執行の制限を受けない場所として、

- 賭博
- 富くじ
- 風俗を害する行為

→に常用されている場所

- 旅館
- 飲食店
- その他、夜間でも公衆が出入りできる場所

→公開時間中

については、夜間執行の制限を受けない旨を規定している。

公務所もこれに含まれると解されている。

> 【刑訴法第117条】
> 次に掲げる場所で差押状、記録命令付差押状又は捜索状の執行をするについては、前条第１項に規定する制限によることを要しない。
> ⑴ 賭博、富くじ又は風俗を害する行為に常用されるものと認められる場所
> ⑵ 旅館、飲食店その他夜間でも公衆が出入りすることができる場所。ただし、公開した時間内に限る。

ワンポイント

客が入室しているホテルの客室など、「公衆が出入することができない場所」については、刑訴法第117条第２号ただし書の適用を受け、夜間執行の制限があると解される。

○　**自動車の場合**

自動車は住居ではないため、夜間執行の許可がなくても捜索・差押えで車内に立ち入ることは可能である。

しかし、夜間、住居の敷地内に駐車している自動車内を捜索する場合については、敷地に立ち入ること自体が住居の平穏を害する行為であることから、敷地に駐車している自動車も夜間執行の制限を受けることになる。

また、キャンピングカーは、車内に調理設備やベッド等が設置されていることから、住居として扱うのが相当であると解されている。よって夜間にオートキャンプ場等に駐車しているキャンピングカーを対象に令状を執行する場合は、夜間執行を許可する旨の記載が必要となる。

○　**会社事務室の場合**

会社の事務室等は、会社の代表者が管理する建物、すなわち刑訴法第116条第１項の「人の看取する建造物」に当たる。したがって、夜間に会社事務室等を捜索する場合には、夜間執行許可の記載が必要である。

ただし、サービスカウンター等の公衆が出入りする場所については、公開時間中であれば、刑訴法第117条の規定により、夜間執行の制限は受けない。

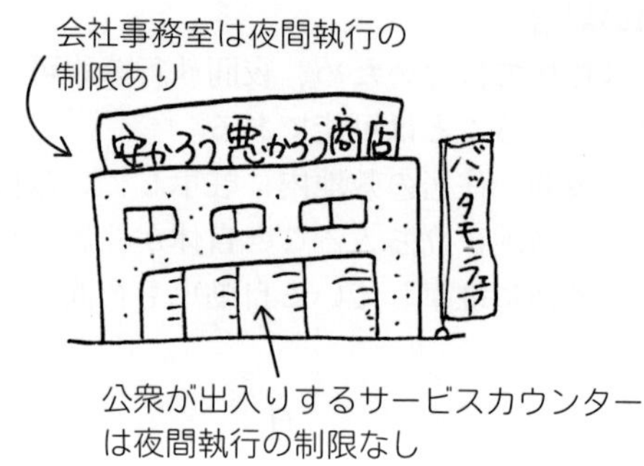

⑶ 令状の執行手続

ア 令状の提示

捜索・差押えを実施する場合は、処分を受ける者に令状を提示しなければならない（刑訴法110条、222条１項、犯捜規141条１項）。

この手続の趣旨は、手続の明確性と公正さを担保するとともに、裁判に対する不服申立ての機会を与え、処分を受ける者の権利を保護しようとするものである。

なお、捜索・差押えの執行には、逮捕状の緊急執行（刑訴法73条３項、201条２項）のような規定がないことから、令状の提示は必ず行わなければならない。

例外なし。必ず提示しなければならない

通常逮捕における緊急執行のような例外はない

○ 令状の提示はいつするのか

この令状の提示は、原則として、執行前に行わなければならない。

しかし、実務上、これを厳格に守ると証拠隠滅等をされる場合がある。

その場合には、執行に着手した後、速やかに提示することも例外的に認められる。

判例も、執行着手前の提示が原則とした上で、覚醒剤取締法違反の前科がある被疑者が、令状執行の動きを察知すれば覚醒剤等を隠匿・毀棄するおそれがあったため、令状の提示前に被疑者が宿泊しているホテルの客室ドアをマスターキーで開けて入室した措置を適法としている（最決平14.10. 4 ）。

適法とされた事例

提示前に捜索を開始した

○　どの程度、提示すればよいのか

令状を提示するのは、被処分者にその内容を理解させればよいのであるから、内容が分かる程度に時間をかけて提示をする必要がある。したがって、一瞬だけ相手に示しただけでは提示したとはいえない。

しかし、相手方が閲読を拒絶した場合は、そのまま令状の執行に着手して差し支えない（東京地判昭50. 5 . 29）。

なお、筆写やコピー、写真撮影の要求に応じる義務はない（東京地決昭34. 5 . 22）。また、令状の提示に際し、被処分者から犯罪事実の告知を求められた場合にも、それに応じる必要はない。

応じなくてよい

○　「処分を受ける者＝提示の相手方」は誰か

令状提示の相手方は、差し押さえるべき物又は捜索すべき場所の現実の支配者である（刑訴法114条）。この場合、法律上の管理者でなくても、事実上、その物又は場所を支配している者に提示すればよい。

事実上の支配者に提示すればよい

○　処分を受ける者が不在の場合

「処分を受ける者」ではない単なる立会人（隣人や地方公共団体の職員等。詳しくは後述する。）は、ここにいう「処分を受ける者」に該当しないことから、刑訴法による令状提示の相手方にはならない。

ただし、住居主が不在等、被処分者に提示することができない場合は、手続の公正さを担保するために、実務上の措置として、立会人に提示しなければならない（犯捜規141条２項）。

○　処分を受ける者が帰宅した場合

立会人を立てて執行後に、被疑者等（処分を受ける者）が捜索・差押えの現場に現れた場合は、適法に着手した後であるから、被処分者である被疑者に改めて令状を提示する法律上の義務はない。

しかし、実務上は、捜索等を妨害されるおそれがあるなどの事情がない限り、改めて被疑者等（処分を受ける者）に令状を提示した上で、捜索等を継続するのが妥当である。

改めて提示して、捜索する

イ　立会い

公務所や人の住居等で捜索・差押えを実施する場合には、処分を行う場所の責任者等を立ち合わせなければならない（刑訴法114条、222条１項）。たとえ急速を要する場合でも、この立会人は省略できない。

捜索・差押えの際に立会人を置く目的は、処分を受ける者の利益保護と公正な手続を確保することにある。刑訴法では、捜索・差押えの立会いについて、公務所内における場合（刑訴法114条１項）と公務所以外の人の住居等における場合（刑訴法114条２項）とを分けて規定している。

立会人が必要

㈠　立会人の数について

立会人の数について刑訴法上に明文の規定はないが、立会いとしての機能を失わせるような方法は避けなければならない。

通常は一人

一般的に、通常は一人で足りる場合が多いが、広範囲な場所を同時に捜索するような場合には、一人の立会人では監視が不可能であるから、必要な数の立会人を置かなければならない。なお、広い範囲を一人の立会人で実施したことについて、違法と判断された裁判例（東京地決昭40.7.23）もある。

前記のほかにも、17歳の高校２年生を立会人として捜索・差押えを行った事例について、同人がその意味を十分理解していないとして、差押物についての証拠能力を否定した裁判例（大阪高判昭31.6.19）もあるので注意を要する。

(イ) 公務所での捜索・差押えの場合

公務所内で捜索・差押えを実施する場合には、「その長又はこれに代わるべき者」に連絡して、その処分に立ち会わせなくてはならない（刑訴法114条１項、222条１項）。

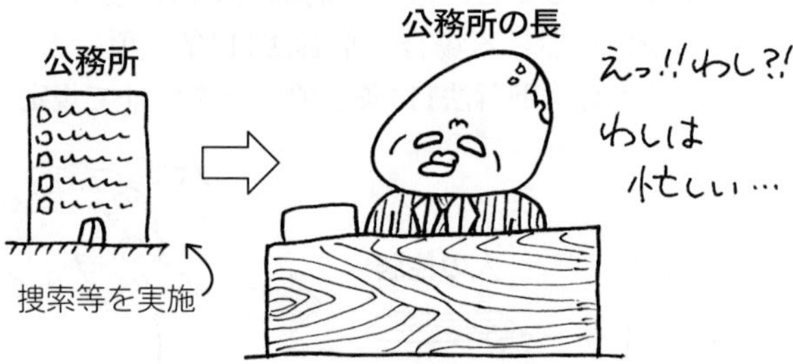

○　「公務所」とは

「公務所」とは、刑法第７条第２項の公務所とは異なり、公務員が職務を執行する施設そのものを意味する。

したがって、建物だけでなく、社会通念上、建物と一体とみなされる付属施設及び公務所の長の管理権が及ぶ全ての範囲をいう。

公務所

駐車場や囲繞（いにょう）地も含む

○　「その長又はこれに代わるべき者」とは

「その長」とは、その公務所を直接管理する最上級者をいう。

「これに代わるべき者」とは、「その長」が不在時にその職務を代行する者をいう。

ただし、必ずしもこれらの者が直接立ち会う必要はなく、それらの者が指定した者であればよい。

この人が指定する他の者でもよい

○　立会人としてふさわしくない者

公務所に対する捜索・差押えにおいて、休日等に警備員を立ち会わせて捜索を実施した場合、押収物が公務上の秘密に関する物であったときに、押収拒絶権（刑訴法103条、104条）の行使の有無を判断できない。

したがって、警備員は刑訴法が要求する立会人にはなることはできず、押収拒絶権行使の判断ができる者を立ち会わせる必要がある。

○ 立会いを拒否された場合

刑訴法は、公務所の長等が立会いを拒否する場合を想定していないため、その場合の措置に関する規定を何ら定めていない。

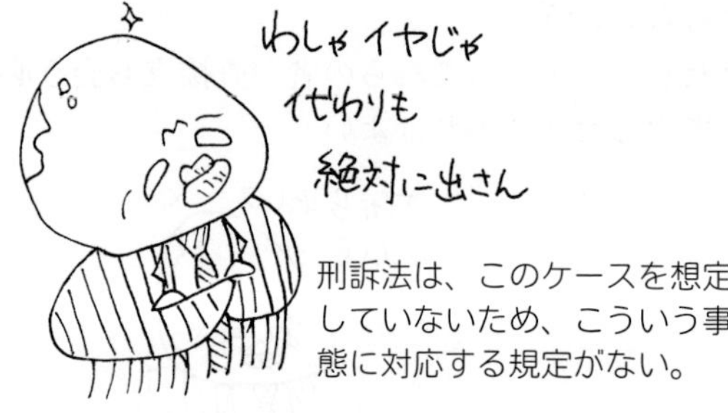

実務上、公務所における捜索・差押えの現場で立会いを拒否された場合には、その拒否が単に時期や時間の変更を求めるものか、絶対的な拒否なのかを確認した上で、再度立会いを求め、それでも拒否をされたときは、当該公務所の上級の監督庁に連絡して立会いに協力するよう要請するのが妥当である。

それでもなお、正当な理由がなく立会いを拒否するようであれば、当該公務所の職員又は当該監督官庁の職員等の立会いを置くよう配意し、その執行の経過については、事後の紛議に備えて、捜査報告書等に具体的に記録する必要がある。

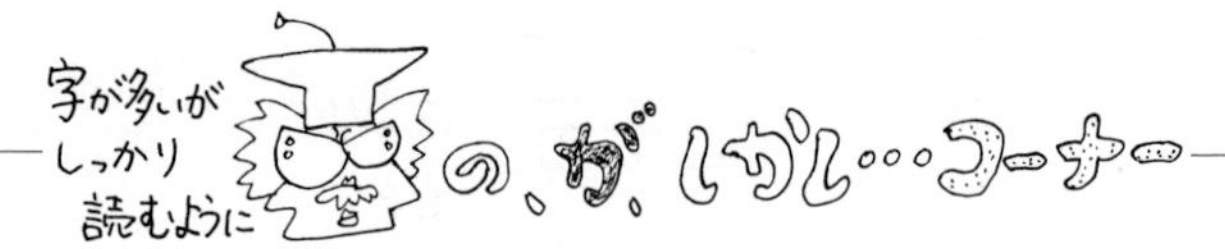

公務所内の特定の場所を、労働組合その他の団体が事実上排他的に使用している場合の立会人については、一律に決することはできない。

この点についての裁判例は、営林署庁舎内の労働組合事務局について、庁舎の管理責任が署長にあることを理由に公務所に当たる（刑訴法114条１項に従い営林署長を立ち会わせる）としたもの（秋田地決昭34. 8 . 12）や、公立小学校の敷地内にある教職員組合事務所の建物について、組合活動は公務員の職務でないことを根拠に公務所には当たらない（刑訴法114条２項により組合の代表者らを立ち会わせるべき）としたもの（東京地判昭44. 12. 16）など、まちまちである。実務においては、公務所の長の管理権と、当該事務所等が、具体的にどの程度、独立性や排他性を有しているかという観点により判断する必要がある。

㈡　人の住居での捜索・差押え

人の住居又は人の看取する邸宅、建造物、若しくは船舶内において捜索・差押えを実施する場合には、住居主若しくは看守者又はこれらの者に代わるべき者を立ち会わせなくてはならない。

それができない場合には、隣人又は地方公共団体の職員を立ち会わせることにより、実施することができる（刑訴法114条２項）。

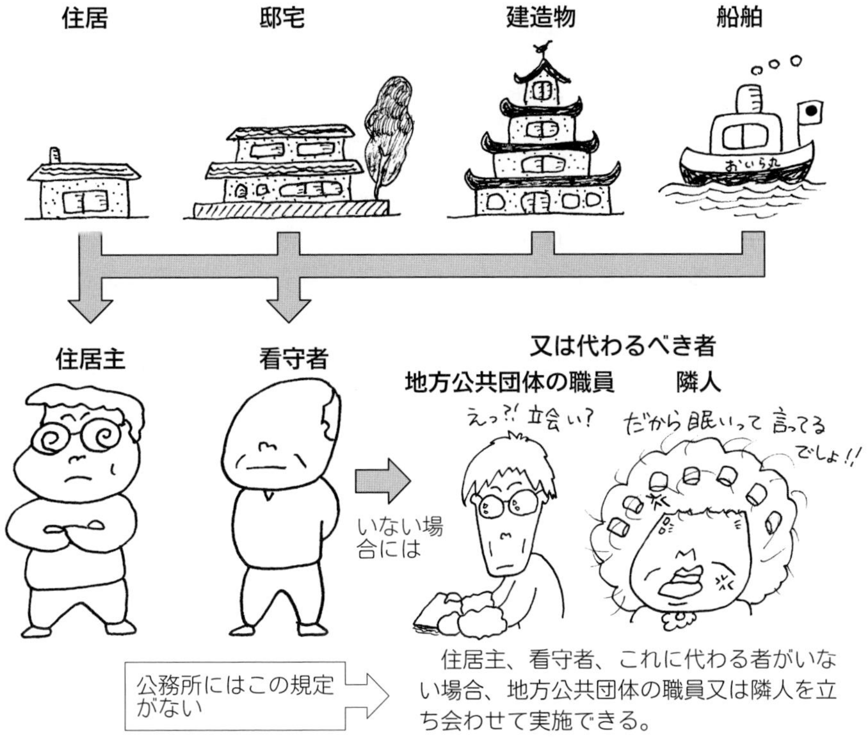

住居　邸宅　建造物　船舶

おいら丸

住居主　看守者

いない場合には

又は代わるべき者

地方公共団体の職員　隣人

えっ?! 立会い?

だから眠いって言ってるでしょ!!

公務所にはこの規定がない

住居主、看守者、これに代わる者がいない場合、地方公共団体の職員又は隣人を立ち会わせて実施できる。

○　「隣人」とは

「隣人」とは、隣家の居住者という意味ではなく、「近隣に居住する者」で足りる。

○　地方公共団体の職員とは

「地方公共団体の職員」(「地方公務員」のこと）には、警察職員も含まれるが、手続の公正さの担保という趣旨から、他の職員を立会人とすることが妥当である。

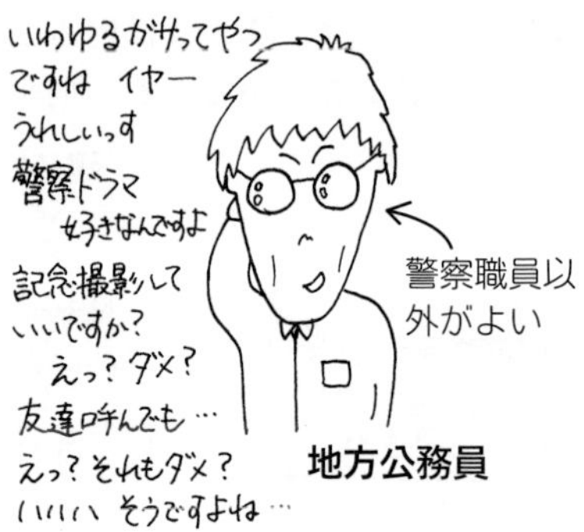

実務上、住居主等を立会人にできない場合は、消防職員を立会人にすることが多い。

例外的に、立会人に対して報復のなされる危険性が高く、消防職員等に立会いを求めるのが困難な事例については、警察官の立会いも考えられる

(エ)　公務所及び人の住居等以外の場所での差押えの場合

公道等では、刑訴法上は立会人を置く必要はない。しかし、公道等で捜索・差押えを実施する場合でも、犯捜規第145条は、「なるべく第三者（不可能な場合は、他の警察官）の立会いを得て行うようにしなければならない。」と定めている。

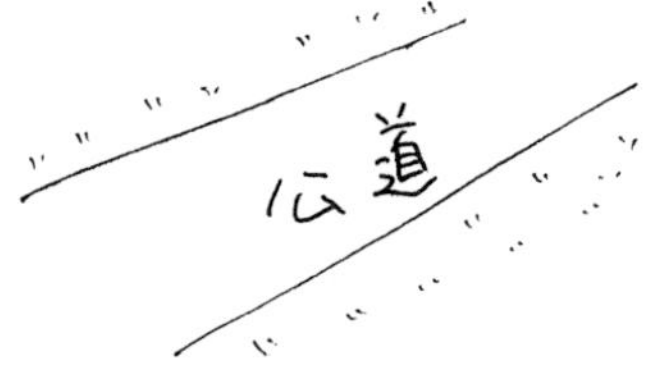

法的には立会人は要らない。が、しかし、後の立証に備えて立会人を置く意義は大きい。

(オ)　女子の身体を捜索する場合の立会人について

女子の身体を捜索する場合には、女子を立ち会わせると時間がかかり、その間に証拠隠滅のおそれがあるなど、急速を要する場合を除き、成年の女子を立ち会わせなければならない（刑訴法115条、222条１項）。

仮に、捜索を受ける女子が立会いを要しない旨の意思表示をしても、急速を要する場合でない限り、立会いを省略することは許されない。

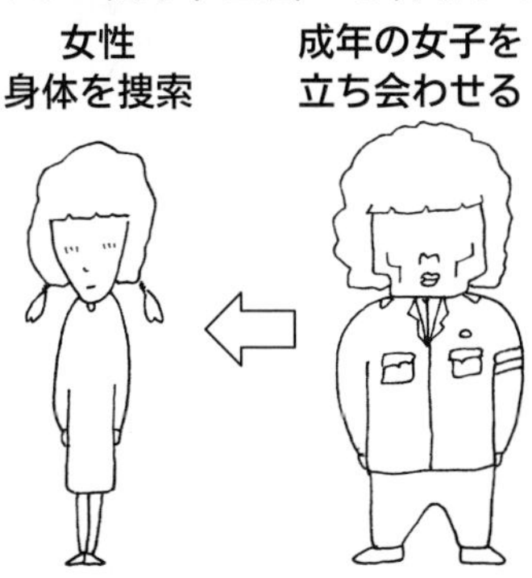

法律上は、急速を要する場合は「成年の女子」の立会いは要らない

○　この場合の「捜索」とは

「女子の身体の捜索」（刑訴法115条）の「捜索」とは、女子の身体のほか、着衣の捜索も含む。

通説では、着衣の外側から触れる程度の捜索については本条の捜索には当たらないため、本条の適用はないと解されている。

しかし、本条の趣旨が、執行手続の公正さを担保するとともに、女性の羞恥心を不当に害さないためであることを考えれば、着衣の外側から触れる程度であっても、成年の女子を立ち会わせて行うべきである。

身体又は着衣に対する捜索をする場合には「成年の女子」の立会いをつける

○　成年の女性警察官が捜索をする場合、これとは別に「成年の女子」の立会人が要るのか

捜索を行う警察官が成年の女子である場合は、別に成年の女子の立会人は必要ない（東京地決平２．４．10）。

他に立会人はいらない

○　実務上の留意点

立会人を得るまでに証拠隠滅をされるおそれがある場合には、条文上は、立会人はなくてもよいとされているが、実務上は、無用の紛議を避けるために、女子の身体の捜索が予想される場合には、あらかじめ成年の女性警察官を伴うべきである。

なお、女子の「身体検査」においては、急速を要するときでも、必ず医師又は成年の女子を立会人としなければならない（刑訴法222条１項、131条２項）。（「第７章　検証、身体検査、鑑定」参照）

(カ)　立会いに関するその他の問題点

捜索の途中で、立会人が立会いを拒否した場合には、いったん捜索を中止して、新たに立会人を選定のうえ、この者を立ち会わせて捜索を再開すべきである。

なお、捜査機関が行う捜索・差押えに、被疑者又は弁護人の立会権を認めた規定はなく（刑訴法222条１項は、同法113条１項を準用していない。）、捜査機関が令状により捜索・差押えをする場合において、「捜査上必要があるとき」には被疑者を立ち会わせることができ（刑訴法222条６項、犯捜規144条）、被疑者等の立会いの必要性の判断は、捜査機関に委ねられている。

ウ　場所に対する捜索差押許可状の効力が及ぶ範囲

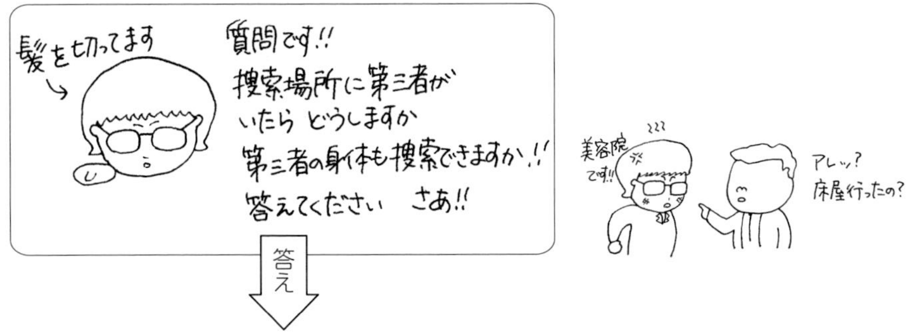

刑訴法第219条第１項は、捜索差押許可状には、「捜索すべき場所、身体若しくは物」を記載しなければならないと定め、捜索の対象として、「場所」と「（人の）身体」と「物」とを区別している。

しかし、令状執行の際に被疑者宅に第三者が居合わせる等、令状請求の段階では予想しなかった事態が発生することがある。実務上も、その場所に居合わせた者が、その場所に元々あった差し押さえるべき物（目的物）を隠匿する場合もある。

このような場合の令状の効力の及ぶ範囲については、下記の判例がある。

○　その場所に居合わせた者の身体・着衣に対する捜索

捜索すべき場所に現在する者が、差し押さえるべき物を着衣・身体に隠匿していると疑うに足りる相当な理由があり、捜索差押許可状が目的とする差押えを有効に実現するために捜索が必要であると認められる状況であれば、場所に対する捜索差押許可状の効力は、その者の着衣・身体に及ぶものと解するのが相当である（東京高判平６．５．11）。

場所に対する捜索差押許可状により
覚醒剤の捜索・差押えを実施中

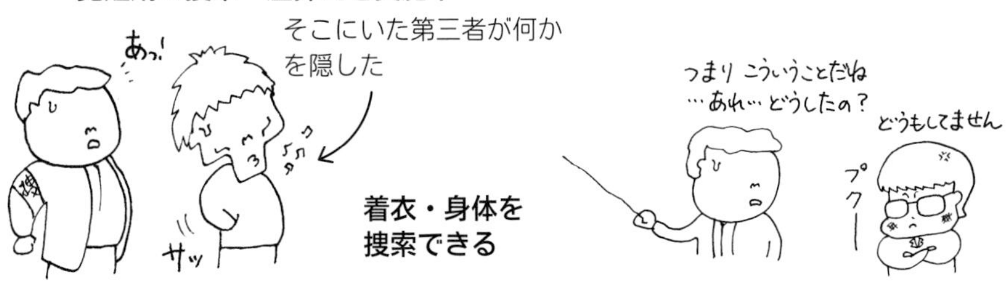

ただし、上記裁判例でも、「『捜索』許可状である以上、令状の効力は着衣・身体の捜索に限られ、身体の検査にまで及ばないことはいうまでもない」としている。

なお、捜索場所から逃げ出した者が差押対象物を隠匿している蓋然性があるときは、場所に対する捜索差押許可状によってその者を追跡することも適法である（浦和地判昭57.11.11）。

○　その場所に居合わせた者の所持品に対する捜索

- 捜索場所の居住者や同居人は、被疑者と何らかの関係があり、差押対象物を所持している可能性があることから、その者の所持品を捜索する必要性があること、
- 捜索場所の居住者や同居人が携帯しているバッグ等は、捜索場所にある物と同一視できること、
- バッグ等の携帯品の捜索は、ポケット内の捜索といった身体の捜索と比べ権利侵害の程度が小さいこと、

などから、捜索場所の床に置かれている物と同じように、捜索場所に居合わせた者の携帯品についても捜索することができる。

判例も、捜索場所に居合わせた者（この事案では被疑者の同居人）が携帯するボストンバッグであっても、場所に対する捜索差押許可状によりバッグの中まで捜索することができる（最決平6.9.8）としている。

なお、「たまたま来訪していた第三者が管理する物」は、通常、その場所に属する物又は付属物とは言えないが、周囲の事情等から、差押え対象物を隠匿したと疑うに足りる状況があるときは、「必要な処分」（刑訴法222条1項、111条1項）として、来訪していた第三者の携帯物を捜索することができると解される。

「覚醒剤の共同使用者等の弁解（「オレは無関係だ」）を鵜呑みにしてはいかんぞ」

○　令状提示後、捜索場所に配達された荷物に対する捜索

捜索差押許可状の効力は、「令状提示後、捜索場所に配達された荷物」にも及ぶ。その理由は、当該令状を発付した裁判官は、令状審査の際、「当該令状の有効期間内において、捜索すべき場所に差押目的物が存在する蓋然性の有無」を審査した上で許可しているのであるから、捜索差押許可状による捜索中に捜索場所に配達され、被疑者が受領した郵送物についても、当該捜索差押許可状にもとづいて捜索することができると解するべきである（最決平19.2.8）。

そもそも捜査機関は、捜索差押許可状の有効期間内であればいつ捜索に着手してもよいのだから、捜索開始時期が少しズレただけで、捜索場所に持ち込まれた物について捜索・差押えができなくなったりするのは不合理だと、裁判官は言ってるのである。

○　捜索場所に第三者が管理する物がある場合

被疑者の自宅の車庫に、たまたま来訪していた第三者の自動車があった場合等については、その物には令状の効力は及ばない。したがって、その物の内部を捜索するのであれば、その物に対する捜索差押許可状を別に取らなければならない。

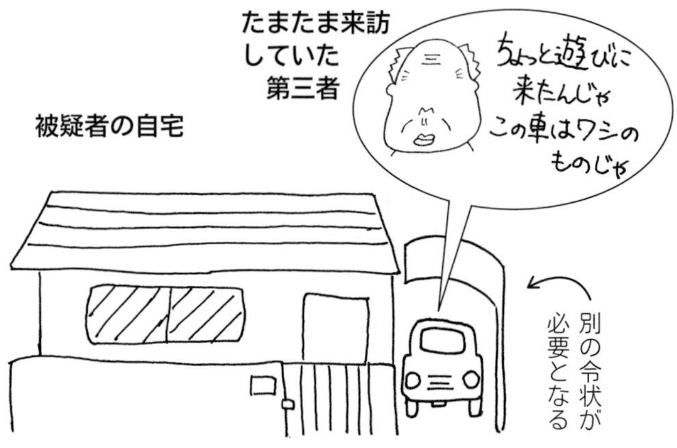

エ　捜索・差押えでできる「必要な処分」

捜索・差押えは強制処分であるから、相手方の抵抗等による障害を排除して強制的に執行できる。

刑訴法も、必要な場合には「錠をはずし、封を開き、その他必要な処分をすることができる。」（刑訴法111条１項、222条１項）と定めている。この必要な処分は、執行時だけでなく、押収物についても認められる（刑訴法111条２項、222条１項）。

㈠　「必要な処分」の具体例

必要な処分の具体例としては、

○　夜間執行の際の電気・高層ビルのエレベーターの利用

○　覚醒剤と思われる物の予試験

などがある。

夜間執行の際の電気・高層ビルのエレベーターの利用

覚醒剤と思われる物の予試験

このほか、覚醒剤取締法違反事件において、捜索・差押えが察知されれば、差押対象物件である覚醒剤を短時間のうちに破棄等されるおそれがあった事案については、次の２つ（①・②）の判例がある。

① 欺罔手段でドアを開けさせる行為

警察官が、宅配便の配達を装って玄関扉を開けさせて住居内に立ち入ることは違法とはいえない（大阪高判平６．４．20）。

② マスターキーを用いて客室ドアを開けて入室した行為

被疑者が宿泊しているホテル客室に対する捜索差押許可状の執行に当たり、「捜索差押許可状の呈示に先立って警察官らがホテル客室のドアをマスターキーで開けて入室した措置は、捜索差押えの実効性を確保するために必要である」とし、刑訴法第222条第１項、第111条第１項に基づく処分として適法であるとした（最決平14.10．４）。

○　物を破壊する等の措置

施錠された金庫やロッカーの中に差押対象物があると認められる場合には、合い鍵を使用して錠を開けることはもちろん、場合によっては、錠を破壊することも可能である。

また、けん銃を所持しているとの情報があり、かつ、捜査員が来たことに気付くと覚醒剤等の証拠隠滅行為に出ることが予測されるような場合、被告人の在室が予想されていたとしても、合鍵による開錠及びクリッパーによる鎖錠の切断行為が、捜索・差押えの必要な処分として許される（大阪高判平５.10.７）。

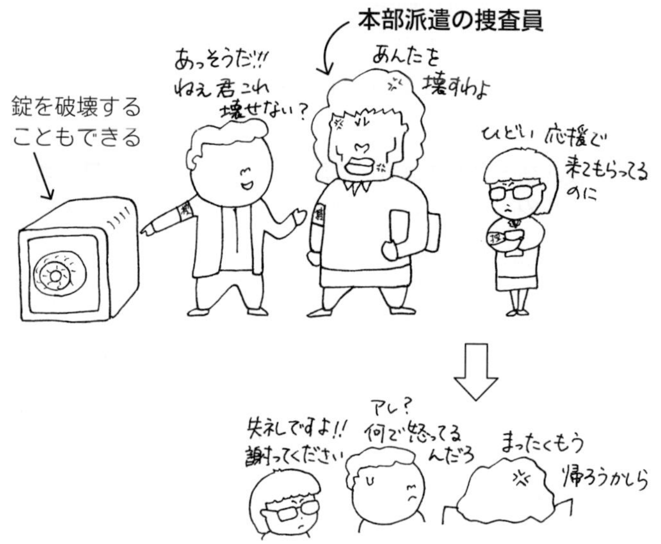

○　差し押さえた未現像フィルムの現像、電磁的記録媒体の印字

押収物が犯行と関係ある証拠物であるかどうかを確認し、直ちに証拠として使用できる状態にするため、フィルムの現像、ディスク等の電磁的記録媒体の印字等をすることが「必要な処分」として認められる。

例えば、恐喝に使われた撮影済のフィルムを証拠物として押収した場合には、刑訴法第111条第１項にいう「必要な処分」としてフィルムを現像することが許される（東京高判昭45.10.21）。

ただし、パソコンや電磁的記録媒体の中に、「被疑事実に関する情報が記録されている蓋然性が認められる場合に、急いで差押えをしなければ記録された情報を損壊される危険があるときは、内容を確認しないでパソコンやフロッピーディスク等を差し押さえることが許される」（最決平10．5．1）とあるように、被疑事実に関する情報が記録されている蓋然性が認められ、内容を確認しないで差押えを行う必要がある場合には、ディスプレイに表示する等の内容確認の方法をとることなく差し押さえができる。

○　強制採尿場所への連行

身柄を拘束されていない被疑者を採尿場所に任意同行することができない場合の措置として、強制採尿に適した最寄りの場所まで被疑者を連行することができる。その際、必要最小限度の有形力を行使することもできる。

ただし、これは厳密に言えば、捜索・差押えに伴う「必要な処分」ではなく、最高裁決定（平6．9．16）が述べるように、「強制採尿令状の効力として」認められたものとして実務上の運用が確立している（「第7章　3　(1)　強制採尿」参照。）。

強制採尿場所への連行

(イ)　「必要な処分」の程度

「必要な処分」による物の破壊等は、執行の目的を達するために必要最小限度にとどめるべきである。仮に、金庫等が開錠できない場合であっても、鍵の保管者がその提供を拒否したり、鍵の提供を待てない緊急の事情がある場合に限って鍵の破壊等ができると考えるべきである（暴力団事務所での銃器の捜索に赴く場合のように、速やかに捜索を行わなければ妨害が予想される場合などが考えられる。）。

なお、必要性や相当性を欠く処分の結果、無用の損害を与えた場合は、国家賠償責任を負う場合もあるから留意しておかなければならない。

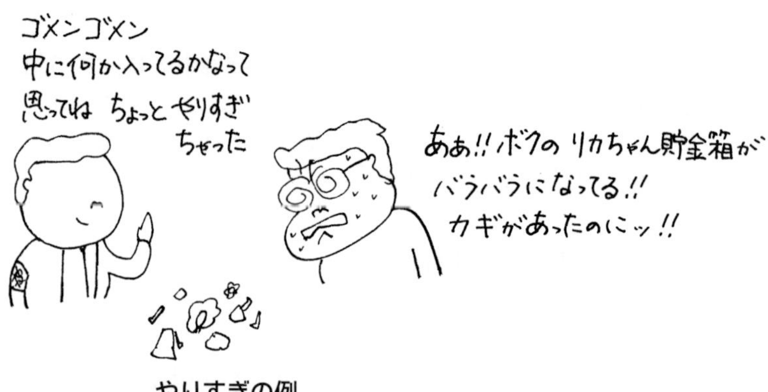

やりすぎの例

(ウ) 捜索・差押え中の出入禁止

○ 第三者を出入禁止にすることはできるのか

捜索・差押えの執行中は、警察官の許可を得ない第三者の出入りを禁止することができるだけではなく、これに従わない者は、これを退去させることができるし、さらに執行が終わるまで看守者を置くこともできる（刑訴法112条、222条１項、犯捜規147条）。

この場合、出入禁止の対象になる場所は、基本的には令状記載の「捜索すべき場所」であるが、執行者の出入りや押収物の搬出等に必要な玄関前の路上や近接する場所も、必要と認められる限り、対象場所に含まれる。

なお、禁止処分にする方法は、立札・口頭による伝達等、その方法に制限はない。

関係のない人

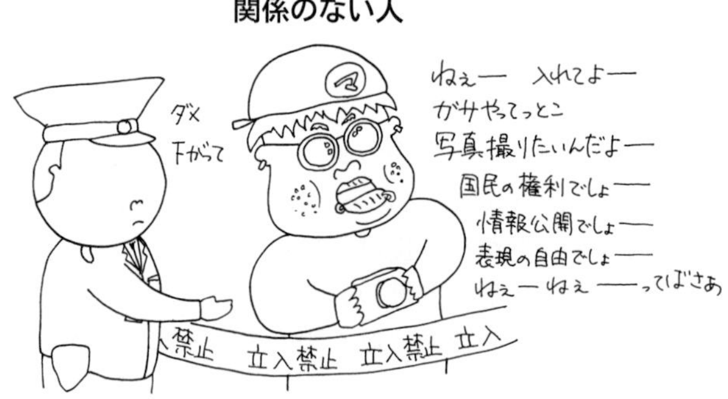

○　閉鎖はできるか

捜索・差押えの執行を一時的に中断する場合、必要があるときは、その場所を閉鎖して人の出入りを遮断したり、看守者を置くことができる（刑訴法118条、222条１項、犯捜規148条）。

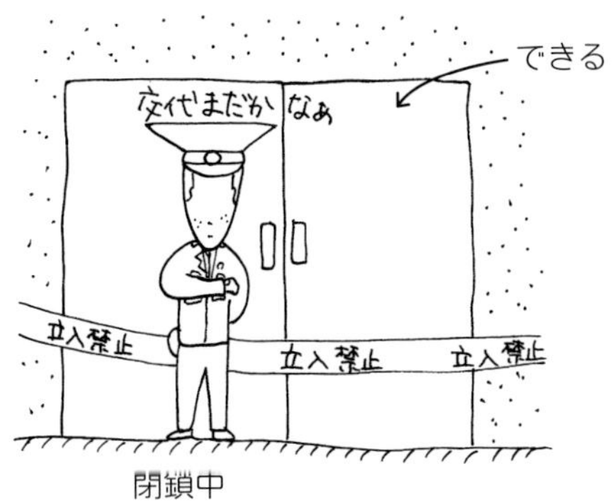

閉鎖中

○　立会人の電話の制限

捜索・差押えの実施中、立会人等による電話の使用については、その電話が「捜索・差押えの目的を阻害する行為あるいは他の証拠を隠匿するおそれがある行為」の場合には、必要な限度で外部との連絡を制限することができる。

裁判例としては、

- 捜索差押許可状の執行中に、警察官が被捜索者による携帯電話機での部外者への連絡を制限した行為について、令状の目的を達成するために必要であり、かつ、その方法が社会的に相当なものであれば、刑訴法第111条第１項の「必要な処分」として認められる（福岡高判平24．５．16）。

- 立会人等による外部の第三者との電話の受発信に関しては、刑訴法第222条、第112条において捜索差押えの執行中の現場への人の出入りの禁止ができるとする規定の趣旨に照らし、捜索差押えの目的を阻害する行為、あるいは通謀して他所の証拠を隠匿するおそれのある外部者との連絡は、同条の禁止処分としてできるものと解する（東京高判平12．６．22）。

等がある。

オ　捜索・差押え時の写真撮影

搜索・差押えの際に行われる写真撮影には、適法性を担保するために執行状況を撮影する場合や、証拠物が発見された場所や発見状況について撮影する場合、あるいは、書類・図面の内容を記録する目的で、撮影する場合がある。いずれも、捜索・差押えに付随する処分として許される（大津地決昭60．7．3、東京地決平元．3．1）。

しかし、上記の範囲を超えて、差押対象物以外の物の存在や状態を明らかにするための写真撮影は、許されない（東京地判平4．7．24）。

カ　押収拒絶権

刑訴法は、公務上と業務上の秘密の保護を図るため、一定の場合の押収に制限を設けている（刑訴法103条～105条、222条1項）。

これを「押収拒絶権」という。

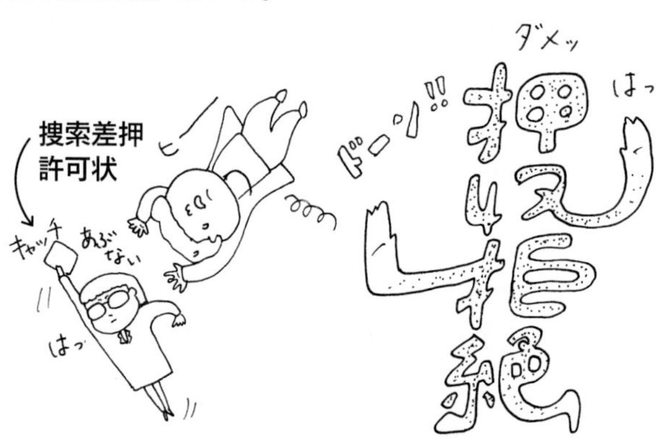

○　押収拒絶権の効力の程度（公務上の秘密）

公務員（又は公務員であった者）が保管、所持する物について、本人（秘密の対象となる当事者）又は公務所が職務上の秘密に関するものであることを申し立てたときは、公務所の監督官庁の承諾がなければ、押収をすることができない。ただし、当該監督官庁は、国の重大な利益を害する場合を除いては、承諾を拒むことはできない（刑訴法103条、222条１項）。

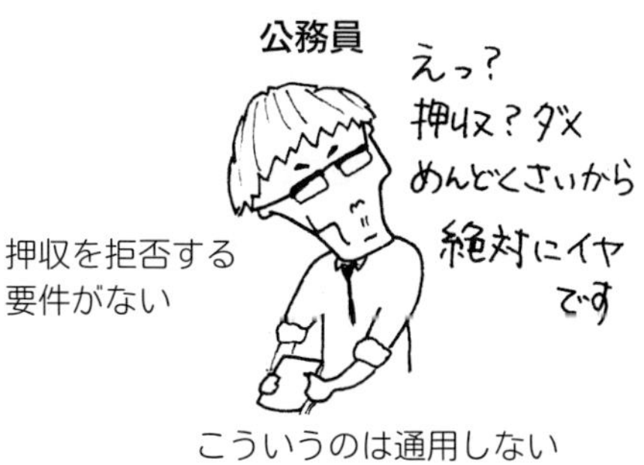

○　押収拒絶権者

医師、歯科医師、助産師、看護師、弁護士（外国法律事務所弁護士を含む）、弁理士、公証人、宗教の職にある者又はこれらの職にあった者は、業務上で保管、所持する他人の秘密に関する物については、押収を拒絶することができる（刑訴法105条前段、222条１項）。

ただし、本人（秘密の対象となる当事者）の承諾がある場合や、押収拒絶が被疑者（被告人）のためだけに行う等の権利の濫用と認められる場合（被疑者・被告人が本人である場合を除く。）については、押収拒絶をすることができない（刑訴法105条ただし書、222条１項）。

押収を拒絶できる人たち（イメージ）

医師

歯科医師

助産師

看護師

弁護士

ちょっと出番が
少ないわよ

弁理士

公証人

宗教関係者

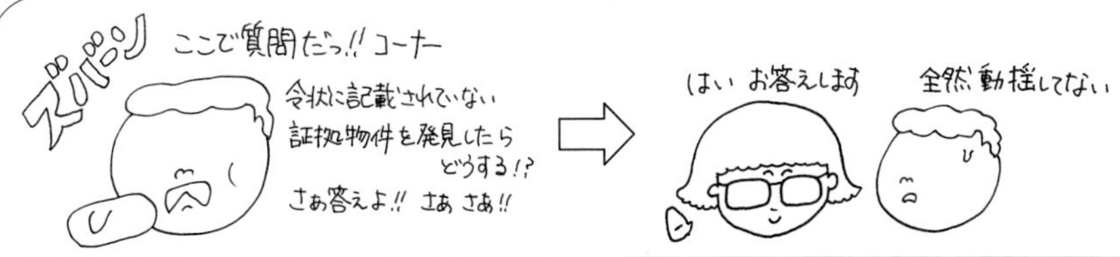

差押えの対象物は、「差し押さえるべき物」として令状に記載された物に限られるので、それ以外の証拠物を発見した場合、いかにそれが重要な物であっても、当該令状の効力として差し押さえることはできない。

このような場合、次の３つの方法が考えられる。

①　現行犯逮捕の現場における令状によらない差押え

被疑者立会いの下、拳銃や覚醒剤等の禁制品を発見した場合には、その場で被疑者を現行犯逮捕するとともに、これらの禁制品は、逮捕の現場における捜索・差押えによって差し押さえる（刑訴法220条１項２号、220条３項）。

②　任意提出を受けての領置

その場にいる者から任意提出を受けて領置（刑訴法221条）する。しかし、立会人が必ずしも任意提出権者になるとは限らないことから、第三者を立会人とする場合は、この点に十分留意する必要がある。

③　新たに令状の発付を得て差し押さえる

新たに当該証拠物等を差し押さえるべき物とする令状を得た上で、これを差し押さえる（犯捜規154条）。

(4)　電磁的記録の差押え

ア　電磁的記録媒体の差押え

パソコン、DVDなどの電磁的記録媒体を令状により差し押さえる場合、「証拠物又は没収すべき物」に限られる（刑訴法99条１項）ことから、原則は、記録内容を確認の上で差押えを行い、無関係な物を差し押さえないように留意しなければならない。任意提出により領置する物は、「証拠物又は没収すべき物」に限られない。

判例上（最決平10．５．１）、捜索中に発見した電磁的記録媒体の記録内容を確認せずに差し押さえる場合は、

①　パソコン等の中に被疑事実に関する情報が記録されている蓋然性があ

ること。

② その場でデータを確認すると損壊される危険性があること。

が必要とされている。

②の損壊される危険性については、

- 被処分者がデータを消去する可能性がある場合
- 物理的に破壊されるおそれがある場合
- 現場で起動するとデータが消去されるソフトが入っている蓋然性がある場合

などが考えられる。

イ 電磁的記録を他の記録媒体に記録・印刷しての差押え

平成23年の刑訴法の改正により、差し押さえるべき記録媒体に記録された電磁的記録を他の記録媒体に複写、印刷、移転した後に、複写等した「他の記録媒体」を差し押さえることができるとされた（刑訴法110条の２（222条１項準用））。

したがって、捜索現場で、パソコン等が差押えの対象の場合、パソコン自体を差し押さえるのではなく、必要なデータを紙に印刷し、又は他の電磁的記録媒体に記録させてその紙や電磁的記録媒体を差し押さえることができるようになった。

※この場合は、データを印刷した紙などの「他の記録媒体」を、差押対象

物として差押許可状に記載しておく必要はない（別冊判タNo.35南部晋太郎149頁）。

ウ　記録命令付差押え～刑訴法第99条の２、第218条第１項

記録命令付差押えとは、電磁的記録の保管者（その他電磁的記録を利用する権限を有する者）に対し、差押えの対象となるデータを記録媒体に記録・印刷することを命じ、その後に当該記録媒体を差し押さえるという制度である。

記録命令付差押えの対象となる相手方は、電磁的記録を保管する者に限られず、電磁的記録を利用する権限を有する者も対象となる。

Point

記録又は印刷を命じられた者は、物理的に強制されず、また、罰則が設けられていないため、記録等を命じられた者が拒絶した場合、捜査機関が代わって行うことはできない。

よって、本条は、被疑者や被疑者の関係者など捜査に非協力的者を対象としておらず、プロバイダなど、捜査に協力的な者を想定して設けられた条文である。

エ　リモートアクセスによる差押え

リモートアクセスとは、当該パソコン等に電気通信回線で接続されたサーバ内に記録されているデータを、当該パソコンや用意した電磁的記録媒体に複写し、そのデータを差し押さえる処分である。この処分は、差押えに伴う必要な処分として認められているものである。

リモートアクセスを行う場合は、あらかじめ請求する捜索差押許可状に許可を受けておかなければならず、リモートアクセスによる差押えの必要性とリモートアクセスを行う電磁的記録媒体の範囲を記載して令状を請求しなければならない。

Point

このリモートアクセスによる複写の処分は、パソコン等の差押えに先立って行われるものであり、差押え終了後（例えば、捜索・差押えを終了し警察署に持ち帰った後）に行うことはできない（横浜地判平28. 3 . 17）。

3　令状によらない捜索・差押え

オイラたちは 難しいぜ!!!
令状なし バージョン
マゴマゴしてたら つぶす!!
ヘイ!! ユー!! おれたちを使えんのか!!
オウオウ おれたちをなめんなよ
ヒェ〜
いけませんね 始まる前から 圧倒されていますね

アッチョンブリケー
ヒョエ〜〜
Good bye
DOKAAAAN!!
地域課長
待てい!!
ギョエー
あっ課長 お疲れさまです

令状によらない捜索差押えは、現行犯逮捕や緊急逮捕のときに使うことが多く、地域の警察官が使う可能性が高い重要な

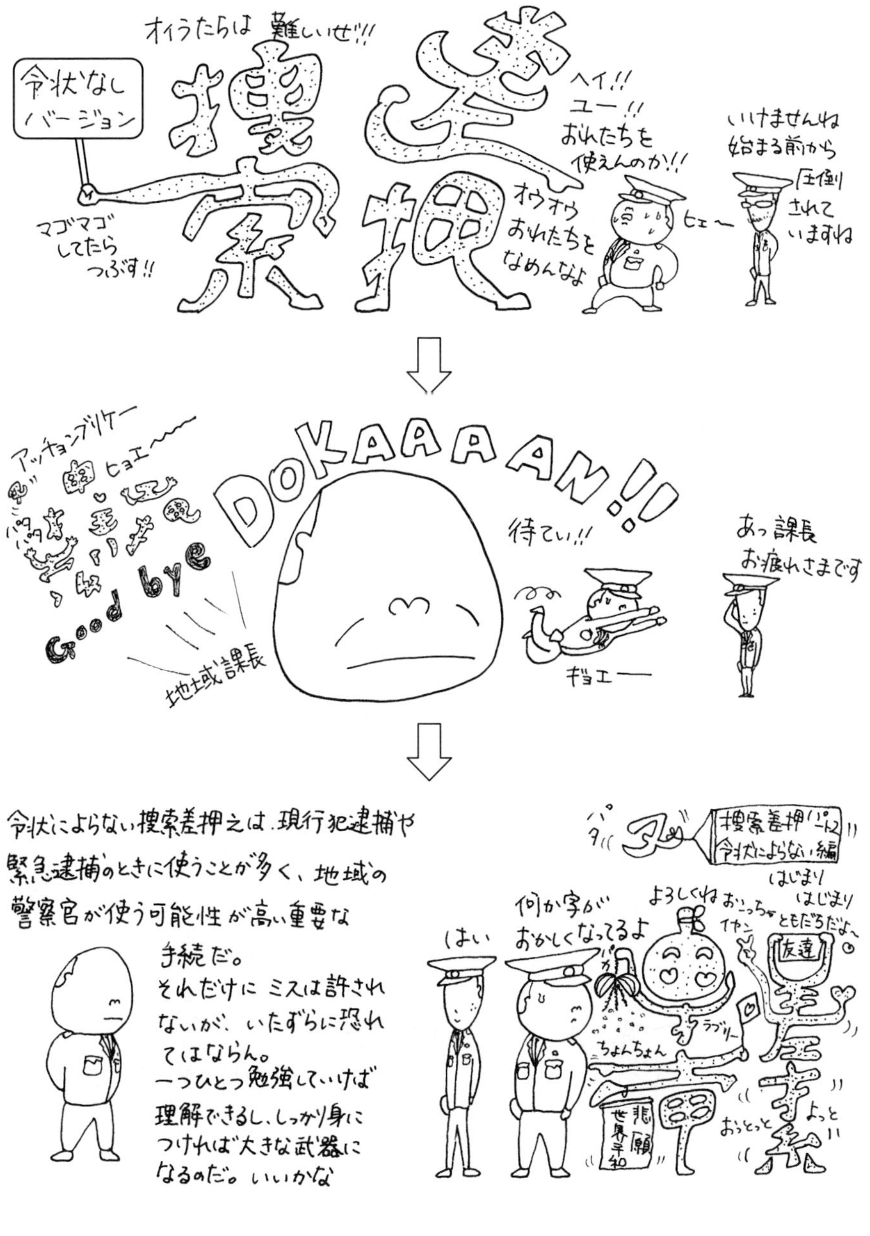

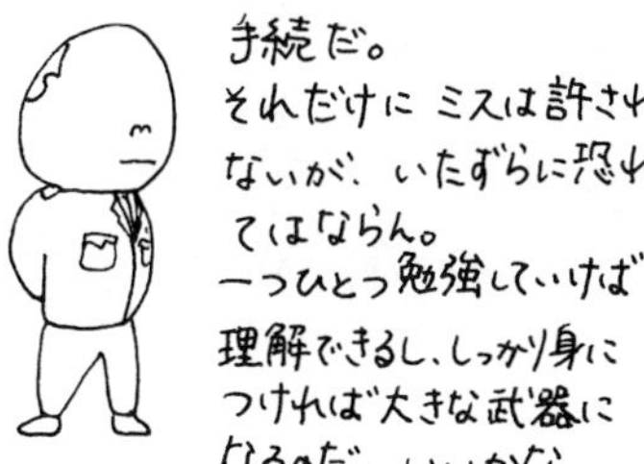

⑴　令状（捜索差押許可状）によらない捜索・差押えとは

憲法第35条第１項は、捜索・差押えについて厳格な令状主義の原則を定めている。その一方で、被疑者を適法に逮捕した場合には、その例外として、裁判官が発する令状によらないで捜索・差押えを行うことを認めており、これを受けて、刑訴法第220条が「令状によらない捜索・差押え」の規定を定めているのである。

【憲法第35条】
　何人も、その住居、書類及び所持品について、侵入、捜索及び押収を受けることのない権利は、第33条〔逮捕〕の場合を除いては、正当な理由に基いて発せられ、且つ捜索する場所及び押収する物を明示する令状がなければ、侵されない。
②　捜索又は押収は、権限を有する司法官憲が発する各別の令状により、これを行ふ。

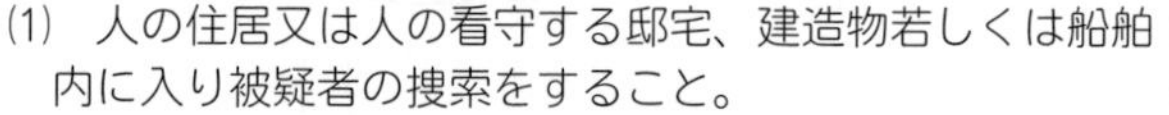

【刑訴法第220条第１・３項】
　検察官、検察事務官又は司法警察職員は、…被疑者を逮捕する場合又は現行犯人を逮捕する場合において必要があるときは、次の処分をすることができる。…
⑴　人の住居又は人の看守する邸宅、建造物若しくは船舶内に入り被疑者の捜索をすること。
⑵　逮捕の現場で差押、捜索又は検証をすること。
③　第一項の処分をするには、令状は、これを必要としない。

(2)　令状によらない捜索・差押えが認められている理由

令状によらない捜索・差押えが認められているのは、

①　逮捕によって既に住居等の平穏等を侵害している面があるから、その後に捜索を行っても新たな法益侵害は小さく、人権上格段の弊害がない（最判昭36．６．７）。

②　逮捕の場所には被疑事実と関連する証拠物が存在する蓋然性が極めて高く、その捜索・差押えが適法な逮捕に随伴するものである限り、捜索差押令状が発付される要件を充足している。

③　逮捕者らの身体の安全を図り、証拠物の散逸や破壊を防ぐ急速の必要がある（東京高判昭44．６．20）。

「逮捕の現場」における捜索・差押えは、適法な逮捕が前提である。被疑者を緊急逮捕したが、違法な逮捕であるとして逮捕状が却下された場合には、逮捕の現場で差し押さえた物は直ちに還付しなければならない（刑訴法220条２項）。

その場合、還付した証拠物を再度差し押さえる必要があれば、令状の発付を得て差し押さえるか、あるいは任意提出を受けて領置することになる。

(3)　「令状による場合」と「令状によらない場合」の手続の違い

捜査機関が行う令状によらない捜索・差押え（刑訴法220条）の手続も、裁判所が行う押収・捜索に関する手続規定が準用されているため（刑訴法222条１項）、基本的には令状による捜索・差押え（刑訴法218条）と同じである。

令状によらない捜索・差押えが、令状による捜索・差押えと違うのは次の2点である。

① 被疑者を捜索する場合において急速を要するときは、責任者等の立会いが要らない（刑訴法222条2項により、114条2項の規定を除外している。）。

② 夜間執行の制限がない（刑訴法222条1項は、116条・117条を準用していない。）。

こういった場合、立会人を置く時間がなく、夜間執行の許可を取る時間もないため、刑訴法は、立会人と夜間執行の制限の規定を免除している。

⑷ 逮捕するための被疑者の捜索

まずこれじゃ

【刑訴法第220条第1項】

検察官、検察事務官又は司法警察職員は、第199条〔通常逮捕〕の規定により被疑者を逮捕する場合又は現行犯人を逮捕する場合において必要があるときは、左〔次〕の処分をすることができる。第210条〔緊急逮捕〕の規定により被疑者を逮捕する場合において必要があるときも、同様である。

【刑訴法第220条第1項第1号】

⑴ 人の住居又は人の看守する邸宅、建造物若しくは船舶内に入り被疑者の捜索をすること。

「必要があるとき」とは、被疑者を逮捕するため、人の住居又は人の看守する邸宅、建造物若しくは船舶に入って被疑者を捜索する必要があるときを意味し、被疑者が人の住居等に現存するという高度の蓋然性が必要である（単なる主観に基づく判断ではない。）。

○　私人も被疑者の捜索ができるのか

逮捕する場合の被疑者の捜索は、捜査機関だけに認められた「令状によらない強制処分」であることから、一般私人は、他人の住居に立ち入って現行犯人を逮捕することはできない。したがって、私人が逮捕するため他人の住居に無断で立ち入ったときは、住居侵入罪の刑責を負うことになる（名古屋高判昭26.３.３）。（「第３章　３　現行犯逮捕」参照）

(5)　逮捕の現場における捜索・差押え

次はこれじゃ

【刑訴法第220条第１項】
検察官、検察事務官又は司法警察職員は、第199条〔通常逮捕〕の規定により被疑者を逮捕する場合又は現行犯人を逮捕する場合において必要があるときは、左〔次〕の処分をすることができる。第210条〔緊急逮捕〕の規定により被疑者を逮捕する場合において必要があるときも、同様である。

(2)　逮捕の現場で差押、捜索又は検証をすること。

ア　「逮捕する場合」とは

○　意義

刑訴法第220条第１項にある「逮捕する場合」とは、「逮捕行為を行う際（逮捕との時間的接着を要するが、幅のある概念）」という意味である。

刑訴法第220条第１項が、「逮捕した場合」とせずに「逮捕する場合」としていることから、逮捕に着手すればよく、逮捕に成功したかどうかは問わない。

よって、逮捕に着手すれば、その後に被疑者に逃走されても、刑訴法第220条による証拠物の差押えができる。

ここでいう「逮捕行為に着手」とは、単に逮捕しようと考えて被疑者や現行犯人に近づいていくだけでは足りず、被疑者の身柄を拘束するための逮捕行為を始めることをいう。

なお、逮捕に着手したが被疑者に逃走され、直ちに追跡したが被疑者を見失って逮捕をあきらめた場合、この時点で「逮捕する場合」の時間的範囲は終わることから、逮捕をあきらめた後、付近を捜索中にたまたま証拠物を見つけたとしても、本条による差押えはできない（この場合については、遺留物として領置すればよい。）。

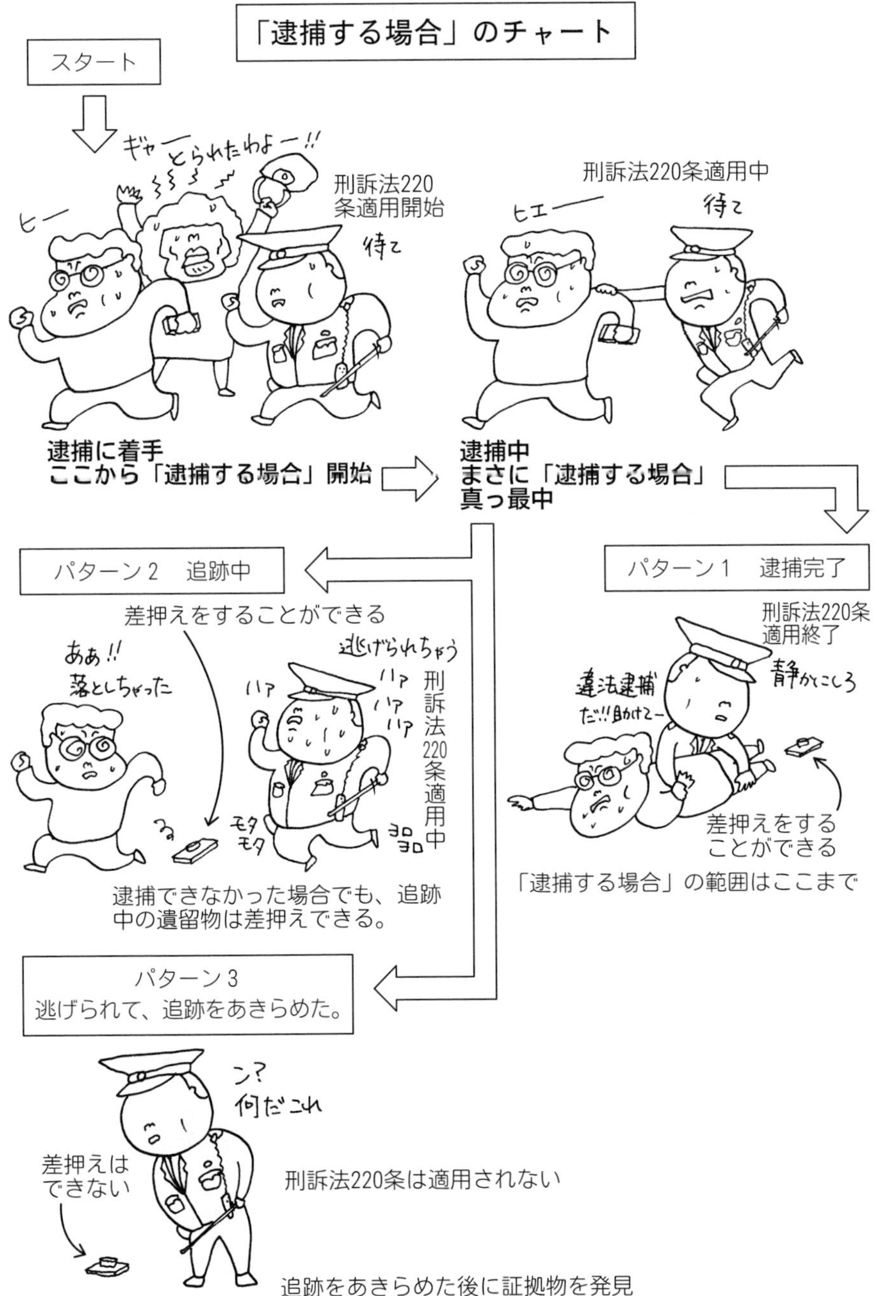
「逮捕する場合」のチャート
スタート
ギャー
とられたわよー!!
ヒー
刑訴法220
条適用開始
待て
逮捕に着手
ここから「逮捕する場合」開始
刑訴法220条適用中
ヒエー
待て
逮捕中
まさに「逮捕する場合」
真っ最中
パターン２　追跡中
差押えをすることができる
ああ!!
落としちゃった
逃げられちゃう
ハア
ハア
ハア
ハア
刑訴法220条適用中
モタモタ
ヨロヨロ
逮捕できなかった場合でも、追跡中の遺留物は差押えできる。
パターン１　逮捕完了
刑訴法220条
適用終了
違法逮捕だ!! 助けてー
静かにしろ
差押えをすることができる
「逮捕する場合」の範囲はここまで
パターン３
逃げられて、追跡をあきらめた。
ン?
何だこれ
差押えはできない
刑訴法220条は適用されない
追跡をあきらめた後に証拠物を発見
遺留物として領置する

○ 逮捕に着手する前に捜索・差押えはできるか

判例の中には、麻薬取締官が被疑者を逮捕するために被疑者宅に行ったところ、被疑者が外出中であったため、帰宅後すぐに逮捕する態勢で捜索を実施して証拠物を差し押さえ、その後に被疑者が帰宅したことから、捜索開始から約20分後に被疑者を緊急逮捕したという事案について、「逮捕する場合」とは、単なる逮捕の時点よりも幅のある「逮捕する際」をいうのであり、逮捕との時間的接着を必要とするが、逮捕着手時の前後関係は問わないとして、その捜索・差押えを適法としたものがある（最判昭36．6．7）。

しかし、もし、捜索・差押えに着手した後に逮捕に着手できなかった場合は違法と判断されることになるし、被疑者が間もなく帰宅するという偶然の事実に職務の適法性を左右されるわけにもいかない。

実務上、本条にいう「逮捕する場合」とは、逮捕着手時の前後関係は問わないものの、当該行為時において被疑者を逮捕する確実性があることが必要である。

具体的には、被疑者が現場にいるのを認めて、「逮捕と同時か、あるいは少なくとも逮捕の直前ないしその直後に捜索・差押えを行う場合を意味する」と解するのが妥当である。

イ　「逮捕の現場」とは

刑訴法第220条第１項第２号の「逮捕の現場」とは、逮捕した場所との場所的同一性を意味する（最判昭36．６．７）。すなわち、逮捕行為が行われた全ての場所をいい、逮捕に着手した場所から、追跡中の場所及び逮捕した場所までに関係した物や人の身体を含み、それらの場所と直接的に接続する空間も当たる（通説）。

令状による捜索・差押えの場所的範囲は、管理権が異なる場合には別個の令状を必要とするのが原則である。

したがって、逮捕の現場における令状によらない捜索・差押えにおいて、どこまでが「逮捕の現場」となるかについても、令状による場合と同じように、管理権によって判断すべきである。

㈠　管理権がそのまま及ぶ場所の場合

○　被疑者宅の前で張り込んでいて、被疑者が自宅から出てきたところを玄関前の路上で逮捕した場合

その住居が逮捕行為の際に被疑者の現実の支配下にあったと認められる限り、住居全体を捜索することができる。

玄関から出てきたところで逮捕した
住居内も逮捕事実に関する証拠物を捜索することができる

○　マンション等の共用部分（廊下など）

マンション等の共用部分には、被疑者を含む全共有者の管理権が及んでいるので、外出のために居室から出てきた被疑者を共用部分で逮捕した場合には、居室だけでなく、被疑者の管理権が及ぶマンション等の共用部分についても「逮捕の現場」として捜索を行うことができる。

(イ)　逮捕の場所と別の管理権に服する場所の場合

○　外出先から帰ってきた被疑者を、被疑者宅前で逮捕した場合

外出先から帰ってきた被疑者を被疑者宅の前で逮捕した場合には、被疑者宅と逮捕場所とがどれほど近接していても、被疑者の住居を逮捕の現場と解することはできない。

家の中を捜索することはできない　　帰宅したが、まだ家に入っていない

○　マンションの居室で逮捕した場合

マンション等に居住している被疑者を、その一室において逮捕した場合には、他人が居住する部屋は別の管理権になるため、逮捕の現場と解することはできない。

ただし、前述のように、マンション等の廊下や階段、エレベーターといった共用部分については、当該マンション等の居住者全員の共同管理に服する場所であり、被疑者の現実の支配が及んでいるので、被疑者の居室との同一性を認め、逮捕の現場と解することができる。

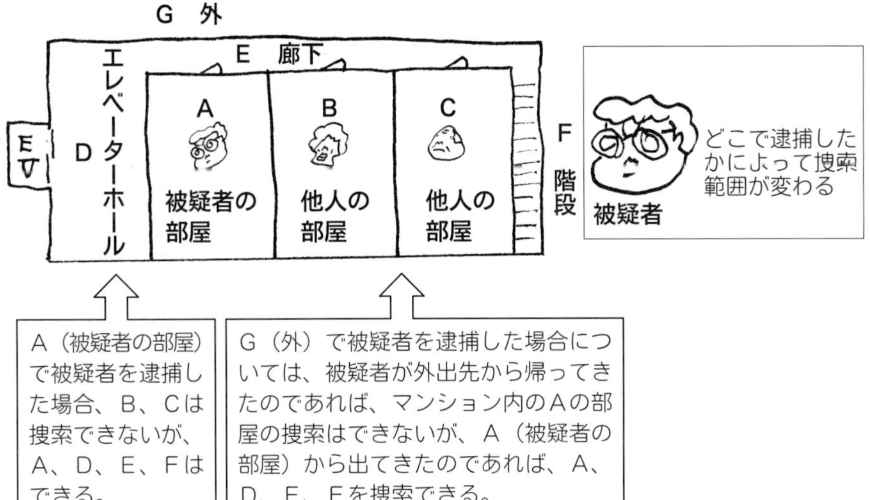

○　ホテルや旅館等で逮捕をした場合

ホテルや旅館等の客室については、建物全体に経営者（オーナー）の管理権が及んでいるとしても、各宿泊者に管理権があることから、マンション等の場合と同様に、被疑者が宿泊している客室で逮捕した場合に、他の客室を逮捕の現場と解することはできない。

部屋ごとに管理権が違う

安かろう悪かろうホテル

なお、ホテル等の廊下、ロビー、洗面所等の共用部分で被疑者を逮捕した場合、被疑者が宿泊する部屋を「逮捕の現場」として捜索・差押えをすることができるかが問題となる。

実務上は、逮捕行為を行った場所と被疑者が宿泊している部屋に場所的接着性があり、かつ、逮捕の直前に被疑者が宿泊している部屋に出入りしていたなど、被疑者の顕著な影響力が及んだと認められる特別な事情がなければ、新たに令状を得て捜索・差押えを実施するのが妥当である。

共用部分で逮捕した場合、被疑者が宿泊している部屋を捜索することも可能とした裁判例（東京高判昭44.6.20）もある。しかし、この事案は、被疑者が、自分の物を取りに部屋に戻りたいと述べたという、客室での証拠隠滅の可能性があった特殊な事例である。

㈦　逮捕の着手から完了までの間、被疑者の通過した場所

逃走被疑者を追跡して逮捕する際に、追跡中に被疑者が凶器等を他人の家屋内に投げ込んだ場合には、現実に犯人が通過した場所はもちろんのこと、凶器等を投げ込んだ場所など、被疑者の影響力が明らかに及んだ範囲も「逮捕の現場」に含まれる（「押収すべき物の存在を認めるに足りる状況がある」（刑訴法222条、102条２項）参照。）。

なお、この場合には、家人等の立会いを得た上でその家屋内を令状なく捜索等をすることができる。

(エ) 被疑者の身体についての捜索・差押えができる場所的範囲

被疑者を逮捕した場合、その場で直ちに捜索・差押えをするのが基本であるが、被疑者が抵抗したり、群衆に取り囲まれるなど、逮捕現場での捜索・差押えの実施が困難な場合がある。

このような場合には、必要な限度において、警察署等、捜索・差押えを実施するのに適した場所まで連行し、逮捕被疑者の身体等について捜索・差押えをすることができる。

なお、社会通念から見て、その場所が逮捕場所と接続していると見られる近くの場所で、しかも逮捕の時点と時間的に接続しているならば、その場所も「逮捕の場所」に当たると考えてよい。

最高裁（最決平８．１．29）も、「逮捕現場付近の状況に照らし、被疑者の名誉等を害し、被疑者らの抵抗による混乱を生じ、又は現場付近の交通を妨げるおそれがあるといった事情のため、その場で直ちに捜索・差押えを実施することが適当でないときには、速やかに被害者を捜索・差押えの実施に適する最寄りの場所まで連行した上、これらの処分を実施することも、『逮捕の現場』における捜索・差押えと同視することができる」と判示し、被疑者らを逮捕した後、各逮捕の場所から約500メートルないし３キロメートル離れた警察署に連行した後に行った捜索・差押えについて適法としている。

さらに東京高裁（昭53．11．15）は、「逮捕現場が群衆に取り囲まれているため、その場で被疑者の着衣・所持品等を捜索することは、混乱の防止や被疑者の名誉の保護からして不適当であった」として、被疑者を逮捕の３～４分後に400メートル離れた警察署に連行し捜索等を実施した行為を適法とした。

ウ　捜索・差押えの対象物件の範囲

令状によらない捜索・差押えの対象物件は、逮捕した被疑事実に関する証拠に限られ、余罪の証拠収集のために行うことは許されない。

違法行為の一例（イメージ）

なお、別の事件の証拠物を発見し、差し押さえる必要がある場合は、令状記載物以外の証拠物を発見した場合と同じ措置をとることになる。

例えば、暴行の事実で被疑者を通常逮捕し、その現場で令状によらない捜索を行ったところ、別事件の証拠物が発見された場合には、被疑者から任意提出を受けて領置するか、被疑者が任意提出を拒めば、差押許可状の発付を得て押収することとなる。

○違法とされた例

暴行罪により被疑者を通常逮捕し、その逮捕に伴う捜索を行った結果、覚醒剤を発見して覚醒剤所持罪で現行犯逮捕した事案につき、本件捜索が居間、寝室、玄関、便所、押入れ、ストーブ、さらには、ぬいぐるみの中まで調べるという状況等から、暴行事件の逮捕の機会に行う捜索として必要な範囲を超えており、別件である覚醒剤の所持・使用の嫌疑を裏付ける証拠の収集を意図したものであることを理由に、当該捜査は違法であるとしている（札幌高決昭58.12.26）。

第６章

押収物の措置

地球は私が守る!!
何かあったら連絡するように
私がすぐに110番してやるぞ

コスプレマン

◇　基本となる条文

刑事訴訟法

〔押収物の保管・廃棄〕

第121条　運搬又は保管に不便な押収物については、看守者を置き、又は所有者その他の者に、その承諾を得て、これを保管させることができる。

②　危険を生ずる虞がある押収物は、これを廃棄することができる。

③　前２項の処分は、裁判所が特別の指示をした場合を除いては、差押状の執行をした者も、これをすることができる。

〔押収物の代価保管〕

第122条　没収することができる押収物で滅失若しくは破損の虞があるもの又は保管に不便なものについては、これを売却してその代価を保管することができる。

〔還付・仮還付・交付等〕

第123条　押収物で留置の必要がないものは、被告事件の終結を待たないで、決定でこれを還付しなければならない。

②　押収物は、所有者、所持者、保管者又は差出人の請求により、決定で仮にこれを還付することができる。

③　押収物が第110条の２の規定により電磁的記録を移転し、又は移転させた上差し押さえた記録媒体で留置の必要がないものである場合において、差押えを受けた者と当該記録媒体の所有者、所持者又は保管者とが異なるときは、被告事件の終結を待たないで、決定で、当該差押えを受けた者に対し、当該記録媒体を交付し、又は当該電磁的記録の複写を許さなければならない。

④　前３項の決定をするについては、検察官及び被告人又は弁護人の意見を聴かなければならない。

〔押収贓物の被害者還付〕

第124条　押収した贓物で留置の必要がないものは、被害者に還付すべき理由が明らかなときに限り、被告事件の終結を待たないで、検察官及び被告人又は弁護人の意見を聴き、決定でこれを被害者に還付しなければならない。

②　前項の規定は、民事訴訟の手続に従い、利害関係人がその権利を主張することを妨げない。

〔令状による差押え・記録命令付差押え・捜索・検証〕

第218条　検察官、検察事務官又は司法警察職員は、犯罪の捜査をするについて必要があるときは、裁判官の発する令状により、差押え、記録命令付差押え、捜索又は検証をすることができる。この場合において、身体の検査は、身体検査令状によらなければならない。
② 差し押さえるべき物が電子計算機であるときは、当該電子計算機に電気通信回線で接続している記録媒体であつて、当該電子計算機で作成若しくは変更をした電磁的記録又は当該電子計算機で変更若しくは消去をすることができることとされている電磁的記録を保管するために使用されていると認めるに足りる状況にあるものから、その電磁的記録を当該電子計算機又は他の記録媒体に複写した上、当該電子計算機又は当該他の記録媒体を差し押さえることができる。
③ 身体の拘束を受けている被疑者の指紋若しくは足型を採取し、身長若しくは体重を測定し、又は写真を撮影するには、被疑者を裸にしない限り、第１項の令状によることを要しない。
④ 第１項の令状は、検察官、検察事務官又は司法警察員の請求により、これを発する。
⑤ 検察官、検察事務官又は司法警察員は、身体検査令状の請求をするには、身体の検査を必要とする理由及び身体の検査を受ける者の性別、健康状態その他裁判所の規則で定める事項を示さなければならない。
⑥ 裁判官は、身体の検査に関し、適当と認める条件を附することができる。

〔令状によらない差押え・捜索・検証〕
第220条 検察官、検察事務官又は司法警察職員は、第199条の規定により被疑者を逮捕する場合又は現行犯人を逮捕する場合において必要があるときは、左〔次〕の処分をすることができる。第210条の規定により被疑者を逮捕する場合において必要があるときも、同様である。
⑴ 人の住居又は人の看守する邸宅、建造物若しくは船舶内に入り被疑者の捜索をすること。
⑵ 逮捕の現場で差押、捜索又は検証をすること。
② 前項後段の場合において逮捕状が得られなかつたときは、差押物は、直ちにこれを還付しなければならない。第123条第３項の規定は、この場合についてこれを準用する。
③ 第１項の処分をするには、令状は、これを必要としない。
④ 第１項第２号及び前項の規定は、検察事務官又は司法警察職員が勾引状又は勾留状を執行する場合にこれを準用する。被疑者に対して発せられた勾引状又は勾留状を執行する場合には、第１項第１号の規定をも準用する。

〔押収・捜索・検証に関する準用規定等〕
第222条 第199条第１項、第100条、第102条から第105条まで、第110条から第112条まで、第114条、第115条及び第118条から第124条までの規定は、検察官、検察事務官又は司法警察職員が第218条、第220条及び前条の規定によつてする押収又は捜索について、第110条、第111条の２、第112条、第114条、第118条、第129条、第131条及び第137条から第140条までの規定は、検察官、検察事務官又は司法警察職員が第218条又は第220条の規定によつてする検証についてこれを準用する。ただし、司法巡査は、第122条から第124条までに規定する処分をすることができない。
② 第220条の規定により被疑者を捜索する場合において急速を要するときは、第114条第２項の規定によることを要しない。

③　第116条及び第117条の規定は、検察官、検察事務官又は司法警察職員が第218条の規定によつてする差押え、記録命令付差押え又は捜索について、これを準用する。
④　日出前、日没後には、令状に夜間でも検証をすることができる旨の記載がなければ、検察官、検察事務官又は司法警察職員は、第218条の規定によつてする検証のため、人の住居又は人の看守する邸宅、建造物若しくは船舶内に入ることができない。但し、第117条に規定する場所については、この限りでない。
⑤　日没前検証に着手したときは、日没後でもその処分を継続することができる。
⑥　検察官、検察事務官又は司法警察職員は、第218条の規定により差押、捜索又は検証をするについて必要があるときは、被疑者をこれに立ち会わせることができる。
⑦　第１項の規定により、身体の検査を拒んだ者を過料に処し、又はこれに賠償を命ずべきときは、裁判所にその処分を請求しなければならない。

〔告訴・告発を受けた司法警察員の手続〕
第242条　司法警察員は、告訴又は告発を受けたときは、速やかにこれに関する書類及び証拠物を検察官に送付しなければならない。

〔司法警察員から検察官への事件送致〕
第246条　司法警察員は、犯罪の捜査をしたときは、この法律に特別の定のある場合を除いては、速やかに書類及び証拠物とともに事件を検察官に送致しなければならない。但し、検察官が指定した事件については、この限りでない。

〔準抗告〕
第430条　検察官又は検察事務官のした第39条第３項の処分又は押収若しくは押収物の還付に関する処分に不服がある者は、その検察官又は検察事務官が所属する検察庁の対応する裁判所にその処分の取消又は変更を請求することができる。
②　司法警察職員のした前項の処分に不服がある者は、司法警察職員の職務執行地を管轄する地方裁判所又は簡易裁判所にその処分の取消又は変更を請求することができる。
③　前２項の請求については、行政事件訴訟に関する法令の規定は、これを適用しない。

〔還付不能と公告〕
第499条　押収物の還付を受けるべき者の所在が判らないため、又はその他の事由によつて、その物を還付することができない場合には、検察官は、その旨を政令で定める方法によつて公告しなければならない。
②　第222条第１項において準用する第123条第１項若しくは第124条第１項の規定又は第220条第２項の規定により押収物を還付しようとするときも、前項と同様とする。この場合において、同項中「検察官」とあるのは、「検察官又は司法警察員」とする。
③　前２項の規定による公告をした日から６箇月以内に還付の請求がないときは、その物は、国庫に帰属する。
④　前項の期間内でも、価値のない物は、これを廃棄し、保管に不便な物は、これを公売してその代価を保管することができる。

1　押収物の保管

(1)　「押収物」とは

「押収物」とは、

○　捜査機関が強制手続によって差し押さえた物（刑訴法218条、220条）

○　任意手続によって領置した遺留物又は任意提出物（刑訴法221条）

の総称である。

捜査機関が、押収によって物の占有を取得した後は、留置の必要がある限り、所有者等の意思に反してでも留置を継続することができる。

(2)　保管に当たっての注意義務

押収物の保管については、善良なる管理者の注意義務（物又は事務を管理する場合に、その職業、地位にある者として、当然に要求される程度の注意義務）が必要となることから、その喪失又は破損を防ぐため相当の処置をしなければならない（刑訴規則98条）。したがって、押収物を保管する捜査機関は、証拠価値の保全だけではなく、財産的価値の保全にも努めなければならないのである。

⑶ 押収物の送致（送付）

司法警察員は、押収した証拠物については、事件とともに速やかに検察官に送致（送付）しなければならない（刑訴法246条、242条）。ただし、その押収物が、

○　運搬又は保管に不便な物件である場合
○　還付・仮還付が予定されている場合
○　証拠物を被害者に確認させる等の捜査が終わっていない場合

等のときは、事件を送致しても、検察官に証拠物を送致（送付）することなく、自署で保管することができる。

例えば、自動車、船舶、大きな工作機械など運搬又は保管に不便な押収物については、看守者を置き、又は所有者その他の第三者に保管させることができる（刑訴法222条１項、121条１項）。ただし、この場合も、委託者である捜査員の善管注意義務は軽減されないので、受託者を適切に選任し、押収物を監督しなければならない。

自署で保管していた証拠物を検察庁に保管転換をする場合には、滅失・破損等をしないような措置を講じた上で送致（送付）することになる。

なお、受け入れ側である地方検察庁ごとに、証拠物の数量や送致（送付）

時期等について様々な制約があることから、対応する検察庁との取決めに従って証拠品を送致（送付）する必要がある。その際、送致（送付）する証拠物と次の書類との間に矛盾がないよう留意しなければならない。

- 押収関係書類（押収品目録（司法警察職員捜査書類基本書式例（以下「基本書式例」）様式第33号）
- 任意提出書（基本書式例様式第21号）
- 領置調書（基本書式例様式第22、23号）
- 証拠品総目録（基本書式例様式第51号）

なお、事件の証拠物（証拠金品総目録）を検察官に送致（送付）した段階で、検察官が当該証拠物の管理者となることから、還付・仮還付、廃棄・換価処分の決定は、検察官が行うことになる。

また、前記のように警察署保管扱いとした場合、証拠物自体の移動はないが、送致の時点で保管責任が警察から検察庁に移ることとなる。したがって、還付等をする場合には、指揮を受けて行うことになる。

2　押収物の廃棄処分

(1)　廃棄処分できる物

刑訴法は、「危険を生ずるおそれがある押収物」について、廃棄処分を認めている（刑訴法121条２項、222条１項）。

廃棄できる物の例

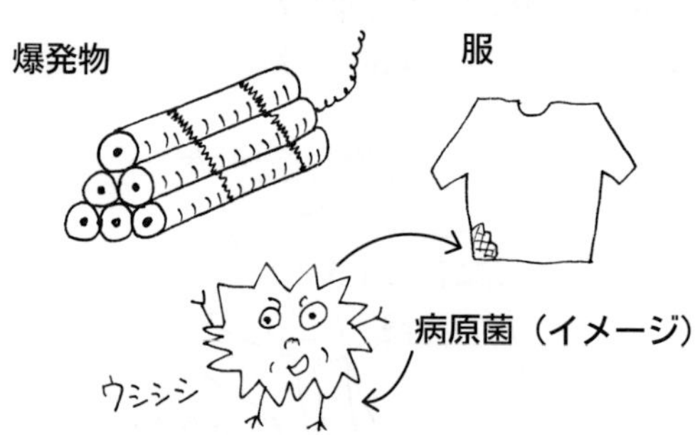

「危険を生ずるおそれ」とは、爆発物や伝染性の病原菌が付着した着衣のように、危険が生ずる可能性が極めて高いことを意味する。単に「保管が困難である」という程度の物は、後述する換価処分の対象となる。

してはならない例

したがって、単に腐敗するおそれがあるだけの食料品は、「危険を生ずるおそれがある押収物」に当たらないため、廃棄処分することができない。このような押収物については、被押収者に還付した上で、被押収者に廃棄させるのが妥当である。

⑵　廃棄処分の手続

押収物の廃棄処分は、事件終結前に行う処分であるから、捜査や公判に支障がないように、廃棄する前の状況を写真撮影し、写真撮影報告書を作成して証拠価値を保全しておく必要がある。

写真撮影報告書

また、廃棄処分した場合は、その経過を記録するとともに、処分の状況等を撮影した写真を添付した写真撮影報告書や捜査報告書を作成するとともに、必ず廃棄処分書（犯捜規別記様式10号）を作成しなければならない。

ワンポイント

司法巡査は廃棄を行うことはできるが、換価処分については行うことができず、司法警察員が行う（刑訴法222条１項ただし書、121条２項、122条、犯捜規112条４項）。

なお、廃棄処分及び換価処分については、犯捜規が必要な注意事項を定めている（犯捜規112条、同113条）。

3　押収物の換価処分

(1)　換価処分できる物

押収物のうち換価処分できる物は「没収することができる押収物」で、かつ、その性質上「滅失若しくは破損のおそれがあるもの又は保管に不便なもの」に限られる（刑訴法122条、222条１項）。

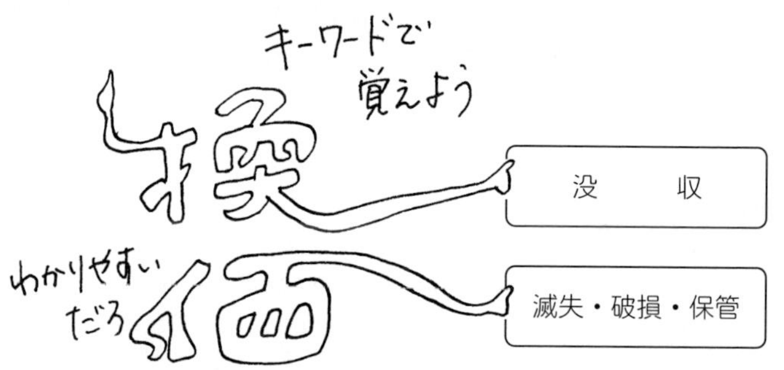

ア　「没収することができる押収物」とは

換価処分できる「没収することができる押収物」とは、必要的没収（刑法197条の５、公選法224条、233条等）の対象物だけでなく、任意的没収（刑法19条１項）の対象物も含まれる。

なお、没収対象物に該当する押収物であれば、それが証拠物であっても、換価処分することができる（鹿児島地判昭28.10.27）。

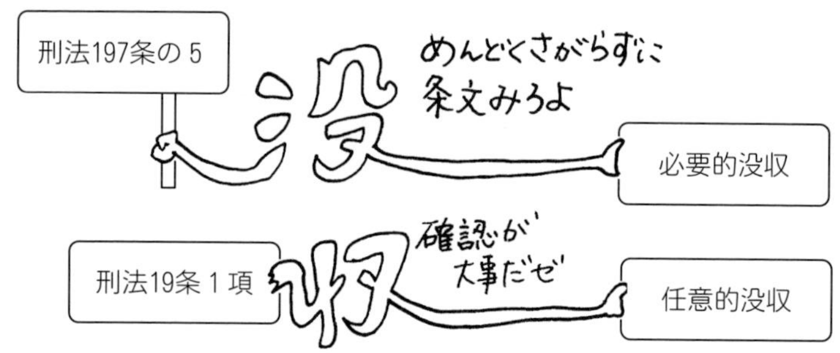

イ　「滅失、破損のおそれがあるもの又は保管に不便なもの」とは

換価処分の要件である「滅失若しくは破損のおそれがあるもの又は保管に不便なもの」の「滅失」とは、その物自体の特性により物理的存在を失うことをいい、盗難は含まない。

また、「破損」とは、その物自体の特性により効用を失うことである。

例えば、密漁に係る魚類、異物が混入した食品が腐敗する場合などをいう。

「保管に不便」とは、社会通念上、物それ自体が保管に不便であることを要することから、例えば、警察署で保管している押収物が量的に多く、保管に不便を来すような場合は含まない。

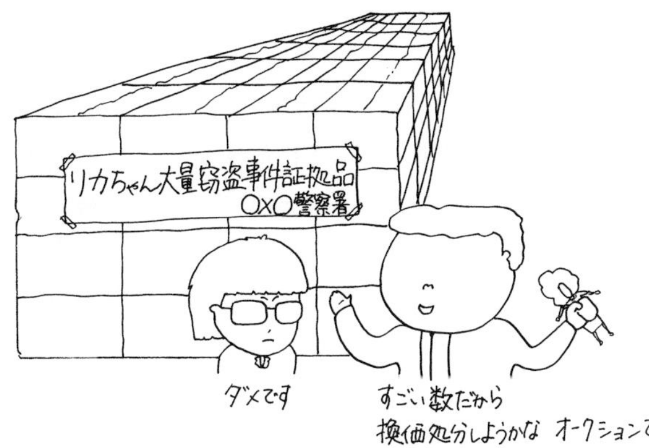

これまでに換価処分が認められた例としては、船舶（最決昭30. 3.18)、軽四輪乗用自動車（大阪高判昭51. 2.24）のほか、肉、野菜、果物、生きた動物、密漁等に係る魚類等がある。

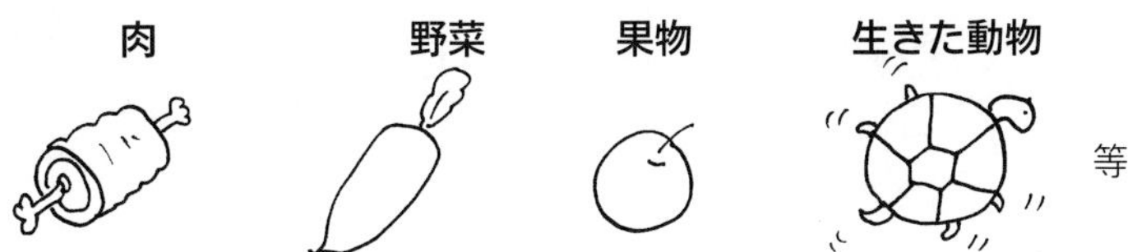

(2)　換価処分の方法・手続

換価処分に当たっては、換価処分をすべき理由があることを明確にし、所有者等が納得するような手続をとる必要がある。

また、換価処分をした場合には、その経過や状況等を写真撮影し、写真撮影報告書や捜査報告書を作成するとともに、必ず換価処分書（犯捜規別記様式11号）を作成しなければならない（犯捜規113条2項)。

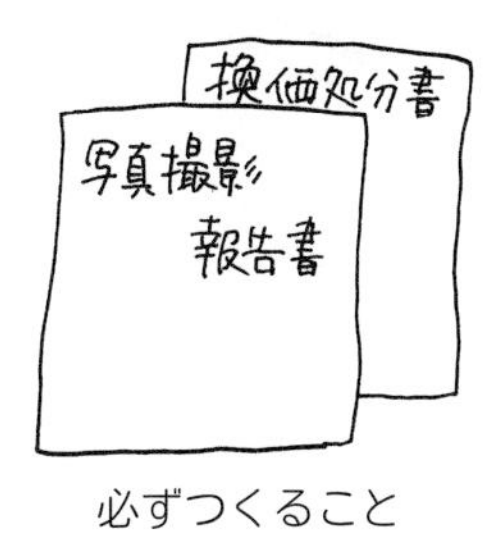

必ずつくること

そして、換価処分によって得られた換価代金は、押収物と同一視すべき物であるから、押収物と同じように検察官に送致しなければならない。

○　法律で売買が禁止されている物の換価処分はできるか

換価処分の対象となる押収物が鳥獣や魚類等で、法律によって譲渡しや譲受けが禁止されている場合であっても、押収にかかる物を売却することは正当行為（刑法35条）に該当することから違法性は阻却される。

ただし、当該物件を売却することにより、社会に流通させると再び犯罪に利用されたり、他の犯罪を誘発するものについては、換価処分することは相当でない。

珍しい動物のイメージ
※実在しません

売買は禁止されているが、
換価処分はできる

換価処分を勉強中

なお、ここまで廃棄・換価処分について説明してきましたが、警察の実務上、事件が終結する前に廃棄・換価処分することはほとんどありません
通常は、写真撮影報告書の作成などによって証拠価値を保全し、所有者等に速やかに還付しています

編集部から　ちょっとひといき

この本は、過去のＳＡの出題内容を精査して作成しました。この本をしっかり勉強すれば、そのままＳＡ対策となります。がんばってください。

4　還付

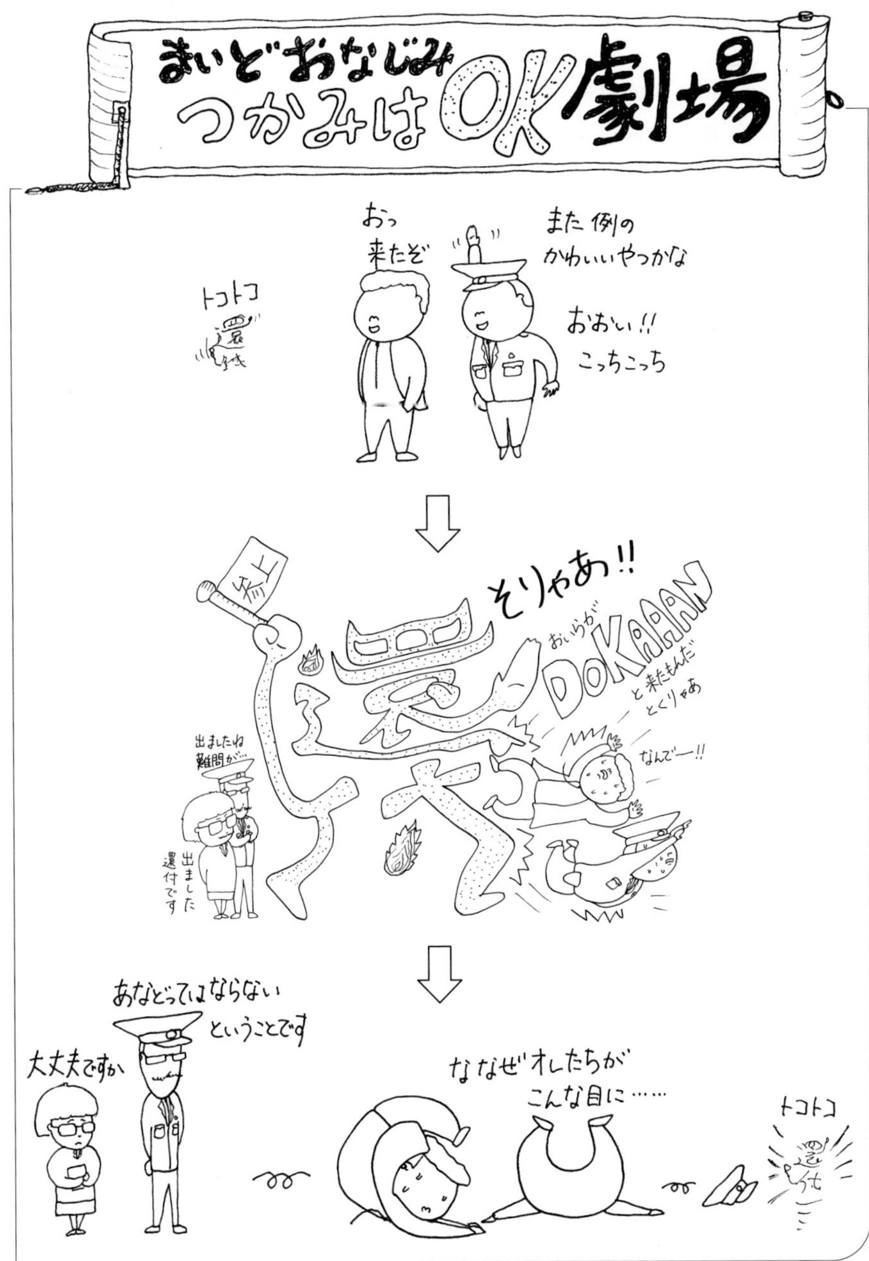
まいどおなじみ
つかみはOK劇場
おっ
来たぞ
また例の
かわいいやっかな
トコトコ
おおい!!
こっちこっち
そりゃあ!!
おいらがDOKAAAN
と来たもんだ
とくりゃあ
出ましたね
難問が…
なんでー!!
出ました
還付です
あなどってはならない
ということです
大丈夫ですか
ななぜオレたちが
こんな目に……
トコトコ

⑴ 還付の意義

「還付」とは、一般に、保管の必要がなくなった押収物を元の占有者又は本来受け取るべき権利者に返還することによって、押収の効力を完全に解く手続のことである。

これに対して、差押えが違法であるとして裁判所に取り消され、司法警察員が当該証拠物を返還するのは、「押収物の還付」ではない（最決平４.10.13）。

ア　還付を行うことができる者

還付を行うことができる者は、検察官、検察事務官又は司法警察員である。司法巡査（巡査・巡査長）はすることができない（刑訴法222条１項ただし書）。

還付等の処分に当たっては、司法警察員は警察署長等の指揮を受けることになっている。（犯捜規112条１項）。

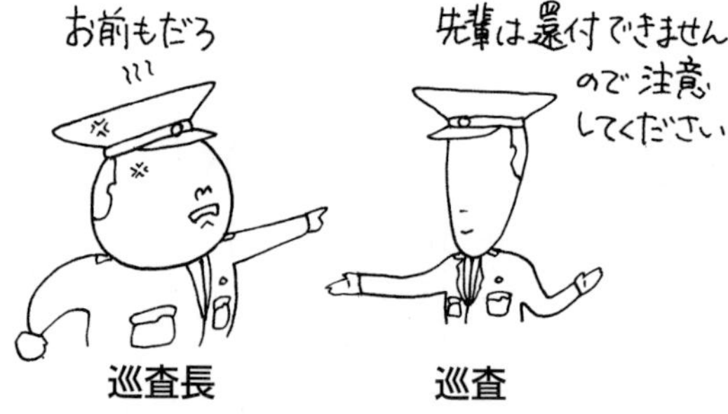

イ　押収処分に対する不服申立て

捜査機関から押収処分を受けた者は、「留置の必要がない」ことを理由として、当該捜査機関に対して押収物の還付を請求することができる（刑訴法222条１項、123条１項、最決平15. ６.30）。

司法警察員等が押収物を還付しなかった場合、その処分に不服のある者は、裁判所にその処分の取消し又は変更を求めて準抗告を行うことができる（刑訴法430条）。

⑵　還付の判断基準

刑訴法第123条第１項は、裁判所が行う還付につき、「押収物で留置の必要がないものは、被告事件の終結を待たないで、決定でこれを還付しなければならない。」と規定している。この規定は、捜査機関が行う還付にも準用されている（刑訴法222条１項）。

押収した物が、
①　証拠物として押収したが、証拠価値等の点で証拠として利用する見込みがなくなった場合
②　証拠物として押収したが、当該事件の証拠ではなかった場合
③　没収不可能な物、又は没収の必要がない物であった場合
には、還付の手続をとらなければならない。

刑訴法123条１項の「留置の必要がない」の意義

これね

刑訴

押収した後、写真撮影報告書等で証拠能力が十分に担保でき、引き続き留置する必要がない場合には、安易に留置を継続することなく還付することが妥当である。

これでOKであれば
還付を検討する

なお、裁判所が行う還付の場合は、検察官、被告人又は弁護人の意見を聴かなければならないと規定（刑訴法123条４項、124条１項）されているが、この規定は捜査機関が行う還付には準用されていないので、捜査機関が還付を行う場合には、被疑者・弁護人の意見は聴く必要はない。

(3)　還付は誰にするのか

還付は被押収者に対して行うのが原則である。

還付に当たっては、還付を受けるべき者であるかどうかを調査し、事後に争いが生ずることのないようにしなければならない（犯捜規115条。後述する仮還付も同様。）。

⑷　還付先の原則と例外

ここからかなりむずかしい

還付先については、「被押収者還付の原則」と「被押収者還付の原則の例外」に大別される。

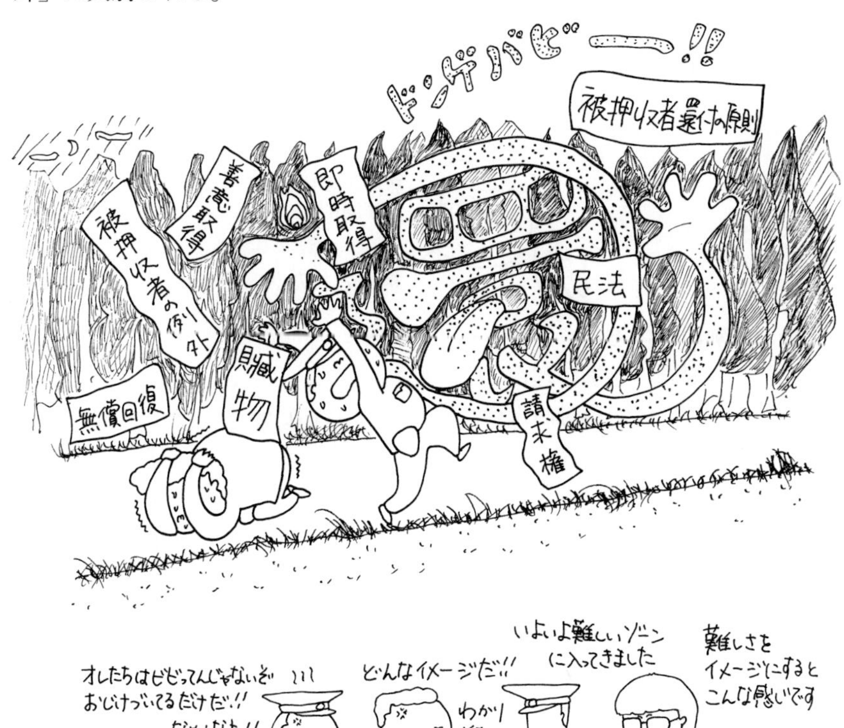

ア　被押収者還付の原則　基本はこれ

還付とは、押収物の留置の必要がなくなった場合に、押収を解除して、押収物を押収以前の状態に戻す（原状に回復する）ことをいうから、特別の理由がない限り、被押収者に対して行うべきである（最決平２．４．20）。これが「被押収者還付の原則」である。

被押収者に返すのが原則

押収された人

㋐　特別の理由とは

この場合の特別の理由としては、

①　被押収者が還付請求権を放棄している

②　被押収者が行方不明等のために、還付できない

場合であり（最決平２．４．20）、それ以外は、被押収者に還付することを原則としている。

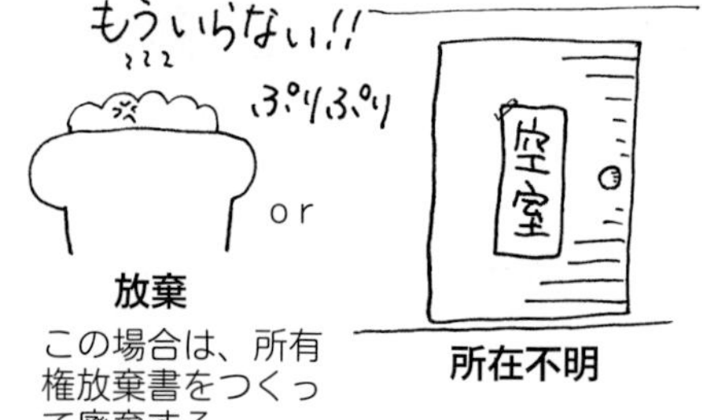

放棄

この場合は、所有権放棄書をつくって廃棄する

所在不明

(イ)　所在不明の場合の措置

押収した物で留置の必要がないものについて、還付を受けるべき者が所在不明等で還付できない場合には、還付公告を行い、還付公告を行った日から６か月以内に還付の請求がなければ、当該押収物は国庫に帰属し、処分することができる（刑訴法499条１項～３項。平成22年10月25日施行の改正刑事訴訟法によって、司法警察員も還付の公告ができるようになった（犯捜規112条の２））。

また、この期間内でも、価値のない物は廃棄し、保管に不便なものについては公売して代価を保管することができる（刑訴法499条４項）。

還付公告の例
（原則として自署の掲示場の掲示でよい）

イ　被押収者還付の原則の例外

被害者に還付する場合

押収物は被押収者に還付するのが原則であるが、例外として、被害者に還付する場合がある。

刑訴法第124条第１項には、裁判所が行う還付について、「押収した贓物で留置の必要がないもの」については、「被害者に還付すべき理由が明らかなときに限り」、決定でこれを被害者に還付しなければならないと規定し、「被押収者還付の原則の例外」を定めている。この規定は、捜査機関が行う還付処分にも準用されている（刑訴法222条１項）。

この例外規定の趣旨は、贓物について「被押収者還付の原則」を徹底すれば、社会通念上、妥当性を欠く結果となることから、被害者を救済するために刑訴法の手続により、直接、被害者に還付しようとするものである。

還付を受けることができる「被害者」とは、贓物に対し正当な所有権をもつ者をいう。仮に、この被害者が死亡していれば、その相続人に還付することになる。また、被害者が所在不明又は氏名不詳である場合には、公告により還付することもできる。

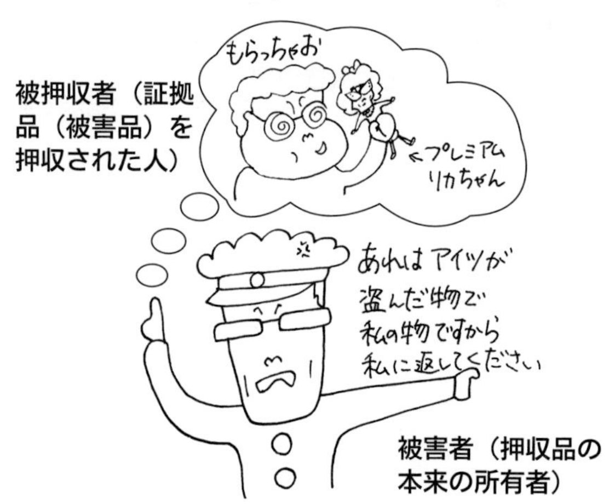

(5)　被害者還付を詳しく勉強しよう

以下は捜査員が知っておかなければならない被害者の権利と還付先です　がんばりましょう

ア　被害者還付の意義

捜査機関が、窃盗犯人や盗品等有償譲受け犯人等から被害品を押収した場合、「被押収者還付の原則」を徹底すれば、押収物を被疑者に還付することになる。その場合、被害者は、被害品を取り戻すために犯人に対して所有物返還の民事訴訟を起こした上、勝訴の判決を得て、その判決に基づいて執行官に被害品を差し押さえてもらわなければならなくなる。

しかし、それでは被害者に不当な犠牲を強いることになるため、刑訴法第124条第１項は、一定の要件を設けて被害者還付の特例を規定しているのである。

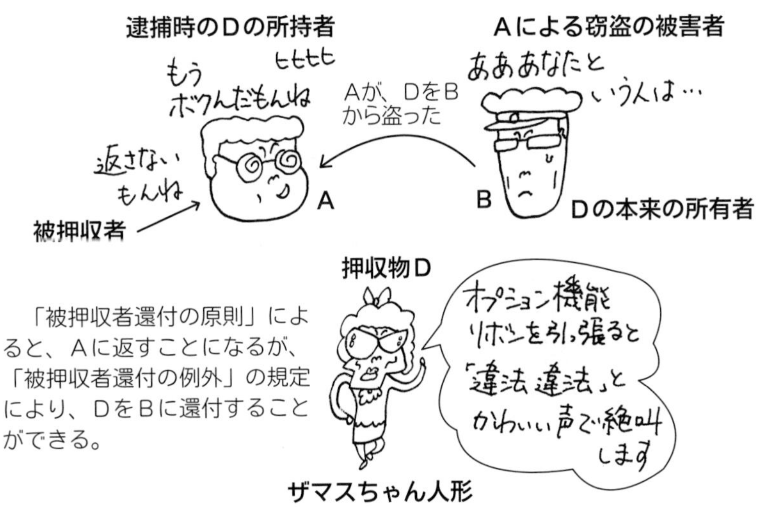

「被押収者還付の原則」によると、Ａに返すことになるが、「被押収者還付の例外」の規定により、ＤをＢに還付することができる。

なお、刑訴法第124条第２項が、「前項の規定は、民事訴訟の手続に従い、利害関係人がその権利を主張することを妨げない。」と規定しているとおり、民法上の権利関係を確定させるものではない（京都地判昭32．４．25）。そのため、被害者に還付した後も、被押収者（被疑者等）は民事裁判で争うことができる。

イ　被害者に還付するために必要な要件

○　「押収した物が贓物である」の贓物とは

刑訴法第124条第１項にいう「贓物」とは、盗品等譲受け等罪（刑法256条）にいう盗品等と同じである。

つまり、財産罪である犯罪行為（窃盗罪、強盗罪、詐欺罪、恐喝罪、横領罪等）により不法に領得された財物で、被害者が法律上それを追求できるものを意味する（大判大12．４．14）。

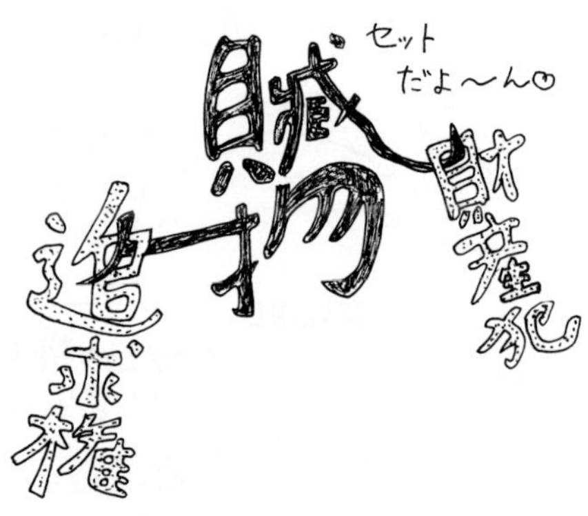

したがって、収賄罪や賭博によって得た財物・現金は含まれない。

被害者に請求権がないパターン

○　「被害者に還付すべき理由が明らかなとき」とは

被害者に贓物について正当な権利があること、言い換えると、押収物の引渡しを請求する権利があることが明白な場合（民事裁判で所有権をめぐって争われたとしても、当然に被害者が勝訴すると認められる場合（広島高判昭56．６．９））をいう。

したがって、引渡請求権の有無について、事実上又は法律上、多少なりとも疑義がある場合には、「被押収者還付の原則の例外」により被害者に還付することはできず、「被押収者還付の原則」に戻って被押収者に還付することになる（仙台高判昭43．11．７）。

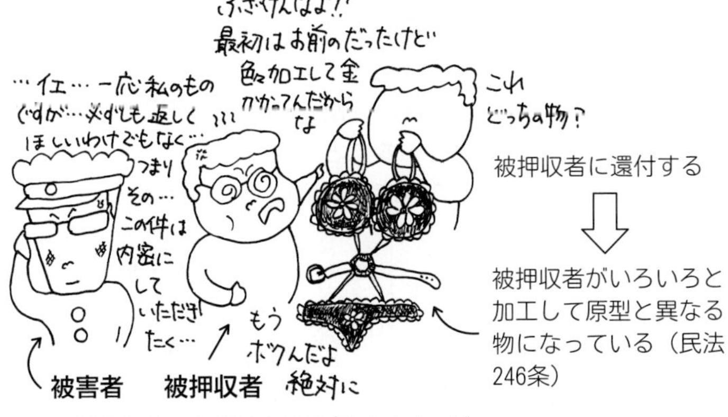

多少なりとも疑義がある例のイメージ

例えば、捜査員が、盗品を買い受けた甲からその盗品を押収中、これを窃盗被害者乙に還付したことにつき、第１審は、甲は買受けに過失がなかったから所有権を取得したのであり、乙が還付を受けたのは違法だとしたが、控訴審は甲は盗品であることを知らなかったことに過失があったから、乙には民法上の取戻請求権があったと認定して、乙が還付を受けたのは適法だとした事例がある（東京高判昭41．４．27）。

これは、裁判所であってもこの種の判断が難しいことを示すものである。このように、捜査機関が安易に乙（被押収者以外の者）に所有権があると認定して還付すると、民事上の紛争の当事者になる場合があるので注意しなければならない。

なお、「被害者に還付すべき理由が明らかなとき」に該当するかどうかの判断は、原則として一件記録によって行えば足りる。

さらにややこしくなるよ

ウ　善意取得者が押収物に介在した場合の還付先に関する各規定

これまで述べたとおり、押収物は、原則として被押収者に還付し、その例外として被害者に還付する場合がある。ただし、ここに善意取得（即時取得）者が加わった場合には、民法、古物営業法及び質屋営業法の規定によって個別に還付先を検討することになる。

○　私人が、無権利者から動産を善意取得した場合

取引行為によって、平穏に、かつ、公然と動産の占有を始めた者が、その占有について、善意であり、かつ、過失がないときは、即時にその動産について行使する権利を取得する（民法192条）。

⇨

つまり、所有者ではない無権利者（窃盗の被疑者等）から、贓物と知らずに買うなど、善意かつ無過失で贓物を取得した場合については、直ちに所有権等を取得できるという意味である。

善意＝その物が、犯罪に関わる物であることを知らないこと。

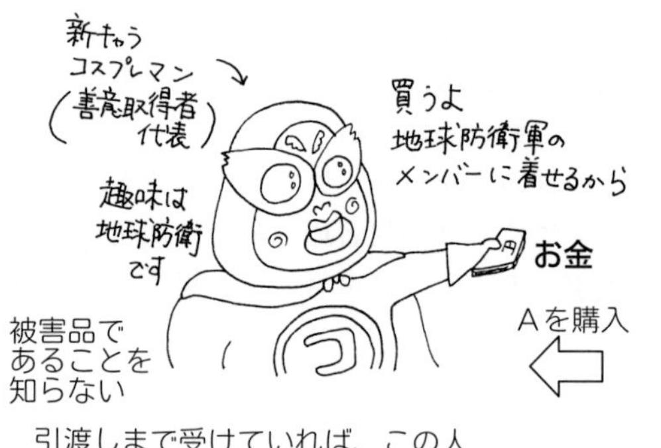

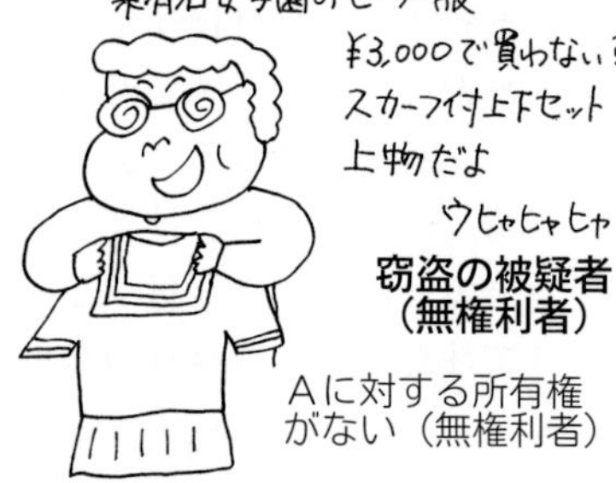

引渡しまで受けていれば、この人がAの所有者となる

被害品のAを善意取得者から押収した場合、善意取得者に還付する

○　動産取得者が悪意取得者の場合

他方、犯罪の被害品であることを知りながらＡを購入した場合については、Ａの占有が購入者に移っても、この購入者は善意取得者ではない（この場合は「悪意取得者」になる。）ので所有権を取得しない。

よって、押収された被害品Ａは購入者に還付されず、「被押収者還付の原則の例外」に基づいて、被害者に還付する。

甲

このあと甲からＡを押収した

悪意取得者
（被押収者）

被疑者等（無権利者）

犯罪に関わる物であることを知っている。

こういう場合は善意取得者にはならず、所有権を取得できない。したがって、Ａは、購入者に還付することなく、「被押収者還付の原則の例外」により、被害者に還付する。

Ａ（犯罪の被害品）

ワンポイント

一般的に、普通の売買によって盗品等の所有が移転すると、民法192条にいう、平穏・公然・善意・無過失は推定されるため、甲の善意取得を否定する原権利者（被害者等の真実の所有者）は、民事訴訟等において、悪意（盗品等であることを知っていた）等を民事訴訟で立証しなければならなくなる。

したがって、捜査機関が悪意取得者を盗品等有償譲受け罪（刑法256条２項）で立件し、押収した盗品等を原権利者に還付することは、被害者の民事訴訟での負担を軽減することになるのである。

なおも難解になるよ

○ **無権利者から善意取得した動産が、盗品（窃盗・強盗・遺失物横領罪の被害品）であった場合**

詐欺、恐喝は、「○ 詐欺、恐喝罪の被害品の場合」の項で扱うよ

【民法第193条】（盗品又は遺失物の回復）
　民法192条〔即時取得〕の場合において、占有物が盗品又は遺失物であるときは、被害者又は遺失者は、盗難又は遺失の時から２年間、占有者に対してその物の回復を請求することができる。

　つまり、民法第192条の即時取得の場合であっても、その物が盗品又は遺失物であるときは、被害者や遺失者は、盗まれた時又は遺失した時から２年間は、その被害品を占有している善意取得者に対して、無償で返還請求をすることができる。

　ただし、２年を経過すると、善意取得者が所有権等を取得し、無償回復請求権を失うことになる。

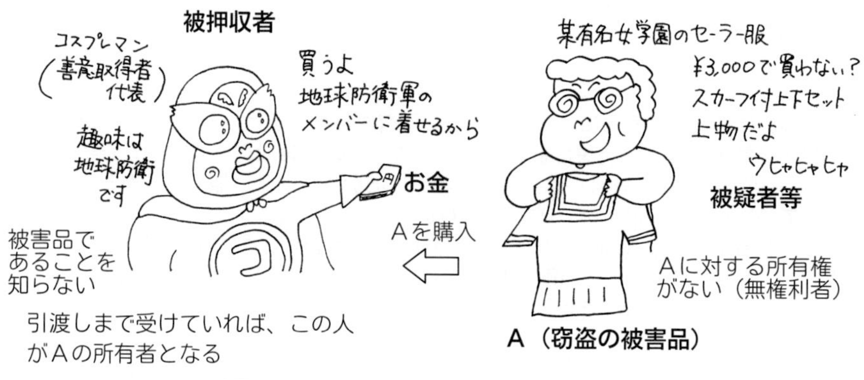

ただし、Aが盗品又は遺失物の場合、被害から２年以内であれば、押収したAは、被害者に還付することになる。

ここで被害品を押収

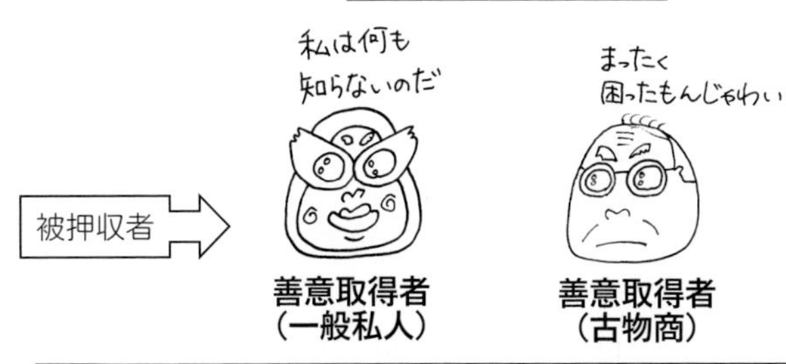

民法第193条により、被害品（盗品、遺失物に限る）Ａを被押収者から押収した場合は、被害から２年以内であれば被害者に還付し、２年を経過していれば被押収者に還付する。

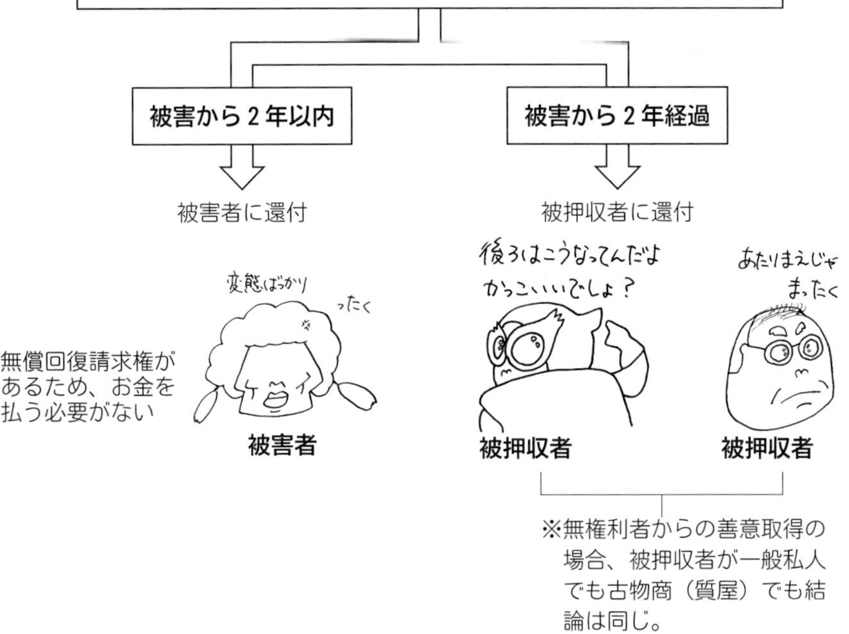

上記のケースは、善意取得者である古物商（質屋）が、「盗品（窃盗・強盗・遺失物横領罪の被害品）」を買い受けたり質取りした場合にも適用される。

他方、被疑者が、委託を受けて保管中の動産を、「自己の所有物である」と虚偽の申告をして質入れをした場合は、「横領罪の被害品」であって、窃盗・強盗・遺失物横領罪の被害品ではないから、民法第193条の適用はない。

この場合は、質屋が質権を即時取得（民法192条）し、押収物を保管する捜査機関を介して占有（民法181条）しているので、質屋に動産を還付する。

○　商店等から善意取得した動産が、盗品（窃盗・強盗・遺失物横領罪の被害品）であった場合

ここからは民法193条の例外規定だよ

【民法第194条】（盗品又は遺失物の回復）
占有者が、盗品又は遺失物を、競売若しくは公の市場において、又はその物と同種の物を販売する商人から、善意で買い受けたときは、被害者又は遺失者は、占有者が支払った代価を弁償しなければ、その物を回復することができない。

⇩

つまり、善意取得者（民法192条が適用される者）が、商店や行商人等から、盗品又は遺失物を買った場合には、被害者は、盗難・遺失の時から2年間は、相手方の商店等に支払った購入代金を善意取得者に支払うことで、返還請求をすることができる（捜査機関が押収した盗品等の還付を受けられるということ。）。これは、商店からの購入の場合、一般の動産の購入に比べて、店から商品として購入した善意取得者を保護し、商品売買の公平性を図るという経済保護上の必要性があるためである。

ただし、2年を経過すれば、被害者は、有償回復請求権を失うので、善意取得者が所有権等を取得することになる。

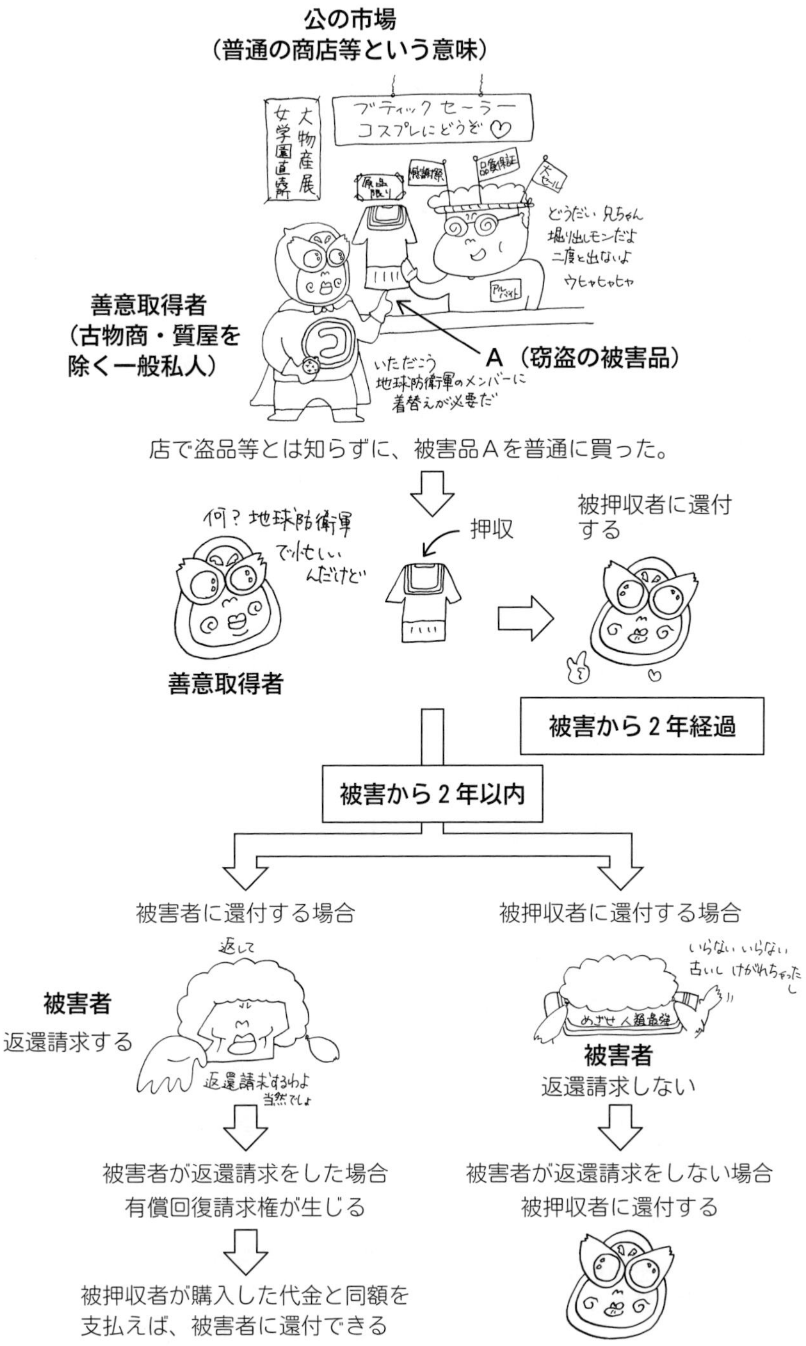

公の市場
（普通の商店等という意味）

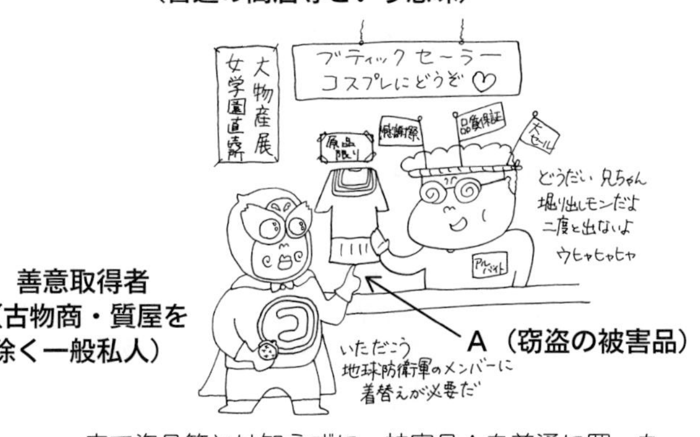

店で盗品等とは知らずに、被害品Aを普通に買った。

⇩

押収

善意取得者

⇨ 被押収者に還付する

被害から 2 年経過

被害から 2 年以内

被害者に還付する場合

被害者
返還請求する

⇩

被害者が返還請求をした場合
有償回復請求権が生じる

⇩

被押収者が購入した代金と同額を
支払えば、被害者に還付できる

被押収者に還付する場合

被害者
返還請求しない

⇩

被害者が返還請求をしない場合
被押収者に還付する

ますますなんじゃこりゃ

○　古物商・質屋が商店・同業者等から善意取得した動産が、盗品（窃盗・強盗・遺失物横領罪の被害品）であった場合

古物商・質屋が、商店等から動産を善意取得（購入等）した場合において、その動産が盗品（窃盗・強盗・遺失物横領罪の被害品）であった場合には、古物（質屋）営業法によって民法第194条が修正される。

【民法第194条】（盗品又は遺失物の回復）
占有者が、盗品又は遺失物を、競売若しくは公の市場において、又はその物と同種の物を販売する商人から、善意で買い受けたときは、被害者又は遺失者は、占有者が支払った代価を弁償しなければ、その物を回復することができない。

すなわち、古物商・質屋が、

- 公の市場（古物商が買う場合のみ適用）
- 同じ種類の品物を売る営業者
- 古物商
- 中古品を売る卸売り業者（質屋以外）

等から、盗品を善意で取得した場合については、被害者は、盗まれた時又は遺失した時から１年間は無償回復請求権があるが、１年を経過し、２年以内であれば、民法第194条に従って有償回復請求権（古物商等が支払った対価を被害者が支払うことにより、古物商等に返還請求すること）を行使することになる（古物営業法20条、質屋営業法22条）。

ただし、２年を経過すると、被害者は回復請求権を失う。

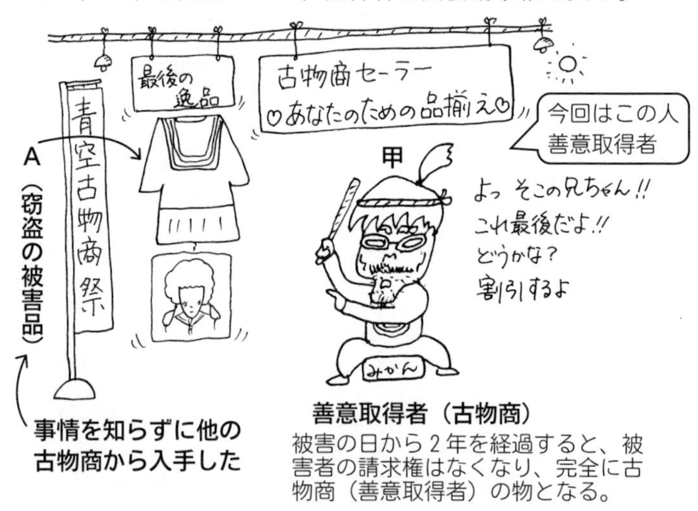

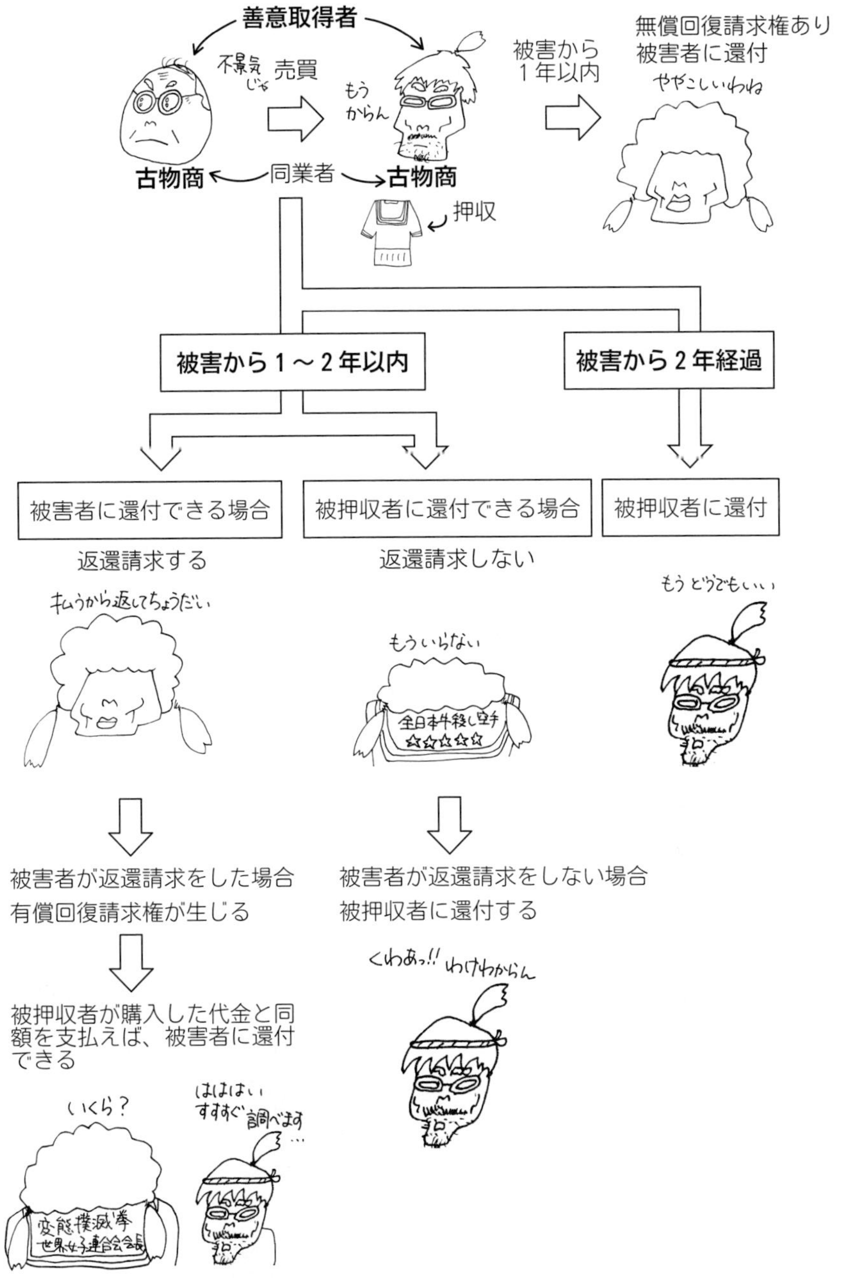

善意取得者

古物商　不景気じゃ　売買　→　もうからん　古物商

古物商 ← 同業者 → 古物商

押収

被害から
1 年以内 → 無償回復請求権あり
被害者に還付

ややこしいわね

被害から 1 ～ 2 年以内

被害から 2 年経過

被害者に還付できる場合

返還請求する

私うから返してちょうだい

被押収者に還付できる場合

返還請求しない

もういらない

全日本牛殺し空手

被押収者に還付

もうどうでもいい

被害者が返還請求をした場合
有償回復請求権が生じる

被押収者が購入した代金と同額を支払えば、被害者に還付できる

いくら？

ははは　はい
すすすぐ調べます
…

変態撲滅拳
世界女子連合会長

被害者が返還請求をしない場合
被押収者に還付する

くわあっ!!　わけわからん

総まとめチャート

押収物が窃盗・強盗・遺失物横領罪の被害品であった場合

被押収者 が

- 被疑者・悪意取得者 であった場合 → 被害者に還付
- 善意取得者 であり
  - 私人 であり
    - 無権利者から善意取得（民193）した場合
      - 2年以内 → 無償回復請求 → 被害者に還付
      - 2年経過 → 被押収者＝善意取得者に還付
    - 公の市場・商店等から善意取得（民194）した場合
      - 2年以内 → 有償回復請求
        - する → 被害者に還付
        - しない → 被押収者＝善意取得者に還付
      - 2年経過 → 被押収者＝善意取得者に還付
  - 古物商・質屋 であり
    - 公の市場（古物商のみ）・同じ種類の品物を取り扱う営業者から善意取得した場合
      - 1年以内 → 無償回復請求（古物20 質屋22） → 被害者に還付
      - 1年経過 2年以内 → 有償回復請求
        - する → 被害者に還付
        - しない → 被押収者に還付
      - （2年経過） → 被押収者に還付

これまでのイメージ図を頭において上記の表をもう一度みてみよう

すっきり理解できるはずです

パオパオ

ハハハ わかったんだね ヨシヨシ

ただし、上記の動産のうち、

登録自動車　船舶　建設機械　航空機

手形　小切手　株券　金銭　商品券 は除く。

○　詐欺・恐喝罪の被害品の場合

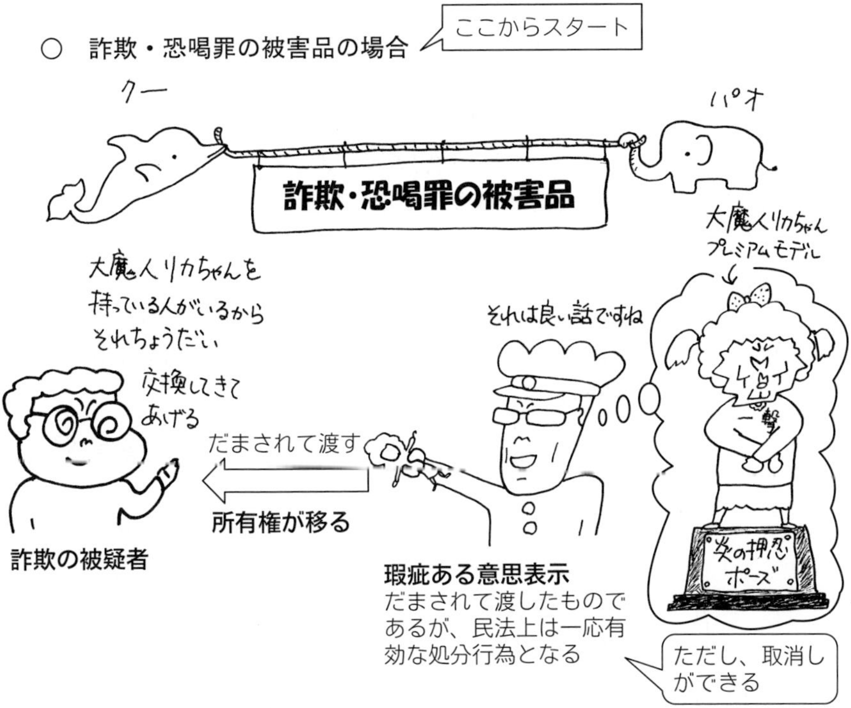

ここからスタート

クー

パオ

詐欺・恐喝罪の被害品

大魔人リカちゃんを
持っている人がいるから
それちょうだい

交換してきて
あげる

それは良い話ですね

大魔人リカちゃん
プレミアムモデル

炎の押忍
ポーズ

だまされて渡す

所有権が移る

詐欺の被疑者

瑕疵ある意思表示
だまされて渡したものであるが、民法上は一応有効な処分行為となる

ただし、取消しができる

民法上、詐欺又は強迫による瑕疵ある意思表示は、取消権者の取消しがあるまでは、有効なものとして取り扱われる（民法96条、120条、121条）。

よって、詐欺・恐喝罪によって被疑者が動産を取得した場合、民法上、その法律行為は有効となるが、取消権者である被害者が、その意思表示を取り消せば、失った動産の所有権を取り戻すことができる。

取消しの意思表示があれば、過去に遡って瑕疵ある法律行為は無効となることから、被害者が所有権移転の意思表示を取り消せば、押収した物を、被害者に還付できる

窃盗・強盗・遺失物横領罪の場合と、詐欺・恐喝罪の場合とでパターンが分かれているのは、前者は、「被害者（原権利者）の意思によらないで占有を失った場合」であるのに対し、詐欺・恐喝罪の場合は、一応、被害者の意思があるからである。

しかし、そうはいっても、被害者はだまされた上で意思表示をしているので、「その意思表示を取り消せる」こととしたのである。

ただし、善意取得者（以後、被害者から見て「善意の第三者」という。）が、無権利者（詐欺の被疑者）から詐欺の被害に係る物を取得した場合は、たとえ被害者が意思表示を取り消したとしても、その善意の取得者に対して、返還請求をすることはできなくなる（民法96条3項）。

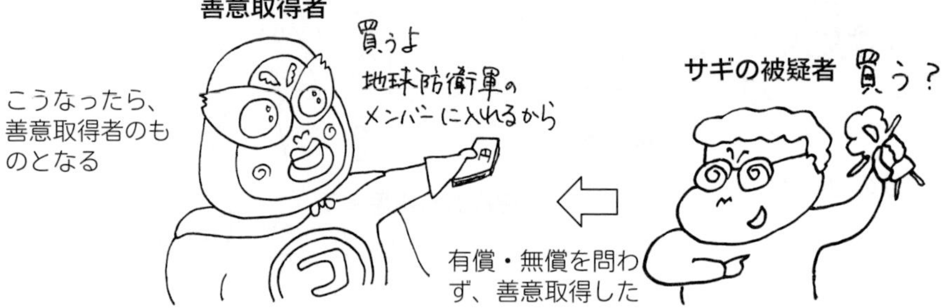

よって、善意の第三者が、無権利者（被疑者等）から詐欺罪の被害品を取得した場合には、被害者はその返還を受ける権利を失う。

これに対し、強迫（恐喝被害）の場合は、その取消しの効果を善意の第三者にも主張することができる（民法96条3項の反対解釈、大判明39.12.13）。これは、強迫される側の意思の抑圧の程度が、詐欺でだまされる場合よりも大きいため、法律上の保護を厚くしているものである。

ただし、この善意の第三者が即時取得（民法192条）の要件（善意かつ無過失）を満たしていれば、即時取得により動産の所有権を取得できるため、還付先の判断には注意を要する。

なお、ここでいう動産には、窃盗・強盗・遺失物横領罪の動産と異なり、登記・登録によって所有権移転が決定する動産（登録自動車等）も含まれる。

車等

総まとめチャート

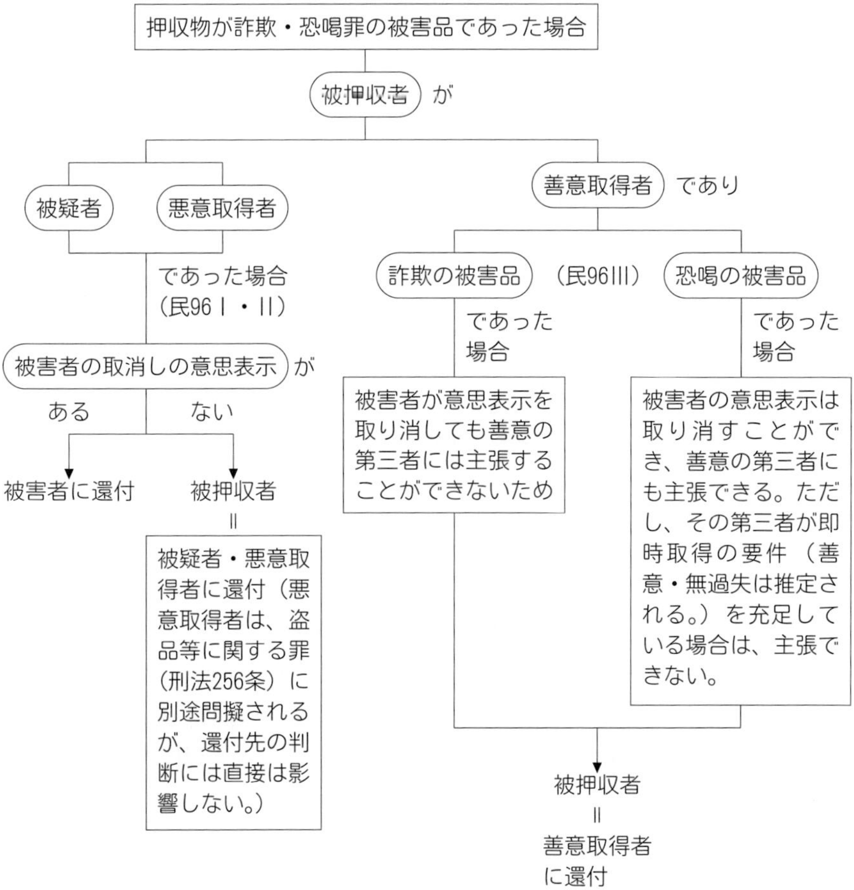

押収物が詐欺・恐喝罪の被害品であった場合

被押収者が

- 被疑者・悪意取得者であった場合（民96Ⅰ・Ⅱ）
  - 被害者の取消しの意思表示が
    - ある → 被害者に還付
    - ない → 被押収者＝被疑者・悪意取得者に還付（悪意取得者は、盗品等に関する罪（刑法256条）に別途問擬されるが、還付先の判断には直接は影響しない。）
- 善意取得者であり
  - 詐欺の被害品（民96Ⅲ）であった場合
    - 被害者が意思表示を取り消しても善意の第三者には主張することができないため
  - 恐喝の被害品であった場合
    - 被害者の意思表示は取り消すことができ、善意の第三者にも主張できる。ただし、その第三者が即時取得の要件（善意・無過失は推定される。）を充足している場合は、主張できない。
  - → 被押収者＝善意取得者に還付

5　仮還付

「仮還付」とは、押収物について留置の必要がなくなったわけではないが、一時的に留置を解いても捜査上の支障がないという場合に、将来必要があるときには再び留置の状態に戻すことを約束して、所有者等の請求に基づき、一時的に押収物を返還する処分である。

(1)　仮還付の手続

仮還付は、還付と異なり、所有者（所持者、保管者又は差出人）の請求に基づいて行われる（刑訴法222条１項、123条２項）。

請求なく仮還付したり、請求人以外の者に仮還付することはできない。

請求によって行う

仮還付することができる者は、還付の場合と同じく、検察官、検察事務官又は司法警察員となっており、司法巡査は仮還付ができない（刑訴法222条１項ただし書）。

還付はできない

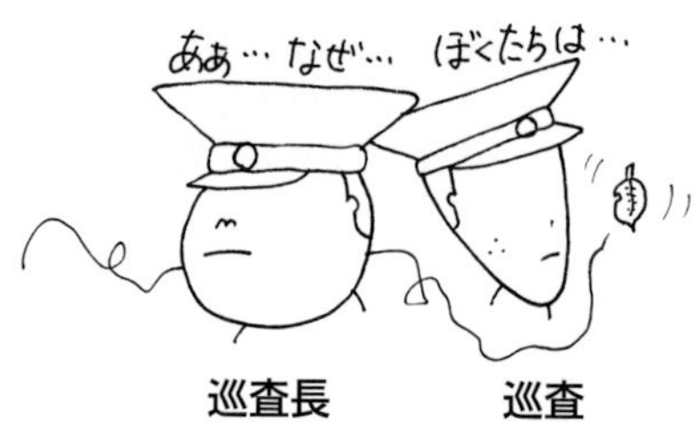

先に仮還付した物について、更に還付の処分をする必要があるときは、改めて還付通知書を交付して行う（犯捜規112条２項）。なお、還付と同様、司法警察員は、警察署長等の指揮を受けなければならない（犯捜規112条１項）。

(2) 仮還付中の押収の効力

押収の効力は仮還付中も継続しているので、仮還付を受けた者は、押収物を保管する義務を負い、さらに、捜査機関から提出を求められた場合は直ちに提出する義務を負う（横浜地決昭45．７．７）。

仮還付中
押収の効力は継続中

この場合、仮還付を受けた者は、たとえその物の所有者であってもこれを処分することはもちろん、再提出ができない状態にしたり、証拠価値に変動を生ずるようなことをするのは許されない。この場合、仮還付された保管中の物を処分した場合は、横領罪（刑法252条）や器物損壊罪（刑法261条）等の刑責を負うことになる。

前述のとおり、仮還付した物について、留置の必要がなくなった場合には、改めて還付通知書を交付して還付の措置をする。

保管義務を負う

捜査の必要性から再度提出を受ける場合、改めて領置の手続をとる必要はなく、書類にその旨を明らかにすれば足りる（仮還付証拠品提出書を作成する。様式は規定されていない。）。

ただし、再提出に対して相手方が拒んだ場合には、強制的に取り上げることは許されず、捜索差押許可状や差押許可状の発付を受けて、これを差し押さえることになる。

6　所有権放棄

警察が証拠物を押収した場合、その所有者がその物の所有権を放棄する意思表示をしたときには、後日、放棄は真意でないとの弁解が出ないよう、任意提出書にその旨を記載させるか、所有権放棄書（基本書式例様式36号）の提出を求めなければならない（犯捜規109条２項、同151条）。

実務上は、任意提出者である所有者が警察に任意提出した押収物について、所有権を放棄する旨の意思表示をしたときは、任意提出書の「提出者処分意見」欄にその旨を記載させ、かつ、所有権放棄書を提出させることが妥当である。

所有権の放棄は、その押収物の所有権者でなければできないことから、所有権放棄書を提出させる際には、その者が当該押収物について所有権を放棄する権限を有する者であるかどうかを確認する必要がある。

所有権放棄書
所有権を放棄する権限があるかどうかの確認が必要

○　爆発物、わいせつ文書等に対する措置

公安を害するおそれのある爆発物、善良な風俗を害するわいせつ文書、所持禁制品である覚醒剤等を押収した場合は、裁判において没収の言渡しがあるのが通常であるが、その言渡しがないこともあるため、必ず所有権放棄の意思表示をさせることが必要である。

ワンポイント

特に、性犯罪被害者の裸体映像のデータが保存されているような場合には、被押収者からDVD等の所有権放棄書を取っておくか、パソコン等のデータ消去の承諾書を取っておくこと。

第 7 章

検証、身体検査、鑑定

◇基本となる条文　刑事訴訟法

〔検証〕
第128条　裁判所は、事実発見のため必要があるときは、検証することができる。

〔検証と必要な処分〕
第129条　検証については、身体の検査、死体の解剖、墳墓の発掘、物の破壊その他必要な処分をすることができる。

〔身体検査拒否と過料等〕
第137条　被告人又は被告人以外の者が正当な理由がなく身体の検査を拒んだときは、決定で、10万円以下の過料に処し、かつ、その拒絶により生じた費用の賠償を命ずることができる。
②　前項の決定に対しては、即時抗告をすることができる。

〔身体検査の強制に関する訓示規定〕
第140条　裁判所は、第137条の規定により過料を科し、又は前条の規定により身体の検査をするにあたつては、あらかじめ、検察官の意見を聴き、且つ、身体の検査を受ける者の異議の理由を知るため適当な努力をしなければならない。

〔鑑定と必要な処分、許可状〕
第168条　鑑定人は、鑑定について必要がある場合には、裁判所の許可を受けて、人の住居若しくは人の看守する邸宅、建造物若しくは船舶内に入り、身体を検査し、死体を解剖し、墳墓を発掘し、又は物を破壊することができる。
②～⑥　〔略〕

〔令状による差押え・記録命令付差押え・捜索・検証〕
第218条　検察官、検察事務官又は司法警察職員は、犯罪の捜査をするについて必要があるときは、裁判官の発する令状により、差押え、記録命令付差押え、捜索又は検証をすることができる。この場合において、身体の検査は、身体検査令状によらなければならない。
②　〔略〕
③　身体の拘束を受けている被疑者の指紋若しくは足型を採取し、身長若しくは体重を測定し、又は写真を撮影するには、被疑者を裸にしない限り、第１項の令状によることを要しない。
④　第１項の令状は、検察官、検察事務官又は司法警察員の請求により、これを発する。
⑤　検察官、検察事務官又は司法警察員は、身体検査令状の請求をするには、身体の検査を必要とする理由及び身体の検査を受ける者の性別、健康状態その他裁判所の規則で定める事項を示さなければならない。
⑥　裁判官は、身体の検査に関し、適当と認める条件を附することができる。

〔鑑定に必要な処分〕
第225条　第223条第１項の規定による鑑定の嘱託を受けた者は、裁判官の許可を受けて、第168条第１項に規定する処分をすることができる。
②～④　〔略〕

1　検証　まず検証について勉強しよう

(1)　検証とは

検証とは、事実確認のため、犯罪現場その他犯罪に関係のある場所、人の身体又は物について、その存在・形状・作用を五官の作用によって感知することをいう。

刑訴法は、令状による検証（刑訴法218条）と、令状によらない検証（刑訴法220条）の２つを規定しており、これらは強制処分となるが、これ以外に任意の検証としての実況見分がある（第２章５参照）。

(2)　令状による検証

捜査機関は、犯罪の捜査をすることについて必要があるときは、裁判官の発する令状により検証することができる（刑訴法218条１項前段）。

検証を行うにあたっては、「検証許可状請求書」並びに被疑者が罪を犯したと思料されるべき疎明資料を、自所属を管轄する地方裁判所又は簡易裁判所の裁判官に提出して令状を請求し、検証許可状の発付を得ることが必要である。

検証許可状請求時の記載要件
- 検証すべき場所、身体若しくは物
- 請求者の官公職氏名
- 被疑者又は被告人の氏名
- 罪名及び犯罪事実の要旨
- ７日を超える有効期間を必要とするときは、その旨及び事由
- 日の出前又は日没後に検証する必要があるときは、その旨及び事由

⑶　令状によらない検証

捜査機関は、被疑者を逮捕する場合において必要があるときは、検証許可状がなくても、逮捕の現場で検証することができる（刑訴法220条１項２号、３項）。

⑷　検証と必要な処分

刑訴法第129条は、「検証については、身体の検査、死体の解剖、墳墓の発掘、物の破壊その他必要な処分をすることができる。」と規定している。

「その他必要な処分」とは、工事・営業等の一時中断、写真撮影等、検証目的を達成するための必要最小限度の処分のことである。

ワンポイント

逮捕現場での身体検査等の特別な場合を除き、検証としての身体検査は、検証許可状とは別に、身体検査令状を必要とする。

次の項目の予習だよ！

身体に対する検査

ブレイクTIME

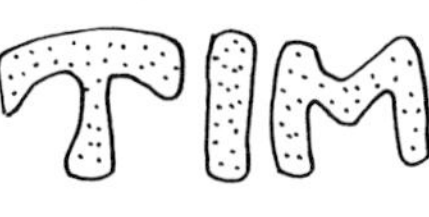

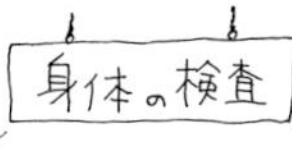

このように4つに
わかれます

	誰が行うのか	具体例
検証	身体検査令状により警察官が行う	早く見ろよッ!! 裸にして外部から検査等
鑑定	医者等の専門家が行う	いてッ!! 血液採取等
捜索	捜索・差押えにより警察官が行う	何もねーよ 身体の捜索
逮捕後の身体検査	逮捕後に警察官が行う	めんどくせー 指紋採取等

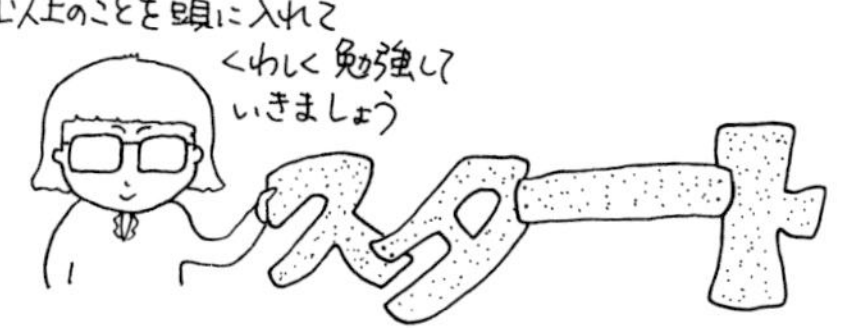

2　身体検査（人の身体に対する強制処分）重要です

刑訴法は、４つの身体検査等を強制処分として規定している。それぞれ、目的や対象が異なり、強制処分ができる程度と範囲も異なる。

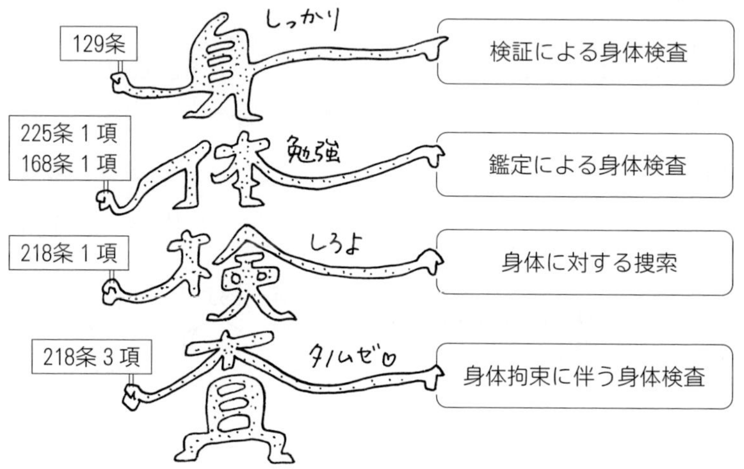

⑴　検証としての身体検査

○　「検証としての身体検査」とは

捜査機関が犯罪捜査のために、「検証としての身体検査」を行う場合は、身体検査令状を必要とする。

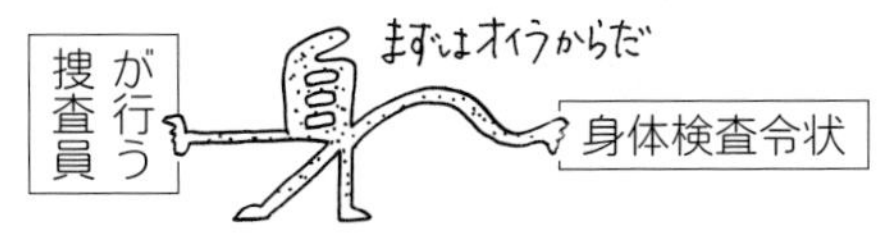

身体検査令状が発付された場合には、単に身体検査を行うことができるというだけでなく、被検査者の意思に反し、実力を行使して強制的に身体検査を行うことができる。

○　身体検査の対象者

「検証としての身体検査」は被疑者（被告人）に限られず、これ以外の第三者に対してもできる強制処分であり、被検査者の人的範囲については制約がない。

したがって、「検証としての身体検査」の必要性が認められる限り、誰でも身体検査の対象となる。

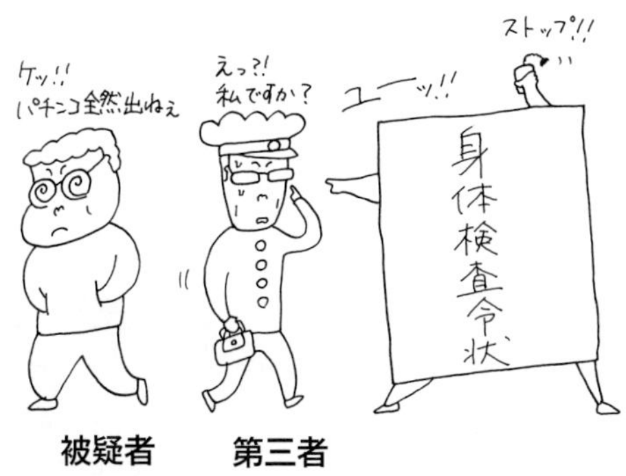

被疑者に限られない　　第三者に対してもできる

○　「検証としての身体検査」の具体的範囲

「検証としての身体検査」は、

- 指紋採取
- 体重測定
- 写真撮影
- 歯並びの検査
- 身体の傷跡
- 入れ墨

等の検査ができる。そのほか、必要に応じて被処分者を裸にして検査をしたり、肛門等を外部から検査したりすることもできる。

検証としての身体検査により、裸にして検査することができる

しかし、被処分者の生理的機能に影響等を与える行為（血液採取やレントゲン照射による体内の透視、吐剤、下剤を使用するなど）は、捜査員が行うことは許されない。鑑定処分許可状によって医者等の専門的知識をもった者が行うべきである。

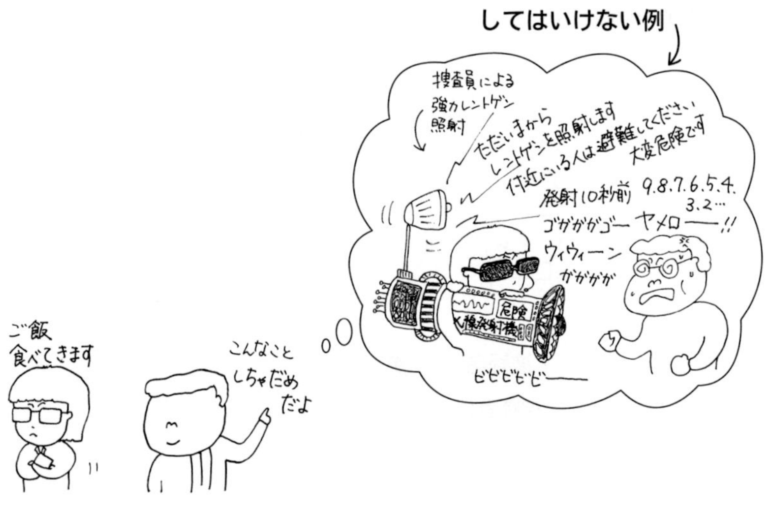

○　「検証としての身体検査」を実施する場合の留意点

「検証としての身体検査」を実施する場合は、被検査者の性別、健康状態その他の事情を考慮し、身体検査を受ける者の名誉を害しないように注意しなければならない。

なお、女子の身体検査をする場合には、医師又は成年の女子を立ち会わせなければならない（刑訴法131条、222条１項）。

また、裁判官が身体検査令状を発付する際に、条件を付した場合（刑訴法218条６項）には、その条件に従わなければならない。

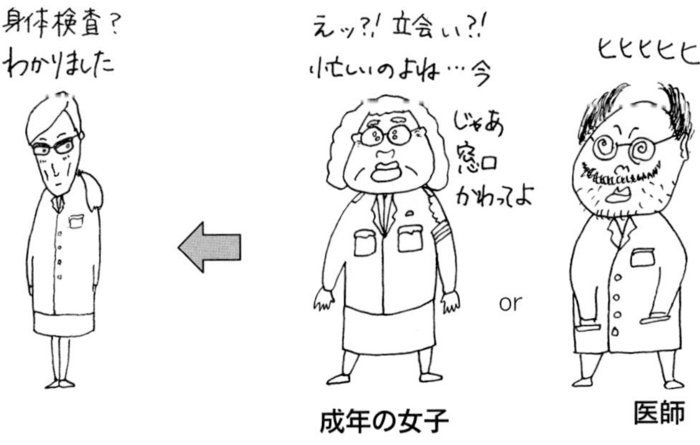

(2) 鑑定としての身体検査

○ 「鑑定としての身体検査」とは

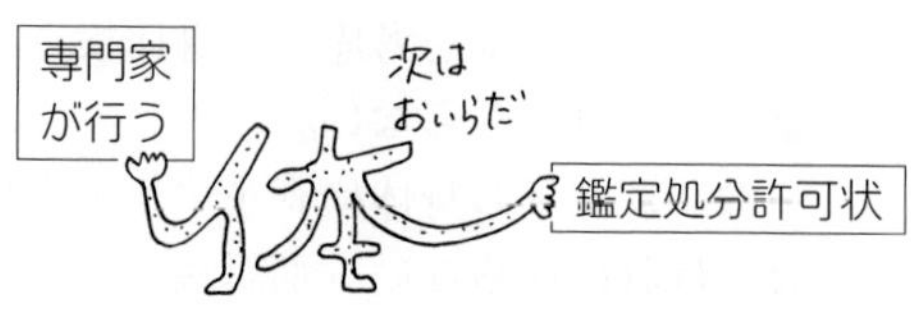

「鑑定としての身体検査」は、鑑定処分許可状に基づいて、医師等の専門家（学識経験者）によって行われる処分である。

したがって「鑑定としての身体検査」は、単に身体の外部を検査するだけでなく、身体の内部を検査することも可能である。

ただし、医療行為としてではなく、捜査に必要な証拠資料を得るために行う処分であるから、その検査の手段・方法には限界があり、社会通念上是認される程度の方法によらなければならない。

できない例

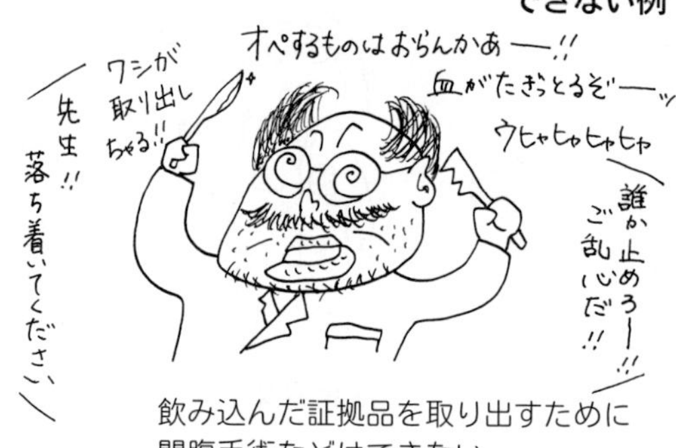

飲み込んだ証拠品を取り出すために
開腹手術などはできない

○　「鑑定としての身体検査」の範囲

「鑑定としての身体検査」としてできるのは、

- レントゲンの照射
- 静脈からの少量の血液採取
- 吐剤・下剤によって胃腸内にある証拠物を排出させる行為
- 精液の採取
- 膣内液の採取

等である。

これに対し、身体に傷害や大きな苦痛を与えることは許されない。外科手術に相当するような体に傷害を負わせる行為や、口腔や鼻腔から胃の中に管を入れて吐剤を流し込む方法などはその最たる例である。

してはいけない例

○　「鑑定としての身体検査」を拒否された場合

被検査者が「鑑定としての身体検査」を拒否した場合は、被検査者に対し、間接強制として過料及び費用賠償を命じたり、罰金・拘留等の刑罰の制裁を加えたりすることができる（刑訴法225条４項、168条６項、137条、138条)。

ただし、鑑定処分許可状ではそこまでしかできず、実力を行使して強制的に身体検査をすることはできない。

実力行使はできない

このため、実務上、「鑑定としての身体検査」を行う場合は、鑑定処分許可状と「身体検査令状」の２つの令状の発付を得て、身体検査を行う方法がとられている。

身体検査令状があれば、
実力行使ができる

覚醒剤の強制採尿、飲酒運転のアルコール検知のための強制採血のパターン

(3)　身体に対する捜索

○　「身体に対する捜索」とは

「身体に対する捜索」とは、捜索差押許可状に基づいて行われるものである。つまり、刑訴法第218条にいう「捜索」については、裁判所が行う捜索の規定が準用される（刑訴法222条１項、102条）ことから、証拠物又は没収すべき物と思料する物を発見し、これを差押えするために必要があると認めるときは、被疑者等の身体を「捜索」することができる。

○　身体の捜索の程度

身体の捜索は、証拠物等を発見するために行われるものであり、身体の状況等を証拠化するために行われる「検証としての身体検査」（刑訴法129条、140条）や「鑑定としての身体検査」（刑訴法168条、172条）とは処分の目的が異なる。

したがって、物に対する強制処分であり、身体を差押えすることはできないことから、身体の一部を構成している爪、毛、血液等の入手を目的とした捜索はできない。

してはいけない例

許容される程度としては、

- 靴下を脱がせる
- 上着を取らせてポケットの中を調べる
- 着衣の外部から触る
- 毛髪の中を調べたりする

などである。

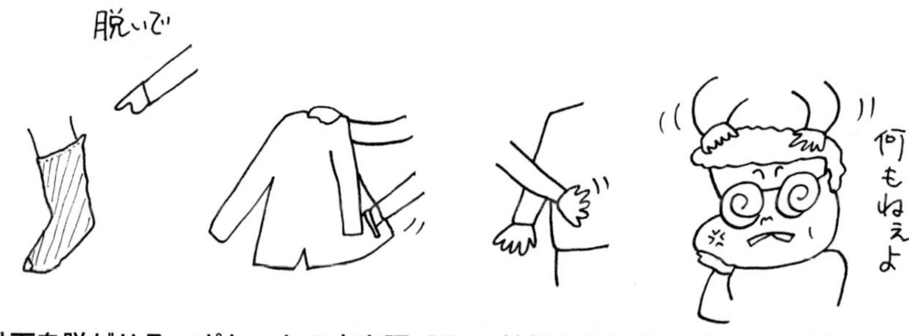

靴下を脱がせる　ポケットの中を調べる　外側から触る　髪の中を見る

なお、全裸やそれに近い状態にして行う場合は、捜索差押許可状のほかに身体検査令状の発付を得て行わなければならない。

この場合は、捜索差押許可状のほかに身体検査令状が必要となる。

○　**身体に対する違法な捜索とされた事例**

判例では、女性被疑者を立ち会わせて同女の居室を捜索中、女性警察官が同被疑者に対して、ズボンとブラジャーを脱ぐように申し向け、ブラジャーの中から覚醒剤を発見して同女を現行犯逮捕したという事案について、「被疑者の居室を捜索場所とする捜索差押許可状の執行をする際に、その場に居た被疑者の態度、着衣の態様等に照らして、その身体に対する捜索が許可される場合があったとしても、当該捜索の行為は明らかに範囲を超えたものと解するのが相当である。」（東京地判八王子昭62.10.３）と判断されている。

捜索・差押えで裸に
することはできない。

○　**令状によらない身体に対する捜索**

捜査機関は、逮捕の現場で検証許可状がなくても「検証」をすることができる（刑訴法220条１項２号、３項）。そのため、身体検査令状がなくても、逮捕の現場においては、逮捕事実に関する証拠物を発見するために、被疑者に対して身体検査（捜索）をすることができる。

⑷　身体の拘束を受けている被疑者の身体検査

○　「身体の拘束を受けている被疑者の身体検査」とは

身体の拘束を受けている被疑者（逮捕、勾留されている被疑者、鑑定留置中の被疑者も含む。）の指紋・足型の採取、身長・体重測定、写真撮影などを行う場合には、被疑者を裸にしない限り令状は不要である（刑訴法218条３項）。

逮捕された被疑者
令状なく指紋採取等ができる

○　行うことのできる処分

刑訴法第218条第３項に明記されているのは、

・　指紋・足型の採取
・　身長・体重の測定
・　写真撮影

である。このほか、被疑者を裸にしない限り、

・　掌紋の採取
・　歯並び・歯型の検査
・　あざ・ほくろ・入れ墨等の検認
・　着衣の上からの胸囲の測定

等も行うことができる。

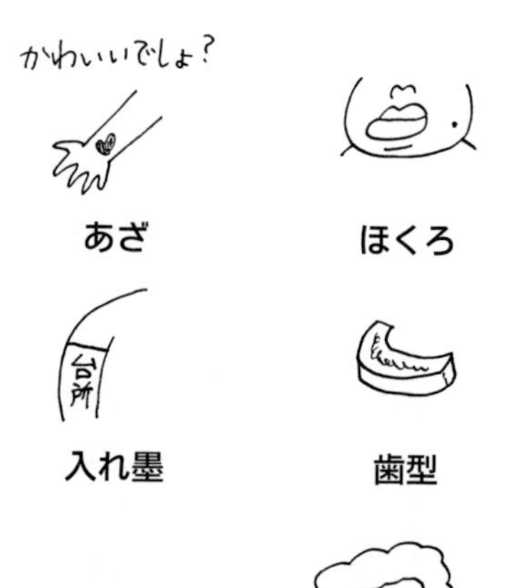

なお、「裸にしない限り」の「裸」とは、全裸にさせることだけでなく、着衣を脱がせて、通常容易に露出しない部分を露出させることをいい、これらを令状なしで行うことはできない。

○　令状が要らない理由

「身体の拘束を受けている被疑者の身体検査」は、本来、検証としての身体検査に当たり、裁判官から身体検査令状の発付を得て行うべきである。

しかし、逮捕された被疑者を特定するために、指紋採取等、必要な処分が行われるわけであるから、既に逮捕という強制力を加えている以上、被疑者を裸にしない限り人権への影響も小さく、この程度の強制は許されると解され、令状は必要ないとされているのである。

○　被疑者が拒否した場合に、強制的に処分できるのか

身体の拘束を受けている被疑者に身体検査を実施の際に、被疑者が拒否したときは、その目的を達するために、必要最小限度の有形力を使って強制的に実施することができる（横浜地判平２.11.29）。

強制的にできる

○　別の事件のために行うことはできるか

逮捕後、被疑者を特定するために行った指紋採取等の強制処分は、逮捕理由の基礎となる事件のために許されているのであるから、別の事件の証拠とするために、刑訴法第218条第３項を根拠として指紋採取等をすることは許されない。

してはいけない

3　強制採尿・強制採血

ちょっと特殊な場合だよ

(1)　強制採尿

ア　強制採尿に必要な令状

被検査者が説得に応じず採尿を拒否した場合など、捜査上、真にやむを得ないと認められる場合については、カテーテルを被検査者の尿道から膀胱内に挿入して、体内の尿を強制的に採取することも許される（最決昭55.10.23）。

この場合、令状は捜索差押許可状による。これは、尿はいずれ体外へ排出される廃棄物であるから、採尿を物の捜索・差押えと同視すべきであると解されているからである。

なお、強制採尿のため捜索差押許可状には、身体検査令状に関する規定（刑訴法218条５項）を準用し、医師により医学的に相当と認められる方法で行われなければならない旨の記載が不可欠である。実務上、この令状は「強制採尿令状」と呼ばれている。

イ　強制採尿令状に基づく採尿場所への連行

強制採尿令状は、その効力として、身体を拘束されていない被疑者を採尿場所へ連行することができ、その際、必要最小限度の有形力を行使することができる（最決平６．９．16）。

実務上は、強制採尿令状の請求の際、裁判官に連行許可の記載を求めることが相当であり、発付に当たっては、採尿に適する最寄りの場所に連行することができる旨が記載されている。

強制採尿のため連行中

(2) 強制採血

強制採血は、強制採尿とは異なり、鑑定処分許可状と身体検査令状により実施している。これは、血液の採取のためには、注射器による採取、耳たぶの切開による採取等、専門的な技術が必要な上、軽微とはいえ身体に障害や痕跡を残すことになるためである。

強制採血に当たって、鑑定処分許可状だけでなく身体検査令状の発付を受けるのは、鑑定処分許可状は、身体に対する直接強制ができないからである（本章 2 (2)参照）。

なお、強制採血の場合も、強制採尿と同様に、医師により医学的に相当と認められる方法で行われなければならない旨の記載が必要である。

ワンポイント

強制採毛についても、強制採血と同様に、鑑定処分許可状と身体検査令状を併用している。

4　鑑定

最後に鑑定について勉強しよう

(1)　鑑定とは

鑑定とは、特別な学識経験や技能を有する者が、その学識等によって知り得た知識等を具体的事実に適用して判断することをいう。

特別の知識経験を有する者（イメージ）

捜査機関は、犯罪捜査のために必要があるときは、被疑者以外の特別な知識等を有する者に鑑定を嘱託（依頼）することができる（刑訴法223条１項）。鑑定を依頼する場合には、「鑑定嘱託書」の交付が必要となる（犯捜規188条）。

(2)　必要な処分

鑑定の嘱託を受けた者（鑑定受託者）は、鑑定を行う上で必要がある場合、裁判官から「鑑定処分許可状」の発付を得て、人の住居、人の看守する邸宅・建造物・船舶内に立ち入ったり、身体の検査をしたり、物を破壊することができる（刑訴法225条１項、168条１項）。

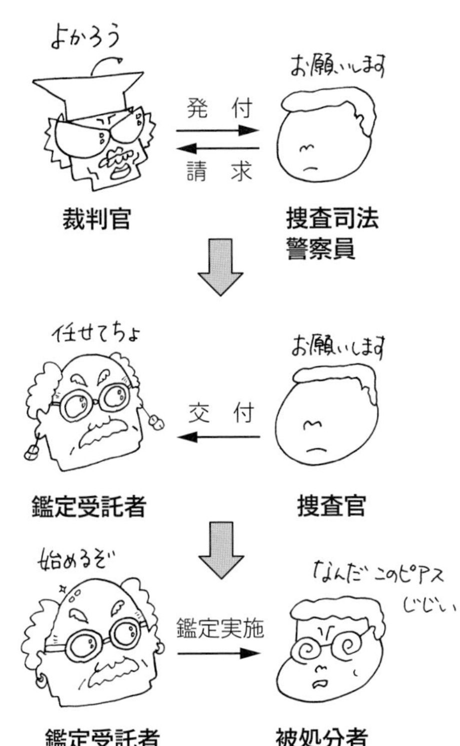

(3)　「鑑定処分許可状」の請求

「鑑定処分許可状」の請求は、鑑定受託者が行うことはできず、司法警察員が鑑定処分許可請求書を作成し（刑訴法225条２項）、自所属の官公署を管轄する地方裁判所又は簡易裁判所の裁判官に請求することとなっている（刑訴規則299条）。

「鑑定処分許可状」の発付を得

た捜査機関は、鑑定受託者に交付して鑑定を嘱託し、鑑定受託者が、鑑定処分を受ける者に許可状を示して、鑑定に必要な処分を行うこととなる。

(4) 「鑑定処分許可状」の要否

ア　鑑定を依頼するときは、必ず「鑑定処分許可状」が必要なのか

鑑定の目的を達するために、被処分者の居住権や財産権の侵害を伴う場合には「鑑定処分許可状」が必要である。ただし、鑑定受託者が行う鑑定そのものには令状は必要でないため、被処分者の権利を侵害しない場合には、鑑定処分許可状は必要としない。

筆跡鑑定を例とすると、被害者宛の脅迫文の筆跡と被疑者の筆跡の同一性を鑑定する場合、通常、脅迫文を破壊しないので、鑑定受託者に対し、鑑定嘱託書を交付して筆跡鑑定を嘱託すればよく、鑑定処分許可状は必要はない。

「鑑定嘱託書」だけでよい
「鑑定処分許可状」はいらない

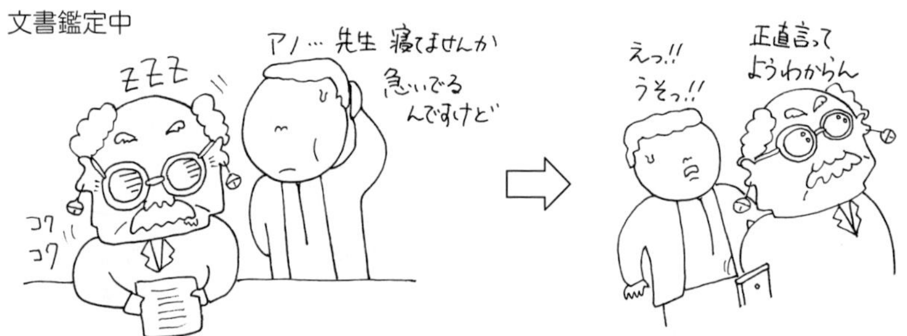

イ　鑑定のために物を破壊するのに「鑑定処分許可状」が要らない場合

鑑定に伴い物の破壊処分等をする場合でも、現場に遺留された毛髪やたばこの吸殻等を鑑定する場合など、財産的価値のない物を鑑定対象物として破壊して鑑定する場合には、「鑑定処分許可状」の発付を得る必要はない。

なお、鑑定のために物の破壊等をする場合、「鑑定処分許可状」の発付の要否については、権利者の有無や意思、その物件の価値、採取時の状況等を考慮して、それぞれ具体的に判断しなければならない。

ウ　被処分者が同意した場合は必要か

鑑定承諾書を作成する

令状なしで鑑定できる

被処分者の物を破壊等する場合でも、被処分者が同意した場合には、令状の請求は必要ない（最判昭29. 4 .15）。

この場合には、被処分者が当該鑑定処分を承諾した旨の書面（鑑定承諾書）を作成しておくべきである。

エ　同意があっても「鑑定処分許可状」をとる場合

死体の解剖や人の身体に傷害を与えるような身体検査、又は価値の高い物の破壊など、相手方の身体・財産に多大な侵害を加える場合は、「鑑定処分許可状」を得る必要がある。

また、手続の適正を期する意味から、将来、公判廷で争われることが予想されるような場合には、本人の承諾の有無にかかわらず、鑑定処分許可状を得て行うべきである。

事件で亡くなった方

高級品の破壊

純金製の金庫

付　録

1　性犯罪に関する刑法の改正（令和５年改正）

ポイント１　罪条の統合と罪名の改正

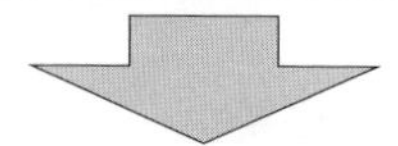

強制わいせつ罪（176条）・準強制わいせつ罪（178条１項）
　　⇒　不同意わいせつ罪（176条）
強制性交等罪（177条）・準強制性交等罪（178条２項）
　　⇒　不同意性交等罪（177条）
強制わいせつ等致死傷罪（181条）
　　⇒　不同意わいせつ等致死傷罪（181条）
強盗・強制性交等罪（241条）
　　⇒　強盗・不同意性交等罪（241条）
新設　⇒　16歳未満の者に対する面会要求等（182条）
※　罪条の統合により、178条（準強制わいせつ及び準強制性交等）は削除された。

今回の法改正は、強制わいせつ罪と強制性交等罪に関して行われました。
改正の目的は178条を176条と177条に統合し、両罪の構成要件を統一化するためです。
なお、今回の改正では、罰則の変更はありません。

Point 解説

　旧法の178条（準強制わいせつ及び準強制性交等）は、構成要件を「心神喪失若しくは抗拒不能に乗じ」と定めていました。

　しかしその構成要件では、実務上、どの程度を「心神の喪失」とするか、あるいは「抗拒不能」はどの状態を指すのかが明確ではないという問題が生じ、明確でないために、被害がありながら立件が困難になるケースがありました。

　こうした事態を防ぐため、今回、強制わいせつ罪と強制性交等罪の構成要件と罪名を改正したものです。

性犯罪を立件しやすくするために法を整備したということです。

ポイント２　不同意わいせつ罪・不同意性交等罪の新たな構成要件

婚姻の有無に関係なく

① 暴行若しくは脅迫を用いる。
② 心身の障害を生じさせる。
③ アルコール、薬物を摂取させる。
④ 睡眠その他の意識が明瞭でない状態にさせる。
⑤ 同意しない意思を形成、表明、全うするいとまがない。
⑥ 予想と異なる事態に直面させて恐怖若しくは驚愕させる。
⑦ 虐待に起因する心理的反応を生じさせる。
⑧ 経済的又は社会的関係上の地位に基づく影響力による不利益の憂慮

性犯罪となる行為を具体的に列挙して適用範囲を明確にしました。

上記①～⑧により、同意しない意思を形成し、表明し若しくは全うすることが困難な状態にさせる又はその状態に乗じて、わいせつな行為又は性交等をした者

ポイント3 「性交等」に新たな行為を追加

「性交等」の行為

これまではこれだけ。

性交、肛門性交、口腔性交

＋

これが追加された。

膣又は肛門に、陰茎以外の身体の一部又は物を挿入する行為で、わいせつなもの

ちかん行為で膣に指を入れたり、同意していない相手方の肛門に性的目的で錠剤を入れたりする行為も本罪が成立します。

ポイント4 性交同意年齢の引き上げ

13歳未満

↓

16歳未満

同意形成の判断能力が未成熟な15歳以下の少年を保護しようとする趣旨です。

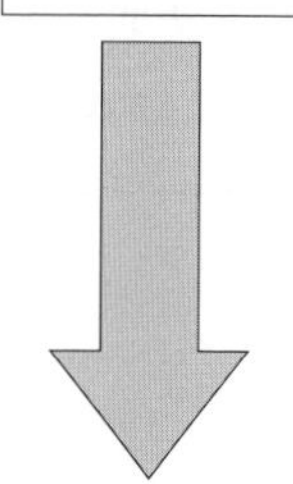

性交同意年齢が引き上げられたことにより、15歳以下の者と性交等した場合にも不同意性交等罪が成立します。

ポイント５　16歳未満の者に対する面会要求等（182条）の新設

本条は福祉犯になります。

16歳未満に対し

わいせつ目的で、威迫、偽計、利益供与の約束等、不当な手段を用いて面会を強要する行為（１項）
　１年以下の拘禁刑又は50万円以下の罰金

１項の面会要求をし、実際にわいせつ目的で面会する行為（２項）
　２年以下の拘禁刑又は100万円以下の罰金

性的な姿態をとってその映像を送信することを要求する行為（３項）
　１年以下の拘禁刑又は50万円以下の罰金

こうした事案が発生した場合、これまでは補導措置にとどまっていましたが、これからは本条を適用して事件化できるようになりました。

2　性的姿態撮影等処罰法（令和５年新設）

新しくできた法律です。刑法ではない。

ポイント１　正式名称

性的な姿態を撮影する行為等の処罰及び押収物に記録された性的な姿態の影像に係る電磁的記録の消去等に関する法律
※　一部の規定を除き、令和５年７月13日施行

ポイント２　保護法益

意思に反して自己の性的な姿態を他の機会に他人に見られないという性的自由権（性的自己決定権）の保護

ポイント３　法の概要

○　性的姿態に関する撮影、提供、公然陳列、保管、送信、記録等に対する罰則が本法により新設された。
○　迷惑防止条例とは異なり、犯行場所の制限はない。
○　ひそかに撮影する行為（法２条）の罰則は、３年以下の拘禁刑又は300万円以下の罰金である。
　迷惑防止条例第５条第１項第２号（盗撮）の罰則は、１年以下の懲役又は100万円以下の罰金であり、本法による罰則の方が重い。

ポイント４　複写物の没収

撮影罪、影像送信罪により生じた画像等の複写物を没収できる。
　※　原本は刑法第19条第１項により没収可能
また、検察官の権限により、撮影データの消去ができるようになった。

ポイント5　本法に該当する行為

①　性的な姿態等を撮影する行為
②　上記①により生成された記録（性的影像記録）を提供する行為
③　性的影像記録を不特定又は多数の者に提供、公然と陳列する行為
④　性的影像記録を提供等する目的で保管する行為
⑤　性的姿態等の影像を不特定又は多数の者に送信する行為
⑥　上記送信された影像を記録する行為

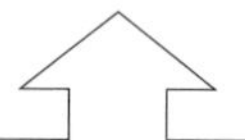

SNS 利用の性犯罪に対応するため新しくできた法律です。被害者が20歳未満の場合は福祉犯になります（2～6条）。

この新しい法律により、被害者が写ったわいせつな画像のコピーを没収することができるようになり、さらに、検察官の権限で、撮影データの消去ができるようになりました。

3　刑事訴訟法の一部改正（令和５年６月23日施行）

ポイント１　性犯罪の公訴時効期間の延長等

旧			新	
強制わいせつ罪、準強制わいせつ罪	７年	⇒	不同意わいせつ罪	12年
強制性交等罪、準強制性交等罪	10年	⇒	不同意性交等罪	15年
強制わいせつ等致傷罪、強盗・強制性交等罪	15年	⇒	不同意わいせつ等致傷罪、強盗・不同意性交等罪	20年

※　被害者が18歳未満の場合は、その者が18歳に達する日までの期間を公訴時効期間に加算する。

例　14歳の者が不同意性交等罪の被害にあった場合、
15年＋４年＝19年
となるため、19年後（当該被害者が33歳になった時）に公訴の時効が完成する。

公訴時効の延長が一律５年としたのは、被害者の心の整理がつき、警察に訴え出るまでに、最低でも５年はかかるという被害者の心理に配慮して定められたものです。

ポイント２　録音・録画記録媒体の証拠能力の特則

被害者等の聴取結果を記録した録音・録画媒体について、被害者等の心身の状態、その他の特性に応じた措置をとるために必要な場合、主尋問に代えて当該録音・録画媒体を証拠とすることができる（刑訴法321条の３）。

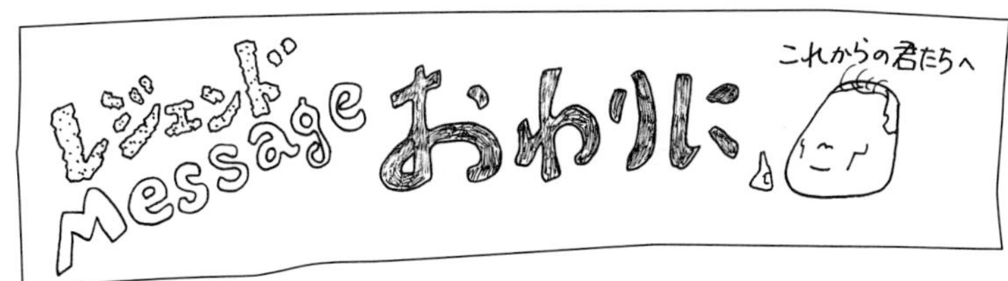

スタート

まず
これがわかるかな

Question
現場で最初に必要になるものは何か？

これ これ 答
判断力
答えは これじゃ

どうしますか主任……
早く指示してください
さあさあっ!!
お花がきれい…
まぬけ～～

判断ができなければ
こうなります

判断なければ行動なし。

ビシバシ
ドーンドーン
テキパキ
降臨
ガンガン
あっちむいてホイ
それはそっちじゃ
なにがなにで
あれはそれ
レジェンド

それでは、こうなるためには何をすればいいのか、それを考えてみよう。

チカンよ
何とかしてちょーだい
コレ
……
フン!

警察官は、突然の判断が求められる。

エ…と…
この場合は…と…
そこじゃないんじゃない…
さっいこ♡
参考書

こんなことはしていられない。

現場は
○か×だぜ
現場
現場での判断は、
○か×かである。
○だっ
逮捕する!!
ヒー
ヒー
○だっ
逮捕する!!
瞬間の判断が、毅然たる決断を生み、
瞬時の行動につながるのだ。
なつかしのPhotoコーナー
パニックワンダーランド
ギョエーー
わからんとよ～
どどどげん
するとーー!!
ドンゲバビ
写真提供・全日本暴露党
課長若い!!
かか
髪がある…
またきれたー!!
30年前
アア…
なつかしい
あのころ…
ワシは若いころから
切れ者で通っておってなあ
カミソリデカ
なんて
呼ばれとったなあ
とはいっても、
最初からそれができるわけではない！
誰でもそう。
がんばれ
心の句
果てしなき
刑訴の道も一歩から
ふみゆく先に
春ぞくるらん
よし いくぞ
いこう 兄さん
できないからこそ、できるようになるための
スタートを切るのである。

そこで登場するのが本書である！

本書は、イラストで実務をイメージしながら勉強する入門書である。

刑訴法は、警察官の判断力の基礎となる法律。

だから、警察官は刑訴法を勉強しなければならないのである。

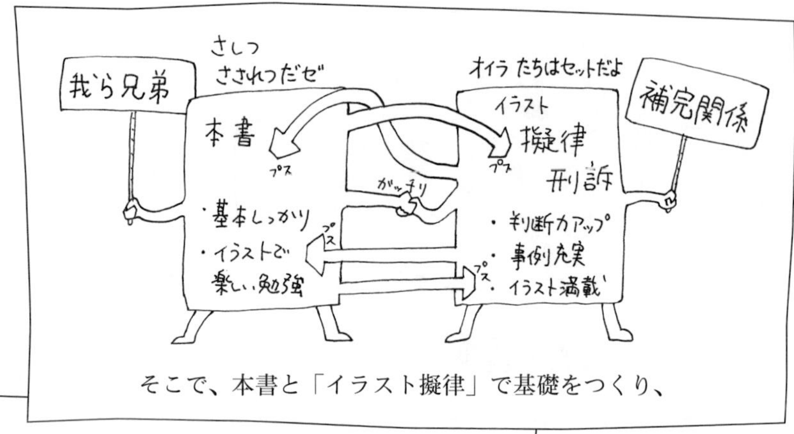

そこで、本書と「イラスト擬律」で基礎をつくり、

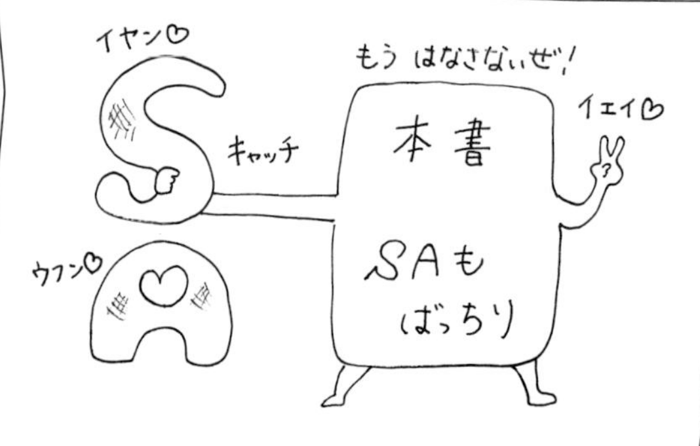

SA（○か×か）と本書で実力（判断力）を上げる。

本書と「イラスト擬律」と「SA」を使って勉強すると効果が抜群に上がるのである。

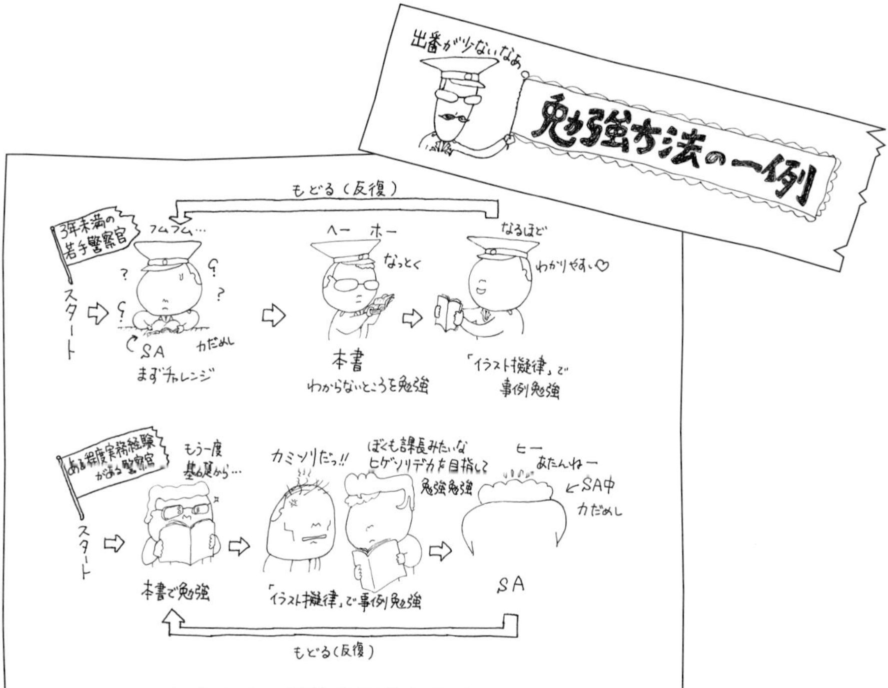

出番が少ないなあ

勉強方法の一例

もどる（反復）

3年未満の若手警察官

スタート

フムフム…

SA
まずチャレンジ
カだめし

へー　ほー
なっとく

本書
わからないところを勉強

なるほど
わかりやすい♡

「イラスト擬律」で
事例勉強

ある程度実務経験がある警察官

スタート

もう一度基本から…

本書で勉強

カミソリだっ!!

ぼくも課長みたいなヒゲソリデカを目指して勉強勉強

「イラスト擬律」で事例勉強

ヒー
あたんねー
←SA中
カだめし

SA

もどる（反復）

おすすめの勉強方法はこの二つ。

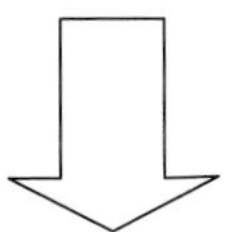

なによりも
大切なのは、
継続する努力。

そして、ゆくゆくは勉強の幅を広げ、法学の知識をしっかり身につけてほしい。

国民を守るために勉強し、力をつけよう！

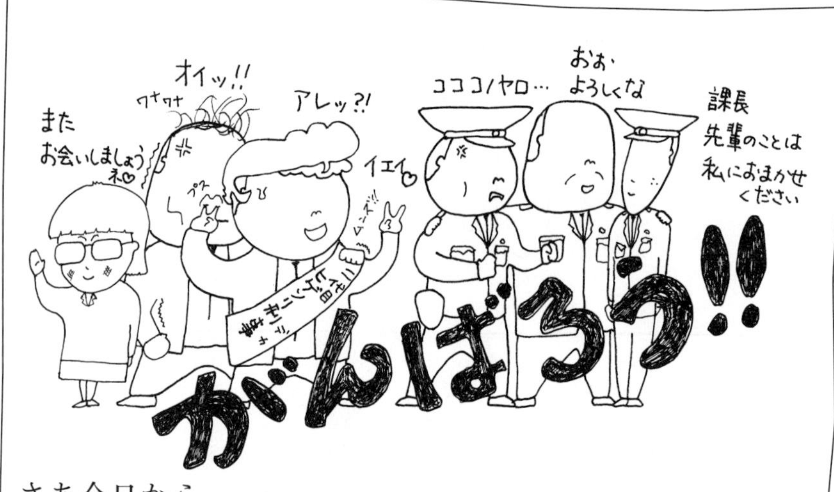

さあ今日から、
一歩一歩ステップアップしていこう。

道は平坦ではない。
でも大丈夫。
君ならできる。

「ニューウェーブ昇任試験対策シリーズ」は、これまでの昇任試験対策の常識を破る、全く新しい手法で作成された教材です。

本書の内容等について、ご意見・ご要望がございましたら、編集室までお寄せください。FAX・メールでも受け付けております。

〒112―0002　東京都文京区小石川５―17―３
TEL　03(5803)3304
FAX　03(5803)2560
e-mail　police-law@tokyo-horei.co.jp

ニューウェーブ昇任試験対策シリーズ
実務 SAに強くなる!! イラスト解説 刑訴法

平成28年８月20日　初　版　発　行
令和６年４月15日　初版10刷発行（補訂版）

著　　者　ニューウェーブ昇任試験対策委員会
イラスト　村　上　太　郎
発 行 者　星　沢　卓　也
発 行 所　東京法令出版株式会社

112-0002　東京都文京区小石川５丁目17番３号　03(5803)3304
534-0024　大阪市都島区東野田町１丁目17番12号　06(6355)5226
062-0902　札幌市豊平区豊平２条５丁目１番27号　011(822)8811
980-0012　仙台市青葉区錦町１丁目１番10号　022(216)5871
460-0003　名古屋市中区錦１丁目６番34号　052(218)5552
730-0005　広島市中区西白島町11番９号　082(212)0888
810-0011　福岡市中央区高砂２丁目13番22号　092(533)1588
380-8688　長野市南千歳町1005番地
〔営業〕TEL 026(224)5411　FAX 026(224)5419
〔編集〕TEL 026(224)5412　FAX 026(224)5439
https://www.tokyo-horei.co.jp/

ISBN978-4-8090-1476-5